Martin Honecker / Hans Waldenfels

Zu Gast beim anderen

BONIFATIUS/Kontur
Band 9918

Zum Buch:

Wo katholische und evangelische Christen ihren Glauben bewußt in Verbindung mit ihren Gemeinden leben, müssen sie einander in den Räumen verstehen, in denen sie am Gottesdienst teilnehmen. Um hier einen Einstieg zu ermöglichen, haben zwei Theologen, die neben ihrer jeweiligen Tätigkeit an der Universität selbst in ihren Gemeinden aktiv sind, versucht, dem aus der anderen christlichen Tradition kommenden Gast einen Zugang zum Kirchenraum und dem darin Geschehenden zu vermitteln. So erschließen sich dem Leser und der Leserin die geistigen Schätze der beiden Konfessionen. Der Besucher der jeweils anderen Konfession soll sich, solange er Gast in der anderen Kirche ist, dort zu Hause fühlen können. – Das Buch ist eine aktualisierte Neuauflage der seinerzeit im Styria-Verlag erschienenen Erstausgabe. Es leistet für breite Leserkreise einen wesentlichen Beitrag zum Verständnis der anderen Konfession.

Zu den Autoren:

Martin Honecker, Jahrgang 1934, Professor für Systematische Theologie an der Universität Bonn.

Hans Waldenfels, Jahrgang 1931, von 1977-1997 Professor für Fundamentaltheologie, Theologie der nicht-christlichen Religionen und Religionsphilosophie an der Universität Bonn.

Martin Honecker
Hans Waldenfels

Zu Gast beim anderen

Evangelisch-katholischer Fremdenführer

BONIFATIUS
Druck · Buch · Verlag
PADERBORN

Imprimatur. Paderbornae, d. 08. m. Octobris 1997
Nr. A 58-21.00.2/472. Vicarius Generalis i. V. Dr. Schmitz

Die Deutsche Bibliothek – CIP-Einheitsaufnahme

Honecker, Martin:
Zu Gast beim anderen : evangelisch-katholischer Fremdenführer / Martin Honecker/Hans Waldenfels. – Aktualisierte Neuausg. – Paderborn : Bonifatius, 1997
(Bonifatius Kontur ; Bd. 9918)
ISBN 3-87088-991-8

Aktualisierte Neuausgabe

ISBN 3–87088–991–8

Gesamtherstellung
Bonifatius GmbH Druck · Buch · Verlag Paderborn

Inhaltsverzeichnis

I. Teil:

Katholischer Fremdenführer für evangelische Christen (Hans Waldenfels)

II. Teil:

Evangelischer Fremdenführer für katholische Christen (Martin Honecker)

I. Teil:

Katholischer Fremdenführer für evangelische Christen

Von Hans Waldenfels

Katholische und evangelische Christen sind sich in den letzten Jahrzehnten in vielfältiger Weise nähergekommen. Alte landeskirchliche Grenzen gibt es nicht mehr. Die heutige Beweglichkeit hat Menschen ohne Rücksicht auf ihre konfessionelle Zugehörigkeit zueinandergeführt. Die Zahl derer, die ohne Bedenken ihre Ehe mit einem Partner aus einer anderen Kirche schließen, nimmt ständig zu. Die Zugehörigkeit des Lebenspartners zur anderen Konfession ist folglich nur noch selten ein Hindernis, mit ihm die Ehe einzugehen. Im alltäglichen Leben sind Menschen nicht nach ihrer religiösen, geschweige denn ihrer konfessionellen, Zugehörigkeit zu erkennen.
Auch das Gespräch der Theologen sowie der offiziellen theologischen Kommissionen lehrt, daß die Begründung bleibender und unüberwindbarer Unterschiede in der Glaubenslehre immer schwieriger wird. Gewiß stimmen die Kirchen nicht in allen Lehren überein. Das Erstaunliche ist jedoch, daß sich häufig in bestimmten Fragen heute Gruppen von Katholiken und Protestanten untereinander besser verstehen als die jeweilige Gruppe mit anderen Glaubensgenossen der eigenen Kirche. Spaltungen und Differenzen gehen vielfach quer durch die Kirchen und führen an den Rand neuer »Konfessionen«.
Das läßt die Frage aufkommen: Worin sind Katholiken und Protestanten wirklich getrennt? Wo fühlen sie sich einander fremd? Auf diese Frage gibt es eine sichere Antwort: Die Fremdheit überkommt den einen wie den anderen nicht selten, wenn er den Kirchenraum des anderen betritt.
Wir wollen daher im weiteren Verlauf einen Rundgang durch katholische Kirchenräume machen und zu erklären versuchen, was man in solchen Kirchen entdecken kann, aber auch, was sich in ihnen abspielt. Eine solche Überlegung über katholisches Leben im Kirchenraum besagt natürlich nicht, daß sich das Leben des katholischen Gläubigen im Gottesdienstlichen erschöpft. Jeder Glaube will im Alltag, in der Familie, im Beruf, im gesellschaftlichen Leben verwirklicht sein. Es ist aber nicht zu leugnen, daß die Liturgie der Kirche, der jährliche Festkalender, selbst die Gestaltung des Sonntags und seines Gottesdienstes unterschiedliche Lebensgefühle haben wachsen lassen, die bis in unsere Zeit hinein im Volke spürbar sind. Vielleicht kann man

gar die These wagen: *Das, was die Kirchen wirklich trennt, ist die Weise der Frömmigkeit, wie sie unter den Mitgliedern der Kirche lebendig ist.* Nun ist auch hier ein Prozeß längst im Gang. Wir haben bewußt betont, daß das *Innere* unserer Kirchen es ist, das die nicht überwundene Trennung widerspiegelt. Gehen wir in ein Neubauviertel unserer Großstädte und achten wir dort auf den Kirchenbau, so fällt auf, daß das Äußere uns kaum noch die Möglichkeit gibt zu entscheiden, ob es sich um eine katholische oder evangelische Kirche handelt. Die Zeiten sind vorbei, in denen man die Kirchen an Äußerlichkeiten erkennen und aufgrund dieser zuordnen konnte. Ein Kreuz über der Apsis, ein Hahn oder andere Symbole oder ihr Fehlen sind selten noch Hinweise auf katholisch oder evangelisch. Man kann vielmehr sagen: Die äußere Angleichung der kirchlichen Bauwerke ist ein zusätzliches Zeichen dafür, daß inzwischen auch das Lebensgefühl der mitteleuropäischen christlichen Großkirchen sich aufeinander zubewegt.

Dabei gibt es in beiden Kirchen Momente der Verzögerung und Blockierung. Manche Katholiken fürchten, eine schnellere Angliederung führe zum Verlust vieler liebgewordener Bräuche und Traditionen, vielleicht gar damit verbundener Frömmigkeitssubstanz. Der Liturgiereform des 2. Vatikanischen Konzils wird dabei nicht selten der Vorwurf gemacht, sie habe zu sehr »protestantische« Elemente und Einstellungen in den katholischen Gottesdienst eintreten lassen. Umgekehrt mag auch mancher evangelische Christ insgeheim fürchten, durch die Hintertür des Gottesdienstlichen würde doch manches überwundene und in den Jahren der Reformation als überwindungswürdig verkündete Katholische wieder in den Raum evangelischer Frömmigkeit eingeführt. Wo die beiderseitige Sorge sich die Waage hält, ist aber dennoch eher davon auszugehen, daß keine Kirche wirklich ihrer ursprünglichen Herkunft untreu wird.

Bei der nun beginnenden »Kirchenführung« geht es aber dann zunächst und vordringlich um ein besseres Kennenlernen. Es gilt nicht zu erklären und zu entscheiden, was sein *könnte* und sein *sollte,* sondern zu sehen und zu verstehen, was *ist.* Das bedeutet nicht, daß gelegentlich da, wo eine Mehrzahl von Formen und Gestaltungen in Erscheinung tritt, subjektiv eine Stellungnahme zugunsten des einen gegen das andere abgegeben wird. Das Hauptziel der Anleitung bleibt aber, daß der evangelische Christ beim Umsehen in einer katholischen Kirche etwas besser versteht, was »katholisch« genannt wird, wie es umgekehrt wünschenswert ist, daß der katholische Christ sich seinerseits bemüht, sich im evangelischen Kirchenraum zurechtzufinden und von dorther mehr Verständnis für das »Evangelische« gewinnt.

1.

Eingang

Betreten wir eine katholische Kirche vom *Haupteingang* her, so findet man sich oft zunächst in einer Vorhalle, in einem Windschutz oder auch vor einer den Blick nach innen freigebenden Glaswand. Selten ist dieser Raum ein Ort wirklicher Sammlung. Er ist eher der Raum innerkirchlicher Mitteilungen, damit der Übergang von innen nach außen und von außen nach innen. Daß dieser Übergang sinnvoll ist, läßt sich in manchen Kirchen erleben, die begonnen haben, hier oder in einem Nebenraum gar zu ermöglichen, nach dem Gottesdienst eine Tasse Kaffee zu trinken. Es sammelt sich in der Kirche eben nicht nur der einzelne Mensch vor Gott, sondern stets auch die Versammlung der Gläubigen als Gemeinde. Doch darauf kommen wir später eingehender zurück.

Wo der Vorraum unmittelbar den Einblick in den Kirchenraum freigibt oder der Besucher sofort durch die Tür in die Kirche eintreten kann, fällt der Blick zunächst nach vorn auf den Altar. Moderne Kirchen sammeln dabei insofern die Aufmerksamkeit des Besuchers, weil in ihnen nur wenige Orte wirklich herausgehoben sind:

- der Altarraum mit dem Altar und dem Ort der Verkündigung
- der Ort des Allerheiligsten
- der Ort der Gläubigen
- der Taufstein oder die Taufkapelle
- ein oder mehrere Beichtstühle oder auch ein Beichtraum
- der Ort der Marienverehrung
- die Orgelempore oder ein anderer Ort der Kirchenmusik.

Es dürfte angemessen sein, daß wir uns zunächst auf diese Orte konzentrieren, weil von ihnen her sich dann auch das Innere älterer Kirchen und früherer Stilarten erschließen läßt.

1.1 Sammlung und Reinigung

Nun fällt auf, daß ein Katholik in der Regel beim Eingang der Kirche in ein mit Wasser gefülltes Becken, das *Weihwasserbecken,* faßt und dann über sich ein großes *Kreuzzeichen* schlägt. Ein solches Becken mit gesegnetem Wasser befindet sich an allen Eingängen der Kirche. Zunächst ist es eher unauffällig. Nur selten sieht man einen so großartig gestalteten Weihwasserbrunnen wie etwa in der Eingangshalle der barocken Weingartener Basilika.

Wie in vielen Religionen ist das *Wasser* auch hier in seiner ursprünglichsten Bedeutung für den Menschen zu sehen. Es reinigt und belebt. Reinigungsriten gab es im alttestamentlichen Judentum. Wir finden sie im Islam. Wer in Japan an einen Shintoschrein herantritt, stößt zunächst auf Waschungsstätten, wo die Gläubigen, ehe sie zum Tempel gehen, ihren Mund spülen.

Die Reinigung des Äußeren aber ist ein Symbol für die Reinigung des Inneren. Wer vor Gott hintritt, mit ihm spricht, auf sein Wort hört, soll das mit einem gereinigten Herzen tun. Alles Böse soll er, soweit es an ihm liegt, hinter sich lassen.

Das *Weihwasser* am Kircheneingang erinnert zugleich an die Taufe, das Sakrament des Eintritts und der Aufnahme in die Kirche, das jeder Christ, unabhängig von seiner Konfession, empfängt. Mit diesem Sakrament ist er Christ geworden und hat er zugleich die Pflichten des Christen auf sich genommen. Wir kommen an anderer Stelle ausführlicher auf dieses Sakrament zurück.

Das *Kreuzzeichen,* das wir an dieser Stelle bemerken, gehört zu den grundlegenden Symbolhandlungen des katholischen Christen. Er macht es nicht nur beim Betreten des Kirchenraumes, sondern wiederholt es während des Gottesdienstes, aber auch bei vielen Gelegenheiten außerhalb der Kirche. Das Kreuz selbst ist das zentrale Symbol des christlichen Glaubens und vereinigt alle, die an Christus glauben. Es erinnert an sein Sterben, aber auch an die Wirkung dieses Sterbens für die ganze Welt. Der Christ bekennt den Gekreuzigten mit dem Kreuzzeichen als seinen Erlöser. Das Kreuzzeichen drückt zugleich aber auch den Willen zur Nachfolge Christi und zur Annahme des Schicksals Jesu aus.

In gewissem Sinne ist das Kreuzzeichen, wo es nicht mechanisch und gedankenlos gemacht wird, zugleich eine Kurzformel des Glaubensbekenntnisses. Wie in der Taufe lautet auch hier die begleitende Formel:

»Im Namen des Vaters und des Sohnes und
des Heiligen Geistes. Amen.«

Die Entfaltung dieses Bekenntnisses zur Dreifaltigkeit Gottes – Gott dem *Vater,* der sich selbst in *Jesus Christus* wesenhaft als unendliche Liebe geoffenbart hat und uns kraft seines Geistes in die Gemeinschaft mit ihm beruft und uns an seinem Leben Anteil gibt – führt in der Verbindung mit dem Zeichen des Kreuzes und unserem Ja zum Kreuz Christi in die Wesensmitte des christlichen Glaubens. In diesem Punkte sind aber Katholiken und Protestanten geeint, auch wenn das vom katholischen Gläubigen gemachte Kreuzzeichen im äußeren Frömmigkeitsvollzug des evangelischen Christen keine Rolle spielt.
Weihwassernahme und Kreuzzeichen bringen uns auf ihre je eigene Weise in die Nähe des Selbstverständnisses der Kirche. Sie sammeln uns zugleich auf das hin, was im gottesdienstlichen Raum vollzogen wird.

1.2 Kniebeuge

Es gibt ein weiteres äußeres Zeichen der Sammlung für die Gegenwart Gottes, die der katholische Christ in besonderer Weise mit der Eucharistie verbindet, die Kniebeuge. Jedenfalls gehört es zu den Übungen der Tradition, daß der Gläubige, ehe er in einer Bank Platz nimmt oder sonst einen Ort in der Kirche aufsucht, sein rechtes Knie bis auf die Erde beugt. Die Kniebeuge geht auf Kultformen am römischen Kaiserhof zurück und ist in der Übertragung kaiserlicher Verehrungs- und Anbetungsformen auf Gott eine Übung der *römischen* Liturgie und damit auch der *römischen* Katholiken geworden.
Wer niederkniet oder sich gar niederwirft, macht sich klein vor dem, vor dem er auf der Erde liegt. So hat der Mensch auch Grund, sich kleinzumachen vor Gott. Damit aber wird die Kniebeuge zugleich zum Zeichen der Anbetung Gottes.

Wichtiger als die Anerkennung der Größe Gottes ist für den katholischen Christen bei seiner Kniebeuge aber das Bekenntnis zur realen Gegenwart Gottes im Zeichen des Brotes. So sieht man viele Katholiken niederknien, wenn am Fronleichnamstag das *»Allerheiligste«* – so nennt man offiziell das in der Eucharistiefeier geweihte *(»konsekrierte«)* heilige Brot – durch die Straßen der Stadt oder des Dorfes getragen wird. Bis in den Zweiten Weltkrieg hinein konnte man das auch beobachten, wenn ein Priester in liturgischer Kleidung das Sakrament zu den Kranken seiner Gemeinde trug.

Wenn heute der Brauch der Kniebeuge beim Eintritt in eine Kirche etwas rückläufig erscheint, so hat das mehrere Gründe. Ein Grund ist die Tatsache, daß der Tabernakel, wie wir noch sehen werden, nicht mehr selbstverständlich auf dem Hochaltar und damit im Altarraum zu finden ist. Sodann erfahren viele Christen im Umgang mit Christen anderer Länder, anderer Riten und anderer Kirchen, daß die Kniebeuge nicht die einzig mögliche Form der Anbetung Gottes ist.

So erscheint in Kulturbereichen, in denen die Menschen ständig auf dem Boden hocken, das Knien nicht so sehr als Gestalt der Selbsterniedrigung, sondern als Form der Erhebung. Das ist deutlich in China und Japan der Fall. Japanische Christen empfinden das Knien nicht selten als Lösung von der Erde, als Ausdruck der Freiwerdung, die dann ohne Stützung oft nur schwer gelingt. Hier verliert die Kniebeuge ihren gemeinten Sinn. Wo ein Ostasiate seinen Respekt zum Ausdruck bringt, verbeugt er sich tief. Deshalb hat die japanische Bischofskonferenz seit Jahren die Kniebeuge durch eine tiefe Verbeugung ersetzt.

Es kommt hinzu, daß viele Katholiken heute wissen, daß die römische Form der Meßfeier zwar in der katholischen Kirche die verbreitetste ist, daß es aber innerhalb der römischen Kirche eine Mehrzahl von gottesdienstlichen Riten gibt. Am bekanntesten sind Gottesdienste in der Form des orthodoxen, ostkirchlichen Ritus. Auch in diesem tritt an die Stelle der Kniebeuge vielfach die tiefe Verneigung oder ein Sich-nieder-Werfen auf den Boden.

Wie immer man zu der einzelnen Ausdrucksform göttlicher Anbetung steht, so scheint nur eines wichtig zu sein: Der ganze Mensch, Leib und Geist, Äußeres und Inneres, wollen einbezogen sein. Ein ungeordnetes Äußeres bezeugt selten ein geordnetes Inneres.

1.3 Schweigen

In diesem Zusammenhang sei auf ein Weiteres hingewiesen, zu dem sich der Besucher einer Kirche ganz allgemein eingeladen sieht. Es sei dies genannt, auch wenn sich hierin katholische und evangelische Kirchen kaum unterscheiden. In vielbesuchten Kirchen wie unseren Domen und Kathedralen wird zumeist eigens darauf aufmerksam gemacht: Kirchen sind Orte der Stille und des Schweigens. Wenn gesprochen wird, sollte es mit leiser Stimme geschehen.

Nur wer schweigt und still wird, ist wirklich fähig, auf den anderen zu hören und ihm zuzuhören. Das gilt auch für das Verhältnis zu Gott. Wer Gottes Wort hören will, muß das Gerede des Alltags verklingen lassen. Er muß in seinem Inneren einen Freiraum schaffen für Gottes Wort.

Es mag interessant sein festzustellen, daß nicht wenige Menschen heute darüber klagen, daß viele Kirchen aus unterschiedlichsten Gründen, vielfach aus Furcht vor Diebstählen, untertags verschlossen und so die wichtigsten Räume der Stille und Sammlung in unseren Landen unzugänglich sind. Andere wiederum finden es bedauerlich, daß auch die Gottesdienste zu wenige Räume der Stille zulassen und weithin die Zeit mit Worten, Liedern, Gesängen und Orgelspiel zugedeckt wird. Daß der christliche, auch der katholische Gottesdienst in hohem Maße vom Wort geprägt ist, ergibt sich schon aus der Tatsache, daß Gottesdienst immer auch Verkündigung der göttlichen Botschaft bedeutet. Es darf aber nicht übersehen werden, daß viele Menschen heute solange unfähig sind, Gottes Wort als *Gottes* Wort zu hören, als sie nicht zunächst für dieses Wort hörfähig gemacht werden. Das bedeutet, daß die Verkünder des Wortes die Hörer des Wortes aus ihrem Lebensraum abholen und Sorge dafür tragen müssen, daß der heutige Mensch in wahrer Selbst-Vergessenheit sich für den öffnet, dem er im *Gottesdienst* dienen möchte.

Es sei an dieser Stelle angefügt, daß folglich der Einübung in das Meditative, in Betrachtung, Besinnung, Gebet der Ruhe und Kontemplation heute eine größere Rolle zuerkannt werden muß, als es gemeinhin geschieht. Wo Menschen das nicht in ihrer Kirche finden, was ihnen wohlzutun scheint, suchen sie es außerhalb der Kirche. Nicht ohne Grund verbindet sich das Stichwort »Meditation« heute für viele Menschen bereits mit asiatischen Angeboten. Sie erfahren zuwenig, daß unsere Kirchen Orte der Einübung in die innere Stille sind.
Hier zeigt sich im übrigen eine besondere Aufgabe der Ordensgemeinschaften, männlicher wie weiblicher, nicht zuletzt der kontemplativen. Wer in einer Benediktinerabtei oder einem Karmel, aber auch sonst bei einem Gottesdienst in kleiner Gruppe erfahren hat, wie ein solcher Gottesdienst Stille schaffen kann und dabei Kräfte neuer Kreativität und Aktivität, neuen Einsatzes und Bekenntnisses im Alltag freigesetzt werden, möchte solche Zeiten der Einübung nicht mehr missen.

2.
Altarraum

Doch folgen wir nun unserem Blick nach vorn zum Altarraum. Dieser kann erhöht sein und, wie in vielen großen alten Kirchen, gleichsam in der Ferne liegen. Er kann gelegentlich durch einen *Lettner*, eine Wand, gar unmittelbar verborgen sein, doch dann ist heute gewiß ein neuer Altar in Volksnähe aufgestellt. Der Altarraum kann sich in der *Vierung* der Kirche befinden, wenn diese in Kreuzesform gebaut ist. Er kann die geometrische Mitte des Kirchenraumes bilden, so daß dann die Sitzgelegenheiten rund um den Altarraum angeordnet sind und manchmal gar die Konzentration auf die Mitte noch durch ein Ansteigen der Sitzreihen verstärkt wird. Es kann der Altar selbst ebenerdig stehen. Jeder dieser Anordnungsweisen läßt sich ein bestimmter Sinngehalt abgewinnen.

Nicht selten finden wir aber heute in den älteren Kirchen seit der Liturgiereform des 2. Vatikanischen Konzils eine Verdoppelung des Altars, wobei einer mit einem künstlerisch gestalteten Aufbau sich im Hintergrund des Altarraumes oder an der Rückwand der Kirche befindet und ein zweiter in Tischform näher an die den Gottesdienst mitfeiernde Gemeinde herangerückt ist. Doch darüber werden wir eigens zu sprechen haben.

Im Altarraum findet sich seit der Reform zumeist auch der Ort der Verkündigung, ein *Lesepult* oder auch ein künstlerisch gestalteter *Ambo.* Dieser Ort hat weithin die Aufgabe der in älteren Kirchen noch vorhandenen Kanzel übernommen.

Den Ort der Aufbewahrung des »Allerheiligsten«, des eucharistischen Brotes, wollen wir getrennt vom Altarraum behandeln, da er heute nicht mehr selbstverständlich dort gesucht werden kann. In der Großzahl der Kirchen, zumal außerhalb Deutschlands, befindet er sich aber nach wie vor im Raum des Hochaltars.

Der Altarraum enthält überdies eine Reihe von Sitzgelegenheiten für den zelebrierenden Priester, die Helfer beim Gottesdienst, die sogenannten *»Meßdiener«*, in der Regel jüngere Kna-

ben, heute auch für die Verkünder der Lesungen, sogenannte *Lektoren,* Männer wie Frauen. Viele alte Kirchen, Kathedralen und Klosterkirchen, auch ehemalige Klosterkirchen haben, rechts und links zum Altar angeordnet, ein sogenanntes *Chorgestühl,* in dem die Klostergemeinde oder das Domkapitel dem Gottesdienst beiwohnt oder beigewohnt hat.
Wir wollen uns nun im einzelnen dem Altar, dem Verkündigungsort und den besonderen Gestaltern des Gottesdienstes im Altar- oder Chorraum zuwenden.

2.1 Altar

Ein Altar ist ein Ort des Opfers. Der Altar in der katholischen Kirche ist der Ort des *Meßopfers.* So lautet in der traditionellen Sprache der Kirche auch heute noch die Bezeichnung des zentralen katholischen Gottesdienstes. Abgekürzt spricht man auch von Messe oder heiliger Messe, von Eucharistiefeier. Man könnte auch die evangelische Bezeichnung Abendmahlsfeier verwenden. Die Urkirche sprach vom Brotbrechen (vgl. Apg 2,42).
Ohne Zweifel berühren wir hier einen neuralgischen Punkt im Verhältnis der beiden Kirchen seit der Zeit der Reformation. Von einem »Meßopfer« zu sprechen fällt den evangelischen Christen bis auf den heutigen Tag schwer. Dennoch befinden sich beide Kirchen hier in einem spürbaren Lernprozeß.

2.1.1 Theologische Vorbemerkungen

Beiden Kirchen ist bewußt, daß ihr Gottesdienst in Erinnerung an den Auftrag Christi geschieht. In jedem Hochgebet der Messe bilden die Worte Jesu beim Abendmahl den Mittelpunkt; sie sind in der katholischen Tradition der Höhepunkt des ganzen Gottesdienstes überhaupt:

»Nehmet und esset alle davon: Das ist mein Leib, der für euch hingegeben wird.
Nehmet und trinket alle daraus: Das ist der Kelch des Neuen und ewigen Bundes, mein Blut, das für euch und für alle vergossen wird zur Vergebung der Sünden.«

Sie enden in den Worten: » *Tut dies zu meinem Gedächtnis.* « Bedenkt man die Worte Jesu, so bezieht sich das geforderte erinnernde Tun ohne Zweifel auf die Aufforderung zu essen und zu trinken, das Brot zu brechen – daher auch die einfache Bezeichnung »Brotbrechen« in der jungen Kirche – und den Kelch mit Wein zu teilen. Ziel der Erinnerungsfeier war damit das Erinnerungs*mahl*, die Erinnerung an das Abend*mahl*.
Nun steht das Abendmahl selbst in engster Beziehung zum Kreuzestod Christi. Die Feier des Abendmahls und der Messe heute trägt die Feiernden ihrerseits in die Nähe des Schicksals Christi und lädt sie ein, Anteil zu haben am Leben und Sterben des Herrn, an seinem Tod und seiner Auferstehung. Nach den Worten des Apostels Paulus werden die, die den Leib Christi empfangen, dadurch selbst zum Leib Christi. Die Gemeinde nimmt die Lebensform Jesu Christi an und wird so zu seinem Leib:

»Ist das Brot, das wir brechen, nicht Teilhabe am Leibe Christi? Ein Brot ist er. Darum sind wir viele ein Leib, denn wir alle haben teil an dem einen Brot.« (1 Kor 10, 16f.)

Geht man von diesen Überlegungen aus, so war zweifellos ein Tisch, um den herum die Anwesenden standen oder saßen, der ursprüngliche Ort des Brotbrechens oder der Eucharistiefeier, das heißt, des Dankgottesdienstes der Christen für die Heils- und Erlösungstat Gottes in Jesus Christus.
Verschiedene geschichtliche Entwicklungen, die hier nur stichwortartig angezeigt werden können, haben aber dahin geführt, daß das Verständnis des Zeichens der Einheit unter den Christen, das unter ihnen geteilte Brot und der geteilte Kelch, zu einem Zeichen des Skandals, nämlich der Uneinigkeit geworden ist. Wir nennen einige der wichtigsten Punkte im Laufe der Geschichte der Christenheit bis zur großen Trennung in der Reformation:
– Der Kreuzestod Christi wurde bereits früh als *Opfertod* »für das Heil und zugunsten des Heils der Welt« angesprochen. Die Verknüpfung des Abendmahlgeschehens mit dem Kreuzesgeschehen führte zur Rede vom blutigen und unblutigen Opfer, wobei dann die zweifelhafte Formel von der »*Wiederholung des*

Kreuzopfers« im Meßopfer für zusätzliche Fehlentwicklungen sorgte. Der bekannte Theologe K. Rahner hat das Problem 1949 in einem Aufsatz mit dem Titel »Die vielen Messen und das eine Opfer« schlagwortartig beleuchtet. Die Vielzahl der Messen auch ohne Gemeinde erzeugte den Eindruck des Mysteriösen und Magischen, als ob das Versöhnungsopfer Christi nicht ausreiche und darum immer neu wiederholt werden müsse.

– Die liturgische Sprache, die anfangs die Volkssprache war, wurde in der *lateinischen* Sprache ritualisiert und für das einfache Volk unverständlich. Noch heute erinnert die Verballhornung *«Hokuspokus«* an das unverstandene lateinische »Hoc est corpus meum« (»Das ist mein Leib«). Der Ritus wurde Sache von Latein verstehenden Spezialisten, von Priestern allein.

– Die Meßfeier verlor zugleich das notwendige Band zum Mahl. Verpflichtend war der Empfang des Sakramentes nur für den die Messe feiernden Priester, den sogenannten *Zelebranten.* Für das Volk wurde allein die Teilnahme, das Dabeisein in der Messe an Sonn- und Feiertagen zur Pflicht gemacht. Das Gefühl der Unwürdigkeit, den erhabenen Gott zu empfangen, die wachsende Bedeutsamkeit der schweren Sünden im privaten Bereich, die Entwicklungen in der Beichtpraxis hielten im Mittelalter die Gläubigen so sehr von der Kommunion ab, daß schließlich 1215 das 4. Laterankonzil festlegte: Jeder katholische Christ, der zum Gebrauch seiner Vernunft gelangt und zu unterscheiden versteht, hat wenigstens einmal im Jahr, und zwar zur Osterzeit, die Kommunion zu empfangen und, sofern er im Stande schwerer Schuld ist (praktisch wurde das vorausgesetzt), zuvor beichten zu gehen.

– Die Praxis der Krankenkommunion, dem Kranken das Sakrament nur in der Gestalt des Brotes zu reichen, setzte sich im übrigen auch in der Praxis der *Laienkommunion* durch. Die Pflicht, aber auch das Privileg, den Leib des Herrn unter den Gestalten von Brot *und* Wein zu empfangen, war Sache des zelebrierenden Priesters oder Bischofs. Hiergegen wie auch gegen die Unverständlichkeit der Sprache kamen bereits in vorreformatorischer Zeit Widerstände auf, die aber in ihrer Berechtigung letztlich erst in unseren Tagen katholischerseits anerkannt wurden.

– Es kam ein weiteres, wichtiges Element hinzu: Die Frage der Deutung der Sätze »Das ist mein Leib«, »das ist mein Blut« erhielt das Übergewicht gegenüber dem Befehl zu essen und zu trinken in Erinnerung an den Herrn. Die katholische Auffassung spricht von einer *»Wandlung«* von Brot und Wein in Christi Leib und Blut. In der philosophisch bedingten theologischen Fachsprache der Zeit sprach sie von *»Trans-substantiation«*, das heißt, die »Substanz« des Brotes und Weines wechselt bei gleichzeitigem Verbleiben der »Akzidentien« von Brot und Wein – sie behalten Gestalt, Geschmack und sonstige Erscheinungsformen von Brot und Wein – in die »Substanz« des gekreuzigten und auferstandenen Herrn. Mit anderen, einfacheren Worten: Jesus Christus wird in den Gestalten von Brot und Wein *real,* wirklich, personal gegenwärtig als unsere Speise. Die katholische Lehre sagt weiter: Dieser Jesus bleibt real gegenwärtig auch in den bei der Kommunionausteilung nicht gebrauchten Hostien. Der Aufenthaltsort der übriggebliebenen Hostien wurde zum Ort besonderer Verehrung und Anbetung.
– Wo die Aufforderung zum Mahl in Vergessenheit geriet, wurde der in der Gestalt des Brotes verborgen gegenwärtige Leib des Herrn zum »Gegenstand« der Anbetung. Die Entstehung des Fronleichnamsfestes fällt in die erste Hälfte des 13. Jahrhunderts. Die eucharistische Prozession ist 1277 bezeugt für Köln. Von den nördlichen Ländern her breitete sie sich über ganz Europa aus. Volkstümlich wird die eucharistische Andacht, in der die heilige Hostie in einem Schau- und Zeigegerät – *Monstranz* genannt – für das Volk ausgestellt wird, um dieses am Ende mit der Monstranz zu segnen. Dinge dieser Art müssen zumindest ein wenig in Erinnerung gebracht werden, um die Vielfältigkeit der Altargestalt zu verstehen und zugleich zu begreifen, warum der Altar in allen Zeiten der Geschichte trotz der Wandlungen, die er gestaltungsmäßig durchgemacht hat, das Zentralstück eines katholischen Kirchenraumes geblieben ist.

2.1.2 Vielerlei Altarformen

Die in Kürze angesprochenen Entwicklungen und Akzentverschiebungen haben sich in der Geschichte des christlichen Altars

niedergeschlagen. Wir machen aber bewußt einen Sprung und betrachten zunächst einen Altar in einem unserer modernen Kirchenbauten, an denen die liturgischen Vorstellungen des 2. Vatikanischen Konzils am leichtesten ablesbar sind.
Der Altar steht frei im Raum, so daß er von allen Seiten begehbar ist. Fragen wir nach seiner Form, so können wir ihn einmal mehr als Tisch beschreiben, ein andermal mehr als Block, damit als Opferstein oder Opfertisch. Der Gesichtspunkt des Opfers fehlt niemals völlig. An die Verbindung mit dem Kreuzestod Christi erinnert stets das Kreuz, das entweder auf dem Altar steht oder über ihm hängt.
Auf etwas, das der Aufmerksamkeit leicht entgeht, sei eigens hingewiesen. In viele Altäre sind an ihrer Vorderseite sichtbar Reliquien von Heiligen eingelassen. Sind sie dort nicht sichtbar, findet man einen entsprechenden Stein eingemauert in die Tischfläche des Altars, unter den Altartüchern verborgen. Die Reliquien erinnern daran, daß der christliche Gottesdienst seit der Zeit der Christenverfolgungen im römischen Reich bevorzugt an den Stätten des Sterbens oder über den Gräbern christlicher Blutzeugen, der *Martyrer,* gefeiert wurde.
In vielen alten Kirchen erhebt sich der Altarraum oder das Hochchor über einer Unterkirche, *Krypta* genannt, in dem sich das Grab oder der Schrein eines Heiligen findet. Die archäologische Forschung hat in diesem Sinne nachgewiesen, daß die nach St. Johann im Lateran bedeutendste Kirche Roms, der Petersdom, ganz offensichtlich deshalb in ursprünglich ungünstiger Lage auf dem vatikanischen Hügel erbaut worden ist, weil man die Kirche über dem Grab des Apostels Petrus errichten wollte.
In manchen Kirchen unserer Heimat ist der Gedanke weitergespielt und das Gedächtnis auch der Blutzeugen unserer Tage betont worden. Ein eindrucksvolles Beispiel ist die renovierte Krypta des Domes zu Xanten am Niederrhein, ein anderes die Pax-Christi-Kirche in Essen. In dieser finden sich um den Altar der Unterkirche, in den Boden eingelassen, auf Tontäfelchen geschrieben, die Namen zahlreicher Menschen, die durch Gewalttat und Krieg ums Leben gekommen sind. Die Erinnerung des ungerechten Todes Christi ist hier überall ausgeweitet zur Erinnerung an den Tod von Menschen, die in der Nachfolge seines

Lebens oder zumindest ähnlich wie er ihr Leben hingegeben haben.
Der soeben beschriebene Altar, an dem die Eucharistie gefeiert wird, findet sich heute praktisch bis in die letzten Täler der Alpen hinein, ja in allen Ländern der Erde. Er hat sich mit der Erneuerung der Liturgie überall durchgesetzt. Dennoch war die Einführung dieser Altarform insofern nicht unproblematisch, als jahrhundertelang der Altar an der Rückwand des Chorraumes oder gar der Kirche aufgestellt war. Er hatte dann zwar auch einen Altartisch. Doch an diesem konnte der Priester nur hin- und hergehen, wobei er zugleich der Gemeinde den Rücken zuwenden mußte. Vielerorts ist dieser Altar auch heute noch erhalten, weil Ehrfurcht vor der Frömmigkeit der Vorfahren, aber auch Rücksichtnahme auf den künstlerischen Rang des Altars seine Entfernung verhindert haben.
Blickfang dieser Altäre ist dann weniger der Ort der Meßfeier als der künstlerische Aufbau. In der Mitte findet sich der *Tabernakel,* der Ort, an dem in Kelchen *(»Ziborien«)* die bei der Austeilung der *Kommunion* – so nennen Katholiken das Abendmahl – nicht verbrauchten Hostien aufbewahrt wurden oder heute noch werden. Da nach katholischem Verständnis, wie zuvor erklärt, der Leib Christi in den Hostien real gegenwärtig bleibt, ist dieser Ort der Aufbewahrung zugleich ein Ort besonderer Verehrung. Ihm gegenüber verliert der eigentliche Altar vordergründig vielfach seine eigentliche Funktion. Dafür wird er zum Unterbau oder zum Träger des Tabernakels und des übrigen Altaraufbaus.
Oberhalb des Tabernakels erkennen wir dann auf solchen Altären zumeist einen freien Raum, der tagsüber mit einem Kreuz gefüllt ist. In ihm wird aber in den sogenannten eucharistischen *Andachten* die Hostie in der Monstranz zur Anbetung der Gläubigen sichtbar ausgesetzt. Solche Gebetszeiten schließen mit dem sakramentalen Segen. Es gibt auch heute in vielen deutschen und österreichischen Städten im Zentrum eine Kirche, in der an allen Tagen der Woche das Allerheiligste tagsüber ausgesetzt ist.
Auf beiden Seiten, vielleicht auch oberhalb des Tabernakels haben die Hochaltäre bildliche oder figürliche Darstellungen aus

dem Leben Jesu, der Gottesmutter oder der Heiligen. Diese haben eine solche Vielfalt, daß Einzelheiten in der jeweiligen Kirche zu bedenken sind.

Daß Altäre mit Blumen und Kerzen geschmückt sind, braucht nur erwähnt zu werden. Dabei waren *Kerzen* sicherlich ursprünglich die notwendigen Lichtquellen, ehe sie heute als Symbole hingebungsvoller, sich verzehrender Liebe gedeutet werden.

Noch ein weiteres ist zu beachten. Obwohl im Grunde *ein* Altar in einer Kirche dem Sinngehalt des Kreuzesopfers mehr entsprochen hätte, beobachten wir in den alten Kirchen überall eine Fülle von Altären, aus denen dann der zentrale Altar als *Hoch-* oder *Hauptaltar* herausragt. Neben ihm finden sich zumeist auf etwas niedrigerem Niveau sogenannte *Seitenaltäre,* in ähnlicher Weise wie der Hochaltar gestaltet, doch zumeist ohne einen weiteren Tabernakel. Blickpunkte dieser Altäre können plastische Figuren von Heiligen oder auch Gemälde sein. Sie dienen heute kaum noch einer liturgischen Handlung und sind daher höchstens Orte der privaten Frömmigkeit. In Zeiten, in denen einer Kirche viele Priester zugehörten, vor allem in Klosterkirchen und Kathedralen, fanden an solchen Altären oder auch in eigenen Seitenkapellen die heiligen Messen all derer statt, die nicht am Hochaltar zelebrieren konnten. Die abfällige Rede von »Winkelmessen« hat hier ihren Ursprung. Sie haben in unseren Tagen in starkem Maße nachgelassen. Ein Grund dafür ist, daß der Brauch der *Konzelebration,* das heißt der gemeinsamen Meßfeier mehrerer Priester an einem Altar, neu belebt worden ist. Sodann sehen zunehmend viele Priester in einem privaten Gottesdienst ohne mitfeiernde Gemeinde wenig Sinn, was sich allerdings in priesterarmer Zeit gut verstehen läßt.

2.2 Ort der Verkündigung

In gewissem Sinne war der Ort der Verkündigung des Wortes Gottes stets der Altarraum. Solange die römische Meßliturgie in lateinischer Sprache gefeiert wurde, wurden die Lesungen der heiligen Messe zunächst am Altar vorgetragen. Doch zur Ver-

kündigung des Evangeliums in der Muttersprache und zur Predigt ging der Verkünder auf die sogenannte *Kanzel.*
Diese ist ein erhöhter, für den Großteil der Gottesdienstbesucher gut sichtbarer Platz, vielfach an eine Säule angelehnt und mit einem großen Schalldeckel versehen, der das Stimmvolumen des Predigers unterstützen sollte. Der exponierte Ort bot sich an, ihn ähnlich den Altären mit vielerlei figürlich bildlichen Darstellungen zu verzieren. Diese haben es in der Regel mit dem Inhalt der Verkündigung zu tun:
– Symbole der Dreifaltigkeit; die Taube des Heiligen Geistes, der dem Prediger wie den Hörern der Verkündigung das rechte Verstehen schenken muß; der auferstandene Christus;
– die vier Evangelisten mit ihren aus den Eingängen der Evangelien entnommenen Symbolen: Matthäus mit dem Kind, Markus mit dem Löwen, Lukas mit dem Opferstier, Johannes mit dem Adler, Symbol des theologischen Höhenflugs schon im Prolog; vielfach stehen die Symbole allein als Ersatz für die Personen;
– die vier lateinischen Kirchenlehrer: Augustinus mit dem glühenden Herzen; Ambrosius mit einem Bienenkorb, beide mit den Insignien eines Bischofs; Hieronymus, der Schöpfer der lateinischen Bibelübersetzung in die Volkssprache, Vulgata genannt, als Kardinal; schließlich Papst Gregor der Große; sie verkörpern die frühe Theologie der Väterzeit, damit die Forderung zur Treue zum Evangelium und seinem Verständnis in der Tradition;
– Hinweise auf die Übertragung der christlichen Lehre ins alltägliche Leben; Moses mit den Zehn Geboten, der Erzengel Michael mit der Waage des Gerichts, das Antlitz des Todes.
Eigentlich mit Bedauern ist festzustellen, daß die Kanzel weithin ihre Funktion verloren hat. Allerdings gibt es heute gewisse Anzeichen dafür, daß zumindest in Kirchen, in denen der Prediger durch die neueren Lösungen, statt dem Volke nähergebracht zu werden, eher von ihm entfernt worden ist, eine gewisse Rückbesinnung auf den für eine Predigt viel günstigeren Standort eingesetzt hat. In den meisten Kirchen aus der Zeit des letzten Konzils gibt es jedenfalls weithin keine Kanzel alten Stils mehr.
Statt dessen finden wir im Altarraum auf einer oder beiden Seiten eigens geschaffene Verkündigungs- und Leseorte, sogenannte *Ambonen,* zumindest ein oft auch künstlerisch ausgestaltetes

Lesepult. Gelegentlich tritt man in eine Kirche, in der im Altarraum auf gleicher Höhe parallel der *»Tisch des Wortes«*, der Lese- und Predigtort, und der *»Tisch des Brotes«*, der Altar, stehen, so daß dieser damit gar aus dem Zentrum herausrückt.
Diese akzentuierte Betonung des Nebeneinander von Wort Gottes und Sakrament beleuchtet schlaglichtartig den gewaltigen Umbruch, der sich in unseren Tagen unter dem Einfluß der biblisch-liturgischen Bewegung, der Neuerschließung der vormittelalterlichen Theologie, zumal der Kirchenväter, aber dann auch des Lernprozesses in der ökumenischen Bewegung vollzogen hat und im 2. Vatikanischen Konzil grundlegend sanktioniert worden ist.
In meiner Kindheit lernten wir im katholischen Gottesdienst zu unterscheiden zwischen der »Vormesse«, zu der nach den Einleitungsgebeten die Lesungen der Heiligen Schrift und die Predigt gehörten, und den Hauptteilen der heiligen Messe, Opferung, Wandlung und Kommunion, an denen teilzunehmen zur Erfüllung der Sonntagspflicht im strengen Sinne genügte. Heute stehen als die beiden Hauptteile des katholischen Gottesdienstes der *Wortgottesdienst* und die *Eucharistiefeier* gleichgewichtig nebeneinander. Dies ist nicht zuletzt durch das Abrücken von der für die Großzahl der Kirchenbesucher unverständlichen lateinischen Sprache und den Gebrauch der Muttersprache als Sprache des Gottesdienstes gefördert worden.
Es gehört heute jedenfalls zu den beglückendsten Erfahrungen einer Annäherung der getrennten Kirchen zueinander, daß sie sich in der Hochschätzung des Wortes Gottes zu begegnen beginnen und eine Unterscheidung zwischen einer Kirche des Wortes auf der einen Seite und einer Kirche des Sakramentes auf der anderen Seite immer schwieriger nachzuvollziehen ist. Wenn beide Kirchen sich wirklich begegnen wollen, dann muß es zunächst in der Treue gegenüber dem Wort Gottes geschehen.
Vielleicht sollte an dieser Stelle angefügt werden, daß zwar gewöhnlich der geweihte Priester es als eine seiner vornehmsten Aufgaben ansieht, in der Predigt das Wort Gottes auszulegen, daß es aber bei besonderen Anlässen und zumal in priesterlosen Gottesdiensten immer häufiger vorkommt, daß ein Laie an das Lesepult tritt und ein Wort der Ermunterung im Anschluß an

die Verkündigung des Evangeliums an die versammelte Gemeinde richtet. Damit kommt der Gedanke des allgemeinen Priestertums aller Gläubigen stärker zum Tragen, der vom 2. Vatikanum sehr betont wurde.
Auf andere, indirekte Weisen der Verkündigung, die eine Kirche ständig in ihren bildlichen Darstellungen und ihrer Symbolik bietet, wollen wir in anderem Zusammenhang zurückkommen.

2.3 Der Ort des Priesters

Neben Altar und Verkündigungsort haben wir im Altarraum noch den Sitz des Priesters und anderer, die im Gottesdienst eine Funktion ausüben, wahrgenommen. Dabei ist der Sitz des Priesters als des Vorstehers der Eucharistiefeier – ähnlich dem Stuhl des Bischofs in einer Kathedralkirche (die sogar von diesem Stuhl, der *»Cathedra«* her ihren Namen *»Kathedrale«* hat) oder einem Amtssitz in einer Benediktiner- oder Zisterzienserabtei – gewöhnlich in seiner Gestalt herausgehoben.
Ein Vergleich schon verschiedener moderner Kirchen zeigt aber, daß es über den Standort des Priestersitzes offensichtlich keine einheitliche Meinung gibt. Vielfach steht er auf der Seite mit dem Blick zum Altar. Nicht selten erscheint er, thronartig erhöht, hinter dem Altar, so daß der Zelebrant mit dem Blick über den Altar hinweg zum Volk gewandt ist. Manchmal ist der Priestersitz auch seitlich versetzt hinter dem Altar, zumal wenn der ältere Altar der Kirche noch erhalten ist. In gewissem Sinne spiegelt die Unsicherheit des Ortes für den Priester aber vielleicht auch die Rollenunsicherheit des priesterlichen Amtes überhaupt wider.
Steht der Priester im Gegenüber zur Gemeinde, oder soll er sich als Vorbeter der Gemeinde fühlen? Vertritt er Christus gegenüber der Gemeinde, wenn er in seinem Auftrag die Worte Jesu beim Abendmahl wiederholt, oder ist er wie Mose Vorsteher der Gemeinde, der sie immer wieder im Gebete vor Gott vertritt und sie zum Gebet vor Gott anleitet?
Die Zwiespältigkeit wird auch in der Gebetsstellung am Altar sichtbar. Bis zum 2. Vatikanischen Konzil stand der Priester vor

dem Altar, mit dem Rücken zum Volk. Diese Haltung wurde – wenig sinnvoll – selbst bei den lateinischen Lesungen der Messe beibehalten. Erst seit dem Konzil hat sich fast überall durchgesetzt, daß der Priester hinter dem Altar, dem Volke zugewandt, steht; allerdings ist diese Haltung nicht zwingend vorgeschrieben.
Beide Stellungen haben ihren Sinn. Die volkabgewandte Haltung versinnbildet stärker die Hinwendung des Menschen zu Gott. Solange und wo die Kirchen *geostet* waren, wo also der Altar in östlicher Richtung stand, ist dies zugleich die Hinwendung zur aufgehenden Sonne, dem Symbol des auferstandenen Herrn, der als »unbesiegbare Sonne« angerufen wird. Demgegenüber macht das Gegenüber zum Volk den Priester in stärkerem Maße zum Repräsentanten Christi in seiner Gemeinde, der mit Autorität sein Wort kündet und in seinem Namen die Einsetzungsworte spricht. Diese Worte selbst werden, zum Volk hin gesprochen, zum Höhepunkt der Verkündigung.
Von der gängigen Theologie des besonderen Priestertums her wird der Gedanke der Repräsentanz durchaus betont. So heißt es im Dekret über Dienst und Leben der Priester des 2. Vatikanischen Konzils:

»Die Priester üben entsprechend ihrem Anteil an der Vollmacht das Amt Christi, des Hauptes und Hirten, aus. Sie versammeln im Namen des Bischofs die Familie Gottes, die als Gemeinschaft von Brüdern nach Einheit verlangt und führen sie durch Christus im Geist zu Gott dem Vater. Wie zu den übrigen priesterlichen Ämtern wird auch zu diesem eine geistliche Vollmacht verliehen, die zur Auferbauung gegeben wird. In dieser Auferbauung der Kirche müssen die Priester allen nach dem Beispiel des Herrn mit echter Menschlichkeit begegnen.« (Art. 6)

Der Gedanke der Repräsentanz wird – manchmal vielleicht ungewollt – durch einen priesterlichen Thronsitz hinter dem Altar unterstrichen. Die Furcht, in falschem Sinne klerikal zu wirken, scheint heute schon wieder stärker in Richtung eines schlichteren, seitlich angeordneten Sitzes zu drängen. Wo der Priester sich selbst näher im Kontakt mit der Gemeinde sieht, geschieht das seinerseits in Übereinstimmung mit dem zuvor zitierten

Text des 2. Vatikanischen Konzils. Repräsentiert der Priester auf seine Weise Christus, so ist er doch immer auch »Vorsteher«, Vorbeter, Leiter; als solcher steht er in der Richtung des Volkes:

»Die Zusammenkunft zur Feier der Eucharistie, der der Priester vorsteht, ist die Mitte der Gemeinschaft der Gläubigen. Die Priester leiten darum die Gläubigen an, die göttliche Opfergabe in der Meßfeier Gott dem Vater darzubringen und mit ihr die Hingabe ihres eigenen Lebens zu verbinden.« (Art. 5)

Die Unsicherheit in der Rollenfunktion des Priesters rührt heute nicht zuletzt daher, daß vielerlei Dienste, die er jahrhundertelang fast allein wahrzunehmen hatte, heute auf andere hauptamtliche und freiwillige Helfer und Mitarbeiter übergehen. Sowohl das stärkere Selbstbewußsein der Laien, die sich auf ihre eigenverantwortliche Rolle in der Kirche besinnen, als der zahlenmäßige Rückgang der Priesterberufe ruft nach angemessenen Änderungen. Viele Schritte sind eingeleitet.
So ist der *Diakonat* als eigenständige Weihestufe für Männer wiederhergestellt worden. Diese können zwar nicht der Eucharistiefeier vorstehen und das Bußsakrament spenden, aber außer pädagogischen und diakonischen Diensten auch alle anderen liturgischen Funktionen wahrnehmen. Laien ist im deutschen Bereich durch die Gemeinsame Synode der Bistümer der Bundesrepublik die Predigt grundsätzlich gestattet worden. Sie fungieren, Männer wie Frauen, als Helfer bei der Kommunionausteilung und dürfen auch die Kommunion zu den Kranken der Gemeinde tragen.
Das alles führt dahin, daß im Altarraum heute längst nicht mehr der die Messe feiernde Priester, der Zelebrant, als einziger Erwachsener unter Kindern als Meßdiener seinen Ort hat, sondern auch andere Erwachsene Funktionen übernehmen.
Vielleicht sollte an dieser Stelle auch noch kurz auf das *Chorgestühl* hingewiesen werden, das wir in Domen und Klosterkirchen oft in sehenswerter Ausgestaltung antreffen. Es ist vor allem deshalb erwähnenswert, weil wir durch dieses Gestühl auf den eigentümlichen offiziellen Gebetsrhythmus der Kirche aufmerksam werden. Das Chorgestühl ist der Ort des Domkapitels in Domkirchen sowie vor allem der Mönche und Nonnen, die in

ihm zu festgesetzten Zeiten das sogenannte *Chorgebet* verrichten.
Dieses besteht aus einem Wechsel von Psalmgesängen oder -rezitationen, längeren oder kürzeren Lesungen aus der Heiligen Schrift sowie fürbittendem Gebet und verteilt sich über den ganzen Tag. Es beginnt mit dem Frühgebet *(Matutin)*, früher gar schon in der Nacht. Es folgt das Gotteslob am Morgen, die *Laudes.* Es schließen sich weitere Gebetszeiten an, bis daß am Frühabend die *Vesper* gebetet wird und die Folge mit der *Komplet,* dem »Schlußgebet« kurz vor dem Schlafengehen, endet. Auf ihre Weise nehmen alle Priester mit dem sogenannten *Breviergebet* an diesem im Mönchs- und Ordensleben, also den Klöstern, beheimateten Gebetsrhythmus teil.

3.
Tabernakel

Tabernakel bedeutet wörtlich übersetzt Zelt, das Zelt Gottes unter den Menschen. Das Wort erinnert an das alttestamentliche Bundeszelt beim Zug der Juden durch die Wüste. Es meint jenen Ort, an dem die konsekrierten und in der Eucharistiefeier übriggebliebenen Hostien aufbewahrt sind. Wie schon erläutert, sind diese nach katholischem Glaubensverständnis der unter der Gestalt des Brotes verborgene Leib Christi, die reale Gegenwart des Herrn, den wir nach dem gemeinsamen Glaubensbekenntnis der Christenheit als »wahren Gott und wahren Menschen« verehren. Der Tabernakel ist folglich für den katholischen Christen der Ort besonderer Anbetung des Herrn; er enthält für ihn das *Allerheiligste.*

Nun haben wir bereits in anderem Zusammenhang darauf aufmerksam gemacht, daß die eucharistische Anbetung keineswegs von Anfang an in der Christenheit geübt wurde. Die Erneuerung des häufigen Kommunionempfangs geht auf Papst Pius X., also auf den Anfang unseres Jahrhunderts, zurück. Derselbe Papst setzte sich zugleich für eine vergleichsweise frühe Zulassung der Kinder zur ersten heiligen Kommunion ein.

Aus der Zeit des Hochmittelalters gibt es noch in vielen gotischen Kirchen herrliche Sakramentshäuschen, turmartig, mit viel Filigranarbeit an eine Säule im Chor angelehnt oder auch frei stehend. Sie beweisen, daß die übriggebliebenen Hostien damals in einem vom Altar getrennten Ort aufbewahrt wurden.

Erst mit dem Beginn einer ausgeprägten eucharistischen Anbetungsfrömmigkeit rückt der Tabernakel auf den Hochaltar, wo er dann gleichsam wie ein Thron in der Mitte des Altartisches steht. Diese Tendenz verstärkte sich, als in reformatorischer und nachreformatorischer Zeit diese Frömmigkeitshaltung evangelischerseits abgelehnt wurde und eine Mehrzahl von Sinndeutungen der Eucharistie miteinander zu konkurrieren begannen.

Erst in unserer Zeit ist es erneut zu einem grundlegenden Wandel gekommen. Gegenreformatorische Einstellungen starben ab.

Die Besinnung auf den ursprünglichen Charakter der Eucharistiefeier ließ es unpassend erscheinen, daß die Eucharistie an einem Altar gefeiert wird, auf dem der Herr nach katholischem Verständnis im Tabernakel immer schon gegenwärtig ist. So wurden im Zuge der Liturgiereform des letzten Konzils Zelebrationsaltar und Tabernakel in der Regel überall getrennt. Das hatte zur Folge, daß, da der Ort des Altars vorgegeben war, für den Tabernakel ein neuer Ort zu finden war.

Ohne hier ein Urteil über die inzwischen verwirklichten Möglichkeiten abgeben zu wollen, seien sie in Kürze erläutert. Grundsätzlich ergaben sich zwei Möglichkeiten: Entweder verblieb der Tabernakel im Altarraum, oder ihm wurde außerhalb des Altarraumes an anderer Stelle der Kirche ein würdiger Ort geschaffen.

Die erste Lösung wie die zweite finden wir sowohl in alten und älteren wie in neuerbauten Kirchen verwirklicht, so daß von dorther keiner der Vorzug schlechthin gebührt. So haben manche ganz alte Kirchen ihr bisher leerstehendes Sakramentshäuschen wieder in Benutzung genommen. Manche moderne Kirche hat sich davon anregen lassen und besitzt nun im Altarraum eine an das alte Sakramentshäuschen angelehnte Gestaltung des Tabernakels, eine freistehende Säule oder Stele oder auch ein größeres Monument, vielfach symbolhaft ausgestattet, nicht selten mit dem Feuersymbol des brennenden Dornbusches oder anderen Hinweisen auf die Gegenwart Gottes. In Kirchen des letzten Jahrhunderts oder der Jahrhundertwende, überhaupt in Kirchen, in denen man sich aus künstlerischen oder aus Pietätsgründen nicht vom alten Hochaltar trennen konnte und folglich die »kleine Lösung« eines zusätzlichen Zelebrationsaltars, der einen volkszugewandten Gottesdienst erlaubt, verwirklicht wurde, befindet sich der Tabernakel gewöhnlich an der alten Stelle auf dem Hochaltar.

Die zweite Lösung lebt ihrerseits von manchen Anregungen. So gibt es schon lange in vielen Domkirchen eigene Sakramentskapellen. Da viele dieser Kirchen wegen ihres hohen künstlerischen Ranges für eine wachsende Zahl von Menschen einen eher musealen Charakter erhalten haben, bot es sich an, den Ort stiller Besinnung und Anbetung vom übrigen Bereich staunender

Anschauung und Betrachtung der künstlerischen Leistungen unserer Vorfahren zu trennen. Ob wir St. Peter in Rom, den Stephansdom in Wien, das Straßburger Münster oder den Kölner Dom betreten – überall finden wir diese Lösung vor: Das Allerheiligste ist nicht im Chor in der Nähe des Hochaltars zu suchen, sondern in einer abgelegenen Sakramentskapelle.
Das aber diente inzwischen auch in anderen Kirchen als Lösungsmöglichkeit. So finden wir den Tabernakel in der Werktagskapelle der Kirche, wenn eine große Kirchengemeinde für die relativ wenigen Besucher der Werktagsgottesdienste eine solche einrichten konnte. Oder der Tabernakel befindet sich auf einem Seitenaltar; damit wird auch wiederum der privat-persönliche Charakter der eucharistischen Anbetung unterstrichen. Der Tabernakel kann somit für den die Kirche betretenden Besucher unmittelbar im Blickfeld liegen; er kann aber auch so angeordnet sein, daß der Besucher ihn erst suchen muß. Letzteres ist insofern manchem Katholiken ärgerlich, weil er nicht versteht, wieso er das, was nach dem lange vermittelten Verständnis der Kirche die »Hauptsache« war, nun erst suchen muß. Es bleibt aber dem entgegenzuhalten, daß über den Zweck des Kirchenraumes im Laufe der Geschichte unterschiedliche Vorstellungen vorgeherrscht haben.
Wenn in unseren Tagen auch der katholische Kirchenraum – ähnlich dem evangelischen – wieder in stärkerem Maße zunächst als Ort der gottesdienstlichen Versammlung und erst an zweiter Stelle als Ort privater Besinnung, Andacht und Stille gesehen wird, sollte das, was aus immer für Gründen in jahrhundertelanger Tradition geworden ist, dennoch nicht leichtfertig abgeschafft werden. In diesem Sinne wird man auch der eucharistischen Anbetung in der katholischen Frömmigkeit einen angemessenen Raum wahren müssen. Hinzu kommt, daß auch schon im Hinblick auf Hektik und Streß, Rastlosigkeit und Umgetriebenwerden der Menschen heute die Kirchen als *offene* Inseln der Ruhe, Stille und Einkehr gepflegt werden müssen. Es ist zu bedauern, daß auch viele katholische Kirchen heute untertags geschlossen sind.
Ein kleiner Hinweis sei noch gegeben: Der Ort des Tabernakels mit dem Allerheiligsten ist in allen Kirchen schon dadurch leicht

erkennbar, daß vor ihm das sogenannte *»Ewige Licht«* brennt. Dies kann eine einfache, meist mit rotem Glas versehene Öllampe sein. Nicht selten finden wir aber auch eine von der Decke herabreichende, reichgeschmückte Silberampel, welche die besagte Öllampe enthält. Das ständig brennende Licht soll seinerseits an die ständige Gegenwart des Herrn in der Eucharistie erinnern.

4.
Kirchenschiff

Nachdem wir uns zunächst auf den Altarraum sowie den Tabernakel konzentriert haben, ist es nun an der Zeit, uns in dem Raum umzuschauen, welcher der gläubigen Gemeinde Platz beim Gottesdienst und sonst zum Gebet bietet. Dieser Raum nimmt immerhin den größten Teil des ganzen Innenraumes der Kirche ein.

Von Ausnahmen abgesehen, handelt es sich dabei in den älteren Kirchen um einen langgestreckten, nach vorne zum Altar hin orientierten Raum, wobei dieser aus schon genannten Gründen gern in west-östlicher Richtung angelegt ist. Für diesen Raum hat sich das Wort *»Kirchenschiff«* eingebürgert, nicht ohne Erinnerung an die Rede vom »Schifflein Petri«, als das sich die Kirche selbst gerne versteht. Wo eine Kirche durch ihre Säulenreihen gleichsam in mehrere Räume geteilt ist, spricht man entsprechend von einer mehrschiffigen Kirche.

Schon in der Zeit der Renaissance, vor allem aber in der Barockzeit, nehmen viele Kirchenräume die Gestalt eines festlichen Saales an. Nach der Zwischenphase der Neuromanik und Neugotik läßt der moderne Kirchenbau heute praktisch alle geometrischen Grundrißfiguren zu, den Kreis, den Halbkreis, das Quadrat und selbst unsymmetrische Gestalten, wenn nur das Grundprinzip verwirklicht ist: Der Altar soll gemeindenah und daher möglichst von allen Plätzen her sichtbar sein.

Im Kirchenraum selbst haben wir uns einmal mit den Gläubigen selbst zu befassen. Wir wollen aber dann auch bemerken, wie vielfach die Kunst in der Kirche zu ihrem Recht kommt, ja daß man verstehen kann, daß jahrhundertelang die Kirche die grundlegende Inspiration und der bedeutendste Förderer der Künstler einer Zeit war. Das aber gilt sowohl für die bildende Kunst der Malerei und Plastik als auch für die Musik.

4.1 Ort der Gläubigen

In unseren Gegenden ist der Ort der Gläubigen ausgefüllt mit Kniebänken oder gelegentlich wie in Frankreich mit Kniestühlen. Die Betonung der Kniebänke, obwohl sie auch Gelegenheit zum Sitzen bieten, hebt hervor, daß eine unterscheidende Körperhaltung des katholischen Gläubigen das Knien ist. Auf den Sinn dieser Haltung sind wir bereits zu sprechen gekommen, als wir die Kniebeuge erklärten.

Sichtbar werden im Verlauf des Gottesdienstes im wesentlichen drei Körperhaltungen, die in einer Zeit, in der asiatische Meditationsangebote uns auf die Wichtigkeit der Körperhaltungen aufmerksam machen, auch wieder bewußter vollzogen werden sollten. Dabei darf dann zugleich daran erinnert werden, daß auch die Jugendbewegung nach dem 1. Weltkrieg bereits Generationen in dieser Richtung geprägt hat. R. Guardinis oder K. Tilmanns Schriften bleiben in diesem Zusammenhang hilfreich.

Stehen ist eine Haltung des Respektes, der Achtung und der Ehrfurcht. Diese Haltung wird im Gottesdienst eingenommen bei Gebeten, beim Lobpreis Gottes, beim Hören des Evangeliums, beim Gesang.

Knien ist in der römischen Liturgie die Haltung der Unterwerfung, der Demut, damit auch der Anbetung. Sie wird in den meisten Gemeinden noch geübt während des eucharistischen Hochgebets mit den Einsetzungsworten des Herrn beim Abendmahl, obwohl dabei die stehende Haltung genauso verständlich ist. Ein evangelischer Christ, der bei der Wandlung während einer katholischen Meßfeier stehen bleibt, braucht daher keineswegs das Gefühl zu haben, sich respektlos zu verhalten, weil seine Umgebung kniet.

Sitzen ist die Haltung der Ruhe, der Sammlung, daher auch der äußeren und inneren Hörbereitschaft. Während des Wortgottesdienstes wird sie vollzogen während der Lesungen (außer dem Evangelium, weil dieses das direkte Wort Jesu enthält) und der Predigt, aber auch vor dem Gottesdienst und innerhalb des Gottesdienstes, wenn Zeiten der meditativen Sammlung, etwa nach den Lesungen oder nach der Austeilung der heiligen Kommunion angeboten werden.

Daß sich mit der Haltung der Ruhe das Schweigen notwendig verbindet, haben wir ebenfalls eingangs schon betont. Im Gottesdienst sprechen Priester und Gemeinde nur in bedingter Weise miteinander. Sie sind miteinander ausgerichtet auf Gott und sein Wort; was sonst gesprochen wird, steht im Dienste des Wortes Gottes.
Man muß auch beachten, daß in Gemeinden einer dörflichen und kleinstädtischen Kultur die Kirchenbesucher sich weithin kannten und für einen gewöhnlichen Gedankenaustausch den Kirchenraum nicht brauchten. Wenn daher in der heutigen anonymen Massengesellschaft, die in unseren Großstädten oft bis in die Gottesdienste hingetragen wird, ein Pfarrer die Gläubigen auffordert, ruhig dem Nachbarn einen »Guten Morgen« zu wünschen, so ist dies als eine geistige Lockerungsübung zu verstehen, die ein *gemeinsames* Schweigen und Stillwerden vor Gott erst wieder sinnvoll erscheinen läßt. Wie kann schließlich auch bei gemeinsamem Sitzen, Stehen, Knien, Singen und Schweigen aus einer anonymen Gesellschaft wieder eine Gemeinde von »Brüdern und Schwestern« werden, als die sie in den Lesungen der neutestamentlichen Apostelbriefe und den Predigten angesprochen wird? Doch das ist kein Problem der katholischen Gemeinde allein.
Es wird uns aber deutlich, daß der heutige Kirchbau mit seiner Annäherung von Altar und Kirchenraum der Gläubigen, die Umstellung in der Liturgie, die bewußte Zuwendung des Priesters zum Volk, die muttersprachliche Gestaltung des Gottesdienstes wie auch die Besinnung auf die erforderlichen Haltungen der Gottesdienstteilnehmer je für sich einen Beitrag zum großen Problem der Überwindung der menschlichen Sprachlosigkeit und der Wiederherstellung wahrer Kommunikation bedeutet. In Analogie zum Wort des 1. Johannesbriefes 4,19f. zum Verhältnis von Menschen- und Gottesliebe kann hier formuliert werden: Wenn jemand sagt: »Ich spreche mit Gott«, aber unfähig ist, mit seinem Nächsten zu sprechen, so ist er ein Lügner. Denn wer nicht fähig ist, mit einem Menschen zu sprechen, mit dem er täglich umgeht, ist auch unfähig, mit Gott zu sprechen.
Wer in der Kirche zur Ruhe gekommen ist, wird aber dann auf

vielerlei aufmerksam, was ihm eine Hilfe sein könnte, unseren Vorfahren in alten Kirchen jedenfalls sicherlich eine Hilfe war.

4.2 Bilderbibel

Wir möchten die zahlreichen Darstellungen in Plastik und Farbe, die Fenster- und Deckengemälde zusammen mit den künstlerischen Gestaltungen der Altaraufbauten und Altarbilder in weiterem Sinne eine großartige Bilderbibel nennen. Wir sagen »in weiterem Sinne«, weil die Inhalte oft nicht nur biblischer Art sind, sondern auch spätere Glaubensinhalte, Heiligenleben und anderes mehr betreffen. Man könnte somit auch von einem »Bilderkatechismus« sprechen.

Wir haben zuvor auf Schwächen eines lateinischen Gottesdienstes hingewiesen. Man wird auch in reformatorischer Zeit zu Recht über die Vernachlässigung der Predigt und der katechetischen Unterweisung geklagt haben. Dennoch wird man nicht übersehen dürfen, daß den Gläubigen in Zeiten, in denen der gewöhnliche Mann des Lesens unkundig war, weil ihm noch nichts Gedrucktes unter die Augen kam, eine Unterweisung im Bild zuteil wurde, die auch heute noch Staunen erwecken kann.

Um sich die Verarmung heutiger Christen, vermutlich in allen Konfessionen, in ihrem Glaubenswissen, aber auch in der Kenntnis der Heiligen Schrift klarzumachen, mag man sich die Fenster sowie die figürliche Gestaltung einer gotischen Kathedrale ansehen. Vieles aus dieser Zeit ist leider in späterer Zeit durch Neues ersetzt worden, was späterem Zeitgefühl angemessener erschien. Zugänglich sind aber auch heute Darstellungen in Kirchen der nachreformatorischen Zeit, des Barock.

Ich wähle als Beispiel bewußt eine vermutlich weithin unbekannte Barockkirche im abgelegenen Tal des Montafon auf dem Weg zur Silvretta-Hochstraße im österreichischen Vorarlberg. Die Kirche in St. Gallenkirch ist bezeugt aus dem Jahre 1304. Die erste, eine romanische, wurde 1474 durch eine gotische Kirche ersetzt, die als »äußerst schöner Tempel« beschrieben worden ist. Als diese Anfang des 18. Jahrhunderts erneut erweitert werden mußte, wurde sie wie viele Kirchen Süddeutschlands, Österreichs

und der romanischen Länder barockisiert. Der Freskenmaler, der Chor- und Kirchenschiffdecken gestaltete, war ein Tiroler Künstler, dessen Name über Tirol hinaus kaum bekannt war.
Zwei große Themen werden im Mittelbild des Chorraumes und des Kirchenraumes behandelt; Christus, sein Heilswerk und der Beitrag Marias, dazu alttestamentliche Vorbilder für Christus und Maria. Maria wird dabei der Weg zu Christus, der uns seinerseits in das innergöttliche Leben hinein mitnimmt. Den Mittelpunkt des Chorbildes bildet Gott der Dreifaltige. Unser Zugang zu Gott ist Christi Blut und das durchbohrte Herz des Herrn.
Er ist Sieger über den Tod, wie das Symbol der Krone mit der Lebenspalme, das herrscherliche Zepter und die richterliche Waage versinnbilden. Ein gern benutztes alttestamentliches Vorbild für den Opfertod Christi ist die Opferung des Isaak, das, wie die Verstoßung der Hagar mit Ismael in die Wüste, seitlich zum Chorbild angebracht ist. Am Chorbogen, aber in Beziehung zum vom Kirchenschiff her gut sichtbaren Chorbild, sieht man die Anbetung der Weisen aus dem Morgenland an der Krippe Jesu, Zugang auch für alle anwesenden Gläubigen zum Throne Gottes. Maria, der Fürbitterin am Throne der Dreifaltigkeit, ist dann mit zahlreichen alttestamentlichen Verweisen das Deckengemälde des Kirchenschiffes gewidmet.
Nimmt man zu diesen Malereien hinzu die zwölf Apostel an der Orgelempore, den Kreuzweg mit 14 Stationen des Leidens Jesu an den Kirchenwänden, die lebensbezogene Gestaltung der Kanzel, außerdem die Szenerie aus dem Leben des Kirchenpatrons im Bild des Hochaltars, dann offenbart sich darin eine solche Fülle von Einzelheiten aus der Heiligen Schrift, der Theologie, der Kirchengeschichte und der Geschichte der Nachfolge Christi in den Heiligen, daß sie in sich eine ständige Predigt für den Besucher darstellen.
Das mehr zufällige Beispiel der abgelegenen Barockkirche in Vorarlberg sollte aber auf seine Weise darauf hinweisen, daß Fenster, Deckengestaltungen und – hinzuzufügen sind für unsere Kathedralen – die Außenfassaden der Portale und die Eingangshallen nicht allein als Zeugnisse des künstlerischen Vermögens vergangener Generationen betrachtet werden dürfen, son-

dern auch in ihrer ursprünglichen Funktion als Einweisung in die Konkretheit christlichen Glaubens erkannt sein wollen.
Zwar gibt es auch in unseren Tagen Versuche, ideenmäßig an alte Vorbilder anzuknüpfen und den Glauben in unsere Zeit hineinzubuchstabieren. Als Beispiele können zwei Autobahnkirchen dienen: die Kirche an der »Autostrada del sole« bei Florenz und die Autobahnkirche an der Ausfahrt Baden-Baden. Doch wird man trotzdem bedauernd feststellen müssen, daß die bildlichen Darstellungen in den Fenstern oder an den Wänden heutiger Kirchen selten den theologischen Rang früherer kirchlicher Kunst erreichen. Dennoch verdienen auch heutige Versuche die Beachtung der Gläubigen, da die künstlerische Tätigkeit in den Kirchen lehrt: Der christliche Glaube ist niemals nur Sache des Verstandes, niemals nur worthaft vermittelte Lehre. Das Wort Gottes tritt – zumindest nach katholischem Verständnis – auf vielfache Weise, in Bildern, Zeichen und Symbolen an den Menschen heran. Dieser muß dabei erneut lernen, seine Sinne zu öffnen, um – mit den Worten des Ignatius von Loyola – Gott in allen Dingen zu finden. Da die katholische Kirche mit ihren ausgeprägten Lehrsystemen, ihrem Lehramt und der starken Bindung der Gläubigen an die lehramtlichen Aussagen kaum in die Gefahr geraten kann, den Bezug zur Rationalität, zum Denken und zur Reflexion zu verlieren, ist gegensteuernd ein Plädoyer für einen Glauben, der alle Fähigkeiten des Menschen, auch das Gefühl, die Emotionalität einbezieht, um so gerechtfertigter. Zu wünschen wäre gerade in diesem Bereich in unseren Tagen auch ein vertieftes zwischenkirchliches Gespräch, zumal Angehörige beider Kirchen in diesem Punkte erneut auf der Suche sind.

4.3 Orgelempore

In diesem Zusammenhang ist die Kirchenmusik zu erwähnen, auch wenn an dieser Stelle dem evangelischen Christen keine besonderen Auskünfte zu geben sind. In den sonntäglichen Gemeindegottesdiensten wird in beiden Kirchen gesungen. In den Ländern deutscher Zunge ist es sogar zu einem so starken Liedaustausch in den letzten Jahrzehnten gekommen, daß das Kirchenlied in gemeinsamen Gottesdiensten zu einem stark verbindenden Faktor geworden ist.

Fast alle Gemeinden sind bemüht, für die Begleitung des Kirchengesangs und des gottesdienstlichen Geschehens eine Orgel zur Verfügung zu haben. Wir finden ihren Ort zumeist im rückwärtigen Teil der Kirche, verbunden mit einer Empore, die vor allem bei Festgottesdiensten auch Ort des Kirchenchores ist. Gelegentlich finden wir Orgel und Orgelempore auch seitlich vom Altar. Kirchen, die neuerdings auf eine eigene Empore verzichten, um den Chor intensiver mit dem Gemeindegesang zu verbinden, haben für Chor und Orgel ebenerdig oder mit leichter Erhöhung einen anderen passenden Platz geschaffen.

Zu den eigentümlich katholischen Kirchengesängen, die nicht der Vergessenheit anheimfallen sollten, gehört der strenge *Gregorianische Gesang,* so genannt nach Papst Gregor dem Großen († 604), der in seiner Zeit die römische Liturgie neu ordnete. Diese Gestalt der Melodik hat aber im Laufe der Jahrhunderte ihre eigene Entwicklung durchgemacht. Orte besonderer Pflege dieser Art von Musik sind nach wie vor viele Benediktinerabteien, die Kathedralen, aber auch nicht wenige einfache Pfarrgemeinden, in denen die Freude an der Gregorianik lebendig gehalten wird. Diese Musik begegnet uns vor allem in einer eigentümlichen melodischen Gestaltung der lateinischen Meßtexte, sowohl der gleichbleibenden wie der veränderlichen Teile in einer Tagesmesse.

Sowohl die Texte der gleichbleibenden Teile *(Ordinarium)* – Kyrie, Gloria, Credo, Sanctus, Agnus Dei – wie auch gewisse Texte der veränderlichen Teile *(Proprium)* haben aber dann die großen Komponisten bis in unsere Tage hinein bewegt, ihrerseits mehrstimmige Sätze zu ihnen zu schaffen. Diese werden je nach Leistungsvermögen zu den hohen Festtagen des Jahres von den großen und kleinen Chören unserer Kirchengemeinden, der Dome und anderer Hauptkirchen einstudiert und zur Aufführung gebracht. Es wäre ein Fehler zu übersehen, daß gerade die Kirchenmusik für viele Menschen auch unserer Zeit einen wichtigen Zugang zum gottesdienstlichen Geschehen bildet und eine feierlich gestaltete Kirchenmusik folglich ein Anlaß sein kann, eine Kirche aufzusuchen. Davon geben in beiden Kirchen die gutbesuchten Festgottesdienste beredtes Zeugnis.

5.

Orte der Sakramente

Inzwischen haben wir die wichtigsten Teile der Kirche gesehen, die in unmittelbarer Beziehung zum gewöhnlichen Gottesdienst stehen, wie er an Sonn- und Feiertagen, in kleinerem Rahmen aber auch an Werktagen, stattfindet. Für Werktagsgottesdienste mit einer kleineren Beteiligung ist in größeren und neueren Kirchen nicht selten sogar eine eigene Werktagskapelle eingerichtet worden. Vom katholischen Christen – man kann sagen vom Beginn der Schulzeit an, wenn er den Gottesdienst zu verstehen beginnt – wird erwartet, daß er an Sonn- und Feiertagen den Sonntagsgottesdienst besucht. Ein bleibender Wunsch in sogenannten gemischten Ehen ist es, daß zumindest von Zeit zu Zeit auch der Besuch des Gottesdienstes der Kirche des Lebenspartners die Erfüllung dieser Verpflichtung mit sich bringe. Dieser Wunsch ist schon deshalb nicht abwegig, weil er a) das Verständnis der Konfessionen gerade dort fördern würde, wo sie gefühlsmäßig noch am stärksten getrennt sind, b) kein Katholik zum sonntäglichen Kommunionempfang verpflichtet ist und c) an vielen Orten unserer Länder wegen des vorhandenen Priestermangels die Teilnahme an einem von einem beauftragten Laien gehaltenen Wortgottesdienst mit anschließender Kommunionausteilung am Sonntag ausreichen muß. Ein solcher Gottesdienst kommt aber dann der Gestalt eines evangelischen Gottesdienstes zumindest nahe.

Nun ist aber die katholische Kirche auch heute noch stärker als die evangelische Kirche eine Kirche des Sakramentes. Davon zeugen bei genauerem Umsehen im Kirchenraum eine Reihe zusätzlicher Orte, denen wir Beachtung schenken müssen. Wir erkennen überall – und haben auch bereits davon gesprochen – die Hinweise auf das zentrale Sakrament der Eucharistie. In vielen Kirchen ist der Ort des Empfanges dieses Sakramentes eigens markiert durch eine Kniebank, die den Altarraum vom übrigen Kirchenschiff trennt, die *Kommunionbank.* Wir sehen ferner den *Taufstein* und den *Beichtstuhl,* in großen Kirchen auch eine Mehrzahl dieser Einrichtungen.

5.1 Sieben Sakramente

An dieser Stelle sei gesagt, daß die katholische Kirche *sieben Sakramente* kennt, mit denen sie Schwerpunkte des menschlichen, aber auch des gemeindlichen Lebens unter die besondere Gnadenzuwendung Gottes stellt. Es sind dies am Anfang des Lebens die *Taufe* und in den lebensgefährdenden Situationen einer Krankheit die *Krankensalbung,* die, weil sie früher oft einseitig nur in der Todesgefahr oder gar vor dem eintretenden Tod gespendet wurde, »Letzte Ölung« genannt wurde. Zentrales Lebenssakrament ist das Sakrament der Lebensspeise, die *Kommunion.* Ihm verbunden ist das Sakrament der Wiederversöhnung, der *Buße* oder die Beichte. Es bleiben der Höhepunkt im gewöhnlichen Leben des Menschen, die Hochzeit und Eheschließung, kirchlich gesegnet im Sakrament der *Ehe,* und die Einsetzung neuer Vorsteher für die Gemeinde in der *Priesterweihe,* besser dem *Weihesakrament,* weil dieses Sakrament gleichsam in drei Stufungen, Diakonats-, Priester- und Bischofsweihe, gespendet wird; schließlich gleichsam als Vollendung der Taufe das Sakrament der Mündigwerdung des Christen und der Bestärkung für den Dienst in der Gemeinde und das Zeugnis in der Welt, die *Firmung.*

Die Aufzählung der sieben Sakramente lehrt mehreres:

a) Alle Sakramente haben einen deutlichen Bezug zum Leben der Kirche. Wir sprechen von einem *ekklesialen* Bezug.

b) Alle Sakramente haben, wie genauer zu zeigen wäre, einen Bezug zum Erlösungswerk Christi und seiner Ausbreitung in der Menschheitsgeschichte. Wir sprechen von einem *christologischen* Bezug.

c) Alle Sakramente sind nach katholischem Verständnis Zeichen, die das, was sie sinnenhaft darstellen, auch innerlich als Gnadenwirken oder liebende Zuwendung Gottes zum Menschen bewirken, wo der Mensch sich Gott seinerseits gläubig und vertrauend zuwendet und öffnet. Wir sprechen von einem *theologischen* Bezug.

d) An dieser Stelle sei eigens angefügt: Im rechten Verständnis der Dinge sind Sakramente keine magischen Ereignisse. Das muß betont werden, auch wenn zuzugeben ist, daß gerade im

Erleben des Sakramentalen vieles für den evangelischen Christen ausgesprochen fremd wirkt. Heute gibt es aber auch im katholischen Raum durchaus Verständnisschwierigkeiten. Das liegt daran, daß das, was in einer bestimmten Zeit als Zeichen unmittelbar einsichtig war, zu einer späteren durchaus mißverständlich oder gar unverständlich werden konnte. Aus diesem Grunde finden wir in der Geschichte und im Ritus der einzelnen Sakramente auch im katholischen Raum immer wieder Erneuerungen und Anpassungen an den Verständnishorizont der Menschen. Das Grundprinzip, daß die Sakramente gnadenwirksame *Zeichen* für *lebendige* Menschen sind, hat die Kirche zu allen Zeiten betont. Aus diesem Grunde kann auch eine Beerdigung, selbst wenn sie von noch so eindrucksvollen und bedeutungsschweren Gesten und Gebeten begleitet ist, kein Sakrament genannt werden.

Es kommt dem Verständnis des evangelischen Christen aber noch ein weiteres zu Hilfe: Zwar ist das Wort »Sakrament« in den theologischen Auseinandersetzungen der Reformationszeit zu einem kritischen Wort geworden. Deshalb spricht die evangelische Kirche auch nicht allen Ereignissen im Leben, denen die katholische Kirche einen sakramentalen Charakter zuerkennt, einen solchen zu. Und doch bleibt bestehen: In der Überzeugung, daß bestimmte Höhepunkte des Lebens des besonderen Segens und der Liebe Gottes bedürfen und daß daher gläubige Christen offiziell in und vor der Gemeinde sinnvollerweise um diesen Segen bitten, sind sich die Kirchen sehr wohl einig.

So mag der evangelische Christ darauf achten, daß auch in seiner Kirche noch immer zu sehr ähnlichen Anlässen wie in der katholischen der Segen Gottes erbeten wird. Es gibt die Taufe und das Abendmahl. Es gibt die Feier der Konfirmation. Diese wird zwar im öffentlichen Leben zumeist mit der Erstkommunion katholischer Kinder in Parallele gebracht; vom Wort her aber hat sie nichts anderes als das lateinische Grundwort zu »Firmung« zum Ursprung. Ehen werden eingesegnet. Der Ritus ist, wie gerade die Texte einer sogenannten »ökumenischen Trauung«, das heißt einer Trauung unter Beteiligung von Amtsträgern beider Kirchen, zeigt, praktisch derselbe. Pfarrer werden bei Einweisung in eine Pfarrstelle »ordiniert«. Die Bitte um Versöhnung ist auch in der evangelischen Kirche nicht verstummt. Den Kranken gilt in der evangelischen Krankenseelsorge wie in der katholischen die besondere, auch fürbittende Zuwendung der Kirche. Holt man sich so zunächst das, was auch im sakramentalen Bereich die Kirchen tatsächlich miteinander verbindet, ins Gedächtnis zurück, so wird der evangelische Christ mit großer Gelassenheit auf den ausgeprägten katholischen »Sakramentalismus« eingehen können.

In der Kirche selbst stoßen wir nun – wie schon gesagt – vor allem auf drei Orte, die von den Sakramenten der Taufe, der Buße und der Eucharistie künden. Von ihnen soll auch noch ausführlicher gehandelt werden. Die anderen Sakramente finden nur zum Teil in allen Kirchen statt.

In allen Kirchen können wir das Sakrament der Trauung erleben, das sich nach Lehre der Kirche die Brautleute selbst vor dem Priester oder Diakon als qualifiziertem Zeugen am Altar spenden; auch das Sakrament der Firmung, das gewöhnlich ein Bischof in angemessener Zeit nach der Erstkommunion den jungen Christen spendet. Die Priesterweihe findet weithin in den Domen, den Bischofskirchen, statt, da der einzelne Priester in seiner Gemeinde stets im Namen des Ortsbischofs tätig ist. Um aber das Sakrament auch Kreisen von Gläubigen zu erschließen, die sonst nicht so leicht zu einer solchen Feier den Weg in die Bischofsstadt finden würden, wird heutigentags die Weihehandlung auch häufiger in die Heimatgemeinde eines Neupriesters verlegt. Das Sakrament der Krankensalbung schließlich findet im Zimmer des Kranken statt, zu Hause oder im Krankenhaus. Auch hier gibt es aber heute insofern einen neuen Brauch, als in vielen Gemeinden für ältere und gebrechliche Menschen gelegentlich Krankentage veranstaltet werden, an denen solchen Menschen im Rahmen eines Gottesdienstes in der Kirche das Sakrament gespendet wird. Ein solches Tun hat auch die pädagogische Wirkung, daß dem Krankensakrament ein wenig das ängstigende Fluidum eines Sakramentes des unmittelbar bevorstehenden Todes – *»Letzte Ölung«* – genommen wird.

5.2 Taufbrunnen

Die Taufe ist das Sakrament des Eintritts in die Kirche. Sinnvollerweise findet sich die Stätte der Taufe folglich im Eingangsbereich der Kirche. Neben der römischen Hauptkirche St. Johann im Lateran wie auch neben der Kathedrale in Florenz kann man noch heute beispielhaft herrliche Taufkirchen bewundern, die wie auch andernorts noch etwas von dem ursprünglichen Taufritus widerspiegeln: In Erinnerung an Begräbnis und Auferstehung des Herrn wurde der gläubiggewordene Mensch ganz hineingetaucht in das Wasser. Der alte Mensch wurde wie ein Kleid abgelegt, der neue Mensch Christus angezogen. Die Briefe des Apostels Paulus erinnern auf ihre Weise an diese Taufgedanken (vgl. Röm 13,14; Gal 3,27; Kol 3,10; Eph 4,24).

Die Liturgie der Osternacht ist ebenfalls erfüllt von dem Gedanken der Eingliederung in das neue Gottesvolk. In früheren Zeiten, aber auch in Ländern, in denen sich noch heute erwachsene Menschen in größerer Zahl zum Christentum bekehren, ist die Osternacht ein beliebter Tauftermin. Auf seine Weise erinnert auch die volkstümliche Bezeichnung *»Weißer Sonntag«* für den Sonntag nach Ostern an die österliche Taufe. Auch wenn in den meisten katholischen Gemeinden unserer Landschaft an diesem Sonntag die alljährliche Erstkommunionfeier stattfindet, bezieht sich die Bezeichnung im Grunde nicht auf die weißgekleideten Mädchen. Sie erinnert vielmehr an den frühkirchlichen Brauch, daß dem Täufling anläßlich der Taufe in der Osternacht ein weißes Gewand angelegt wurde, das dann nach achttägiger Feier, am Oktavtag, wieder abgelegt und gegen eine alltägliche Kleidung eingetauscht wurde. Im katholischen Taufritus erinnert bis heute die Übergabe des weißen Kleides nach der eigentlichen Taufe an diesen alten Brauch.

Nun können sich nur wenige Kirchen eine aufwendige zusätzliche Taufkirche leisten. Äußerst sinnvoll bleibt aber eine Taufkapelle in der Eingangsgegend der Kirche. Doch ist der Ort des Taufbrunnens oder Taufsteins nicht eindeutig festgeschrieben, so daß der Taufstein heute praktisch überall im Kirchenraum entdeckt werden kann, auch in der Nähe des Altars, manchmal gar im Altarraum selbst, an einem Seitenaltar oder sonstwo im Kirchenschiff.

Diese Entwicklung dürfte im Zusammenhang mit der Tatsache stehen, daß im Laufe der Christianisierung des Abendlandes die Zahl der Erwachsenentaufen entschieden zurückging, an ihre Stelle die Kindertaufe in den Vordergrund trat, diese aber dem Charakter der Geburt eines Kindes entsprechend in zunehmendem Maße mehr eine Familienangelegenheit als eine Sache der Gemeinde wurde. Entsprechend änderte sich der Taufritus von der Eintauchung zur jetzigen Form, bei der dem Täufling Wasser über das Haupt geschüttet und dabei die vorgeschriebene Tauffformel *»Ich taufe dich, N. N., im Namen des Vaters und des Sohnes und des Heiligen Geistes«* gesprochen wird.

Wenn die Kirche auch heute auf dem Fließen des Wassers besteht, so geht es hier um die Erinnerung an das Eingetauchtwerden in lebendiges, lebenspendendes Wasser. Mehr als der Gedanke der Reinigung sagt diese Rede vom lebendigen Wasser aus. Auch wenn lange die Vorstellung im Raum stand, als reinige das Taufwasser von der Erbschuld, und dann die ungläubige Frage im Raum steht: »Was hat dieses unschuldige Kind denn schon Böses getan?«, so ist doch die positive Vorstellung die richtige. Wenn der Täufling in der Taufe in die christliche Kirche aufgenommen wird, so tritt er zugleich ein in den göttlichen Lebensstrom, der sich im Erlösungstod Christi über die Erde ergossen hat.

Schon seit der Väterzeit werden das aus der geöffneten Seite Christi fließende Blut und Wasser (vgl. Joh 19,34) als Symbole für Eucharistie und Taufe gedeutet. Hinzu kommen sowohl alttestamentliche wie neutestamentliche Szenen, die als Vorbild der Taufe dienen: der über den Wassern der Urflut schwebende Geist am Schöpfungsmorgen, die Arche Noah, die Rettung Israels im Zug durch das Rote Meer, die Speisung des Volkes durch das lebendige Wasser aus dem Felsen, die Taufe Jesu durch Johannes den Täufer im Jordan, die Rede Jesu vom lebendigen Wasser am Brunnen in Samaria. Hinweise auf diese Vorbilder können wir auf vielen Taufbrunnen erkennen, wie auch die Taube als Zeichen des Heiligen Geistes, der sich in der Taufe mitteilt. Daß manchmal auch das Böse zum Ausdruck gebracht wird in Gesichtern von Ungeheuern, deutet seinerseits auf die Überwindung alles Bösen im Erlösungstod Christi und die grundsätzliche Teilnahme dessen, der getauft ist, am Sieg Christi über das Böse hin. Es bringt damit die ungeheure Verantwortung des Getauften zum Ausdruck, nicht zurückzugleiten in ein Leben der Gottabwendung. Zugleich wird durch all das aber auch klar, daß die Aufnahme in die Kirche nicht leichthin mit der Aufnahme in einen eingetragenen Verein vergleichbar ist, weil das rechte Verstehen der Taufe auch das eigentliche Wesen der Kirche selbst offenbart: Gemeinschaft der von Christi Geist Erfüllten zu sein.

Im Grundverständnis der Taufe stimmen im übrigen katholische und evangelische Christen überein. Wo die Taufe in der rechten Weise gespendet worden ist, ist sie daher in beiden Kirchen gültig. Es kann folglich weder von einer katholischen noch von einer evangelischen Taufe gesprochen werden, sondern nur von einer christlichen Taufe.

Grundsätzlich einig sind sich beide Großkirchen auch in der heute nicht unproblematischen Frage der *Kindertaufe.* Beide Kirchen laden die Gläubigen ein – im Gegensatz zu einigen freikirchlichen Gemeinschaften, die grundsätzlich für die Erwachsenentaufe eintreten –, ihre Kinder in einer angemessenen Zeit nach der Geburt taufen zu lassen.

Die Übung der Kindertaufe erscheint aus mehreren Gründen problematisch. Kann ein unmündiges Kind ein Sakrament empfangen, das die Entscheidung zum persönlichen Glauben voraussetzt, wenn es zu einer solchen Entscheidung noch unfähig ist? Und ist eine Taufe als Akt des Brauchtums sinnvoll, wenn die Umgebung, in der das Kind aufwächst, selbst völlig ungläubig ist oder die eigene Glaubensentscheidung längst widerrufen hat, somit das Zeichen in der Tat eher zu einem magischen Zeichen wird?

Die erste Frage hat eine Antwort in der Praxis der Kirche seit unvordenklichen, jedenfalls in die frühe Geschichte der Kirche zurückreichenden Zeiten gefunden. Es ist sehr wohl denkbar, daß der Text des Markusevangeliums mit dem Jesussatz: »Lasset die Kinder zu mir kommen und wehret es ihnen nicht, ihrer ist das Himmelreich« (Mk 10,13-16) auf eine frühchristliche Taufkatechese zurückgeht. Die neuzeitliche Vorstellung, der Freiheits- und Entscheidungsraum des Kindes könne durch die Taufe eingeschränkt werden, stellte sich nicht, solange die Überzeugung lebendig war, der Glaube an Jesus Christus sei das Bedeutendste, was Eltern, Verwandte, die sonstige Umgebung und schließlich die Kirche dem Kinde vermitteln könnten. Es ist leicht zu erkennen, daß im Grunde genommen eine sinnvolle Kindertaufe den lebendigen Glauben der Eltern und der Familie voraussetzt, weil in der Familie das Kind auch seine ersten Lehrer des Glaubens findet oder nicht findet.

In einer Zeit, in der tatsächlich die ursprüngliche Glaubenserziehung der getauften Kinder nicht mehr gewährleistet ist, wächst auch in den Kirchen eine gewisse Zurückhaltung gegenüber einer zu selbstverständlichen Spendung der Kindertaufe. Es gibt inzwischen europäische Bischofskonferenzen, die für eine Verweigerung der Kindertaufe plädieren, wenn die religiöse Glaubensunterweisung des Kindes nicht gesichert ist. Die Kirchen der deutschsprachigen Länder zeigen weniger Bereitschaft zu radikalen Lösungen. Sie setzen bei den Eltern, die ihre Kinder zur Taufe anmelden, stets noch Spuren einer kirchlichen Bindung voraus, die durch verletztende Radikalität nicht ohne Not zerstört werden sollten. Wohl intensivieren beide Kirchen die vorbereitende Unterweisung der Eltern, die ernsthaft auf ihre Glaubensüberzeugungen sowie ihre Verpflichtungen gegenüber einem getauften Kind hingewiesen werden.

Hinzu kommt, daß die Tauffeier seit längerer Zeit wieder stärker von ihrem gleichsam privaten Charakter befreit und zu einer Feier der Gemeinde, in die der Täufling aufgenommen wird, gestaltet wird. Solche Feiern heben in viel stärkerem Maße als früher den Gemeindebezug des Taufsakramentes hervor und erinnern die Mitglieder der Gemeinde an ihre Verpflichtung, sich gegenseitig im Glauben zu stärken.

Wenn daher neuere Kirchbauten wieder bewußter auch den Ort des Taufbrunnens bedenken und dieser dann eben doch mehr als ein Taufstein ist, so ist das selbst schon ein Ergebnis neuerer Beschäftigungen mit dem Sakrament der Taufe.

5.3 Beichtstuhl

Gerade die Überlegungen zur Problematik der Kindertaufe machen zugleich darauf aufmerksam, daß es in der Kirche selbst den bleibenden Widerspruch zu ihrem Wesen, Gemeinschaft der von Christus erlösten Glaubenden zu sein, gibt. Trotz der Absage an das Böse im Taufversprechen gibt es das Versagen, die Schuld und den Abfall vom Glauben auch bei Christen, theologisch die *Sünde* als den grundsätzlichen Widerspruch zu Gott und seinem Willen, als Ausdruck offenen oder verborgenen Unglaubens. Dieser Unglaube drückt sich im konkreten Verhalten des Christen aus.
Wenn wir vor dem für viele Zeitgenossen, nicht nur evangelische, sondern auch viele katholische Christen, merkwürdigen Inventarstück des »Beichtstuhls« stehen und das mit ihm verbundene Geschehen bedenken, dürfen wir dies nicht tun, ohne zu dem uns allen verständlichen und gemeinsamen Grund zunächst zurückzukehren. Dabei ist der in der Geschichte der Kirche bis heute zutage tretende Widerspruch zur Botschaft Christi unbestritten. Unbestritten ist auch, daß sich bereits die im Neuen Testament erkennbare Kirche mit diesem Widerspruch auseinanderzusetzen hatte.
So erfahren wir aus dem 1. Korintherbrief von einem Mann, dessen Verhalten so unmöglich war, daß Paulus den Korinthern den Rat gab, sie möchten ihn zeitweilig aus der Gemeinde entfernen, im wörtlichen Sinne des Wortes ihn »ex-kommunizieren «:

»Was mich angeht, so habe ich – leiblich zwar abwesend, geistig aber anwesend – mein Urteil über den, der sich so vergangen hat, schon jetzt gefällt, als ob ich persönlich anwesend wäre: Im Namen Jesu, unseres Herrn, wollen wir uns versammeln, ihr und mein Geist, und zusammen mit der Kraft Jesu, unseres Herrn, diesen Menschen dem Satan übergeben zum Verderben seines Fleisches, damit sein Geist am Tag des Herrn gerettet wird« (5,3-5)

Schon der Verfasser des Hebräerbriefes machte sich Gedanken über die Wiederzulassung solcher, die durch ihr Verhalten nach der Taufe der Gemeinde Schaden zugefügt und sich im Widerspruch zu ihrem Wesen verhalten, dann aber um erneute Zulassung zur kirchlichen Gemeinschaft gebeten hatten (vgl. Hebr 6,4-6; 10,26-31).

5.3.1 Wiederversöhnung mit der Kirche

Es ist hier nicht der Ort, die lange und teilweise verwickelte Geschichte des kirchlichen Bußwesens und darin die Entwicklung des Bußsakramentes zu seiner heutigen Form nachzuzeichnen. Ein wichtiges Ergebnis der neueren Forschung aber ist es, daß diese den lange vernachlässigten Bezug der Buße zur kirchlichen Gemeinschaft erneut herausstellt.

Das Bußsakrament hat nicht nur die Versöhnung mit Gott, sondern auch, ja zunächst die *Wiederversöhnung mit der Kirche* zum Ziel. Sünde und Schuld bei Gläubigen führten zur Unglaubwürdigkeit der Kirche und ihrer Botschaft. In je stärkerem Maße der einzelne von den Verhaltensnormen der Kirche abwich, um so stärker verletzte er dadurch das Ansehen der Kirche. In diesem Zusammenhang ist auch die Entstehung der Rede von *»schwerer Sünde«* zu sehen. Bei einer solchen, in der Frühzeit immer *öffentlichen* Sünde handelt es sich um ein Fehlverhalten, das den betreffenden Gläubigen von der Teilnahme an der Eucharistie ausschloß. Damit beraubte er sich folglich selbst der entscheidenden Rechte des Gemeindemitglieds. Zu solchem Fehlverhalten zählte stets der Abfall vom Glauben, aber dann auch schweres Vergehen im zwischenmenschlichen Bereich wie Mord, Ehebruch, Raub und ähnliches, was zum öffentlichen Ärgernis Anlaß gab, um so mehr, da der Täter ein Christ war.

Öffentliches Vergehen aber rief nach einer öffentlichen Wiedergutmachung. Die kirchliche Buße war denn auch zunächst eine öffentliche Buße. Sie war Voraussetzung dafür, daß die *»Exkommunikation«*, also der zeitweilige Ausschluß aus den gottesdienstlichen Versammlungen und damit aus dem eigentlichen Gemeindeleben, wieder aufgehoben wurde. Dieser Akt der Wiedergutmachung mit der Kirche war ein öffentlicher gemeindlicher Akt, der etwa am Ende der 40tägigen Bußzeit vor Ostern stattfand. Der sogenannte »Gründonnerstag« (von »greinen« = weinen), der Tag vor dem Karfreitag, der heute der Erinnerung

des Abendmahls gewidmet ist, war in früherer Zeit ein solcher Tag der Versöhnung.
Was auch heute zu einem Bußsakrament gehört, war somit hier gegeben: eine Schuld, ein Eingeständnis der Schuld, die Übernahme der verhängten Bußstrafe in der Annahme der zeitweiligen Exkommunikation, Zeichen der Reue und des Willens zukünftiger Treue und schließlich die Vergebung im Akt der Wiederversöhnung mit der Kirche, der als solcher dann die Versöhnung mit Gott einschloß. Wer versöhnt war mit der Gemeinde, konnte auch wieder Gemeinschaft mit Gott in der Teilnahme am gemeinsamen Brotbrechen, der Eucharistiefeier, haben.
Verschiedene Entwicklungen haben spätestens im Frühmittelalter zu einer Verdunkelung des beschriebenen Bußverständnisses geführt:
a) Ähnlich wie bei der Taufe, die der Mensch nur einmal empfängt, war man zunächst davon ausgegangen, daß auch die »zweite Taufe«, die Wiederversöhnung, nur *einmal* empfangen werden kann. Das führte zu einer Abnahme der Bußbereitschaft und einem Verschieben des Bußaktes bis zur Zeit des Sterbens.
b) Aus dem monastischen Leben der Klöster übertrug sich eine sehr ausgearbeitete Fallbeschreibung einzelner möglicher Vergehen, die sogenannte *Kasuistik,* auf das Leben der einfachen Gläubigen. Hierbei stellte sich im Sinne der Bergpredigt (vgl. Mt 5,21-48) eine wachsende Verinnerlichung der Schuldeinschätzung ein: Ist nicht z. B. derjenige, der in Gedanken und Worten seinen Mitmenschen tötet, genauso zur Verantwortung zu ziehen wie der tatsächliche Mörder? Damit verband sich die Frage der verborgenen, aber in der Sache schweren Schuld. Eine solche Schuld war aber dann in der Wirksamkeit weniger ein in der Kirche und in der Welt öffentliches Ärgernis als eine Schuld vor Gott.
c) *Verborgene Schuld* rief aber auch nach einem verborgenen Bekenntnis, einer verborgenen Buße, einem verborgenen Richter, der auf seine Weise Repräsentant der in der Sache doch geschädigten Gemeinde blieb, und einem verborgenen Vergebungsakt. Öffentlich blieb, daß ein Gläubiger zur Beichte ging, aber nicht mehr ihr Inhalt. Damit kam es zu den Anfängen der sogenannten *Ohrenbeichte.*

d) Die Ohrenbeichte blühte, als sich die Wiederholung des sakramentalen Versöhnungsaktes durchsetzte und die erwähnte Kasuistik mit ihren Einstufungen der Sünden in *schwere,* das heißt vom Eucharistieempfang ausschließende, und *läßliche* oder *leichte,* die vom Eucharistieempfang nicht ausschließen, auf ihre Weise stets auch Wege einer inneren Entlastung des Bußwilligen schuf. Zugleich war aber der Prozeß einer weitgehenden Privatisierung des Bußsakramentes eingeleitet.

5.3.2 Beichte und Buße

Mit diesem sehr grob aufbereiteten Vorwissen können wir nun auf den sogenannten *Beichtstuhl* zugehen, wie wir ihn in allen katholischen Kirchen in einfacher oder mehrfacher Ausführung antreffen. Wenn wir vor ihm stehen, erkennen wir drei Teile, in moderneren Beichtstühlen mit drei Türen verschlossen. Der mittlere Teil ist der Ort des die Beichte hörenden Priesters; rechts oder links können sich dann diejenigen nähern, die ihre Beichte ablegen wollen. Sie knien vor einem mit einem Holzgitter versehenen Sprechfenster, das so angelegt ist, daß der *Beichtvater,* wie man den die Beichte hörenden Priester auch nennt, den Beichtenden nicht sehen kann.
Bei dieser Gelegenheit sei darauf hingewiesen, daß ein Beichtvater unter Androhung schwerster Kirchenstrafen verpflichtet ist, zu niemandem über etwas in einer Beichte Gehörtes zu sprechen. Das *Beichtgeheimnis* ist in jeder Hinsicht streng zu beobachten. Es ist die Konsequenz aus dem Übergang vom öffentlichen Sündenbekenntnis zum privaten Bekenntnis im Beichtstuhl.
Da der Hergang der Beichte von außen nicht miterlebt werden kann, sei er in seinem Ablauf kurz geschildert. Nachdem der Beichtende sich zunächst im Kirchenschiff gesammelt und festgestellt hat, was er in der Beichte mitzuteilen hat, spricht er ein Gebet der Reue. Dann betritt er den Beichtstuhl und teilt sich seiner Vorbereitung entsprechend dem Beichtvater mit. Dieser hört den Beichtenden zunächst an, sagt ihm dann einige ermutigende oder auch ermahnende Worte, beantwortet gegebenenfalls auch aufgekommene Fragen und legt dann eine

Buße auf. Diese besteht vielfach noch in einem Gebet, kann aber auch in einer praktischen Auflage, etwa einem Dienst der Nächstenliebe, bestehen. Immer wird der Beichtende unabhängig von der auferlegten Buße verpflichtet, angerichteten Schaden – zumindest in angemessener Weise – wiedergutzumachen. Daraufhin folgen das Wort der Vergebung und das Wort der Entlassung.

Man erkennt leicht, daß die Abfolge der einzelnen Teile im Vergleich zu früheren Zeiten insofern deutlich geändert ist, als die tätige Buße heute zwar vor der *Absolution,* dem Wort der Vergebung, auferlegt, jedoch nicht mehr erfüllt sein muß. Auch ist durch die der Öffentlichkeit entzogene Weise der Selbsteröffnung des Beichtenden und die daraufhin gegebene Antwort des Beichtvaters ein früher nicht gegebener Raum möglicher Aussprache und Beratung eröffnet, der im Grunde den Bedürfnissen des modernen Menschen durchaus entgegenkommt. Diese Möglichkeiten sind zumindest überall dort ausgebaut, wo neben den Beichtstühlen heute auch ein *Ausspracheraum* mit Gelegenheit zur Beichte eingerichtet ist. Tatsächlich dürfte die bei vielen Katholiken in eine Krise geratene Beichte nur dort eine wirkliche Erneuerung erfahren, wo die Bedeutsamkeit dieses Sakramentes für den einzelnen Menschen, aber auch für die kirchliche Gemeinde wieder stärker in Erinnerung gebracht wird.

Auch wenn die Häufigkeit des Beichtens unter Katholiken in den letzten Jahrzehnten rapide abgenommen hat, so bedeutet das dennoch nicht, daß die Weckung der Bußgesinnung nicht mehr betont und gefördert würde. Zunächst beginnt jede Eucharistiefeier mit einer allgemeinen Besinnung und einem anschließenden gemeinsamen Schuldbekenntnis, das in einer Vergebungsbitte endet. Dieser Teil hat Ähnlichkeit zu Formen des Sündenbekenntnisses und der Schuldvergebung im evangelischen Gottesdienst. Sodann gibt es seit einer Reihe von Jahren die Einrichtung eigentlicher Bußfeiern, zumal in der sogenannten Fastenzeit, der Vorbereitungszeit auf Ostern, und im Advent.

Ein wichtiger Akzent der *Bußgottesdienste* ist die Wiedererweckung der *sozialen* Komponente unserer Schuld. Wo Sünde als etwas angesehen wird, was zwischen Gott und dem einzelnen

Menschen in Ordnung gebracht werden muß, kann die Verantwortung, die jemand durch sein Fehlverhalten anderen Menschen gegenüber auf sich genommen hat, leicht in Vergessenheit geraten. Das entspricht der zuvor besprochenen Vergeßlichkeit gegenüber der Tatsache, daß die Sünde eines Christen stets auch zur Unglaubwürdigkeit der Kirche beiträgt. Es läßt sich aber kaum übersehen, daß aus dem Blickwinkel der Verantwortlichkeit und Unverantwortlichkeit eines Verhaltens anderen Menschen gegenüber der Sinn für Schuld wächst und von hier aus den heute weitverbreiteten Entschuldigungsmechanismen, die durch soziologische und psychologische Erklärungsversuche der Schuld vielfach unterstützt werden, entgegengewirkt wird. Auch hier gilt heute: Wer sich nicht im zwischenmenschlich-gesellschaftlichen Bereich verantwortlich weiß, wird es auch in gottentfremdeter Zeit nicht lernen, sich vor Gott verantwortlich zu fühlen. Insofern kann die Krise des Bußsakramentes im katholischen Raum auch als ein Symptom wachsender Gottentfremdung angesehen werden.
Die angesprochenen *Bußgottesdienste* ersetzen das Bußsakrament allerdings nach dem katholischen Verständnis nur in bedingter Weise. Von alters her ist vertreten worden, daß nur eucharistieausschließende und in diesem Sinne schwere Sünden notwendig vor einem erneuten Empfang der Eucharistie im Bußsakrament zu beichten sind. Dagegen können sogenannte läßliche Sünden auf vielfältige Weisen Vergebung finden. Insofern aber als niemand ohne Wissen und Wollen sich schwer versündigen kann und folglich ein objektiv zwar als schwere Schuld anzusprechendes Fehlverhalten subjektiv durchaus im Einzelfall nicht diesen Charakter haben muß, verzichtet auch hier mancher auf die Beichte, der nach den offiziellen Normen vielleicht beichten gehen müßte. Jedenfalls ist auch das Bewußtsein für schwere Schuld, nachdem dieses jahrhundertelang sehr ausgebildet war, in unseren Tagen stark zurückgegangen.
Wenn wir an dieser Stelle noch einmal das Verhältnis der Kirchen zueinander ansprechen, dann sollte deutlich bleiben, daß in der Frömmigkeit beider Kirchen die Buße ihren bedeutenden Platz einnimmt. Die Unterschiede liegen in der Art und Weise, wie sie konkret zu verwirklichen ist.

5.4 Kommunionbank

Damit kehren wir noch einmal zur Eucharistie, genauer zum Eucharistieempfang zurück. Der Ort des Empfangs dieses Sakramentes war früher in den meisten Kirchen eindeutig durch die das Kirchenschiff vom Altarraum trennende Kommunionbank markiert. Inzwischen ist diese als Barriere zwischen Raum der Gläubigen und Altarraum empfundene Kommunionbank zumeist nicht mehr vorhanden.

Wurde in früherer Zeit die heilige Kommunion stets kniend empfangen, wobei der Priester dem Kommunionempfänger die Hostie in den geöffneten Mund legte, so kann die Kommunion, zumindest in den Ländern deutscher Zunge, heute auch stehend und in die Hand empfangen werden, so daß der einzelne Gläubige wie der Priester die Hostie sich selbst in den Mund legt. Beide Arten sind auch heute voll akzeptierte Weisen.

Das Begleitwort zur Kommunionausteilung ist seit der Liturgiereform geändert worden. Der Austeilende sagt: »Der Leib Christi«, worauf der Empfangende mit »Amen« antwortet. Es ist dieses »Amen« seinerseits eine kurze Formel des Bekenntnisses und der Zustimmung, ein Ja zur Gegenwart des Herrn in der Gestalt des Brotes und ein Ja zum Leib Christi, der die Kirche ist aufgrund der Teilnahme an dem einen Brot (vgl. 1 Kor 10,16f.).

Kommunionausteiler ist einmal der Priester. Als Helfer zugezogen werden heute aber vielerorts auch bewährte Laien, Männer wie Frauen.

Schließlich sei noch ein Wort zur *Kelchkommunion* angefügt. Bekanntlich war es zur Zeit der Reformation in der römisch-katholischen Kirche Brauch, daß nur der zelebrierende Priester unter beiderlei Gestalten, das heißt unter Gestalt des Brotes und des Weines, kommunizierte, die anwesenden Gläubigen aber, soweit sie kommunizierten, dies nur in der Gestalt des Brotes taten. Dagegen kam bereits vor der Zeit der Reformation die Forderung nach dem »Laienkelch« auf. Er wurde dann in den reformatorischen Kirchen Brauch, was katholischerseits zur Folge hatte, daß dort erst recht an der Kommunion in einer Gestalt festgehalten wurde. In einer Zeit, in der die Aufforderung: »Nehmet und trinket *alle* daraus!« für alle Anwesenden ver-

ständlich im Raum steht, ist in unserer Kirche zumindest der Weg zur erneuten Gewährung des Kelches und so zur Kommunion unter beiderlei Gestalten erkennbar.
Die heutigen liturgischen Bestimmungen sehen vor, daß der Kelch auf jeden Fall bei besonderen Anlässen wie Eheschließungen, Jubiläen oder auch in Gottesdiensten für kleinere Gruppen, in Klostergemeinschaften angeboten werden kann. Dabei gibt es je nach Gelegenheit die Möglichkeit, direkt aus einem Kelch zu trinken, wie es am sinnvollsten erscheint, oder aber die Hostien in einen Kelch einzutauchen. Man kann hoffen, daß sich auf diese Weise erlebnismäßig ein weiterer Graben schließt, der sich in den Anfangszeiten der Trennung der Kirchen einmal recht unheilvoll geöffnet hat.
Damit können wir den sakramentalen Raum verlassen und uns einem Thema zuwenden, das ebenfalls lange Jahrhunderte für evangelische Christen eher entbehrlich erschien.

6.
Heiligenverehrung

Wir haben bis hierher jene Teile des Kirchenraumes gesehen, die man als notwendig für den christlichen Gottesdienst ansprechen kann. Wir sagen bewußt *»christlicher* Gottesdienst«, weil, von bestimmten Einzelheiten abgesehen, die wichtigsten Teile weder in einer katholischen noch in einer evangelischen Kirche fehlen können. Beide Kirchen sind auf ihre Weise dem Wort *und* dem Sakrament verpflichtet. Keine kann sich mit einem von beiden zugunsten des anderen begnügen. Immer aber geht es um den Dienst vor *Gott* und letztlich niemand anderem.
Genau das aber ist es, was die Frage erlaubt: Gibt es in der katholischen Kirche nicht doch noch etwas, was zwischen Gott und die Menschen tritt? Es war bereits bei unserem ersten Rundblick selbst in einer modernen Kirche festgestellt worden, daß der Ort der Marienverehrung praktisch nirgendwo fehlt. Es war auch beiläufig bereits die Rede von einzelnen Heiligen. Wir haben sie in der Tat nicht verschwiegen, sie aber zugleich nicht so behandelt, als gehörten sie unbedingt und notwendigerweise in den Bereich katholischer Frömmigkeit hinein. Tatsächlich ist auch kein katholischer Gläubiger zur Verehrung bestimmter Heiliger verpflichtet. Dennoch ist nicht zu leugnen, daß die Heiligen in der katholischen Frömmigkeit eine unübersehbare Rolle spielen, und es wäre daher unredlich, würden wir über dieses Thema hier hinweggehen.

6.1 Marienaltar

Gehen wir zunächst zu jenem Bild oder Altar, der praktisch in keiner Kirche fehlt, dem Marienaltar. Eine kleine Äußerlichkeit fällt nicht selten auf. Gewiß brennt am Ort des Allerheiligsten das Ewige Licht, eine offizielle Lampe, die auch vom Kirchendiener, Sakristan, Küster oder Mesner als solche offiziell betreut wird. Doch am Marienaltar brennt eine Vielzahl von Kerzen, die

nicht offiziell entzündet sind, sondern die gläubige Menschen selbst anzünden. Durch das Angebot von Kerzen und Lichtern (mit Preis) werden sie dazu ganz offensichtlich auch aufgefordert. Ähnliches könnte gleich hier von anderen Altären in vielen Kirchen gesagt werden, dem des hl. Antonius, des hl. Judas Thaddäus wie auch anderer Heiliger. Vom Äußeren her gesehen könnte somit der Eindruck entstehen, als seien diese Gestalten wichtiger als Gott selbst, mancher Seitenaltar wichtiger als das Allerheiligste.
Nun ist nicht zu übersehen, daß Menschen der besonderen Nachfolge Christi schon früh den Respekt und auch die Verehrung der Gläubigen auf sich gezogen haben. Es wurde bereits erwähnt, daß die römischen Christen der Verfolgungszeit gerne ihre gottesdienstlichen Versammlungen an den Gräbern der Blutzeugen, der Martyrer, abhielten. Es ist auch begreiflich, daß bei Erweiterung dieses Kreises, zu dem ja dann auch die Apostelfürsten Petrus und Paulus gehörten, der Blick auf die frühe Jüngerschaft des Herrn fiel, auf die anderen Apostel, aber auch auf die Mutter Jesu, von der bereits die Evangelisten auf hochachtungsvolle Weise sprechen: Sie empfängt und gebiert nach Lukas und Matthäus ihr Kind als »Jungfrau« (vgl. Mt 1, 22 f.; Lk 1, 26-38) und wird mit dieser Redeweise auf jeden Fall als unter der besonderen Einwirkung Gottes stehend bezeichnet. Sie steht im Leben und am Lebensweg Jesu bis unter das Kreuz (vgl. Joh 19,25-27). Schließlich sammelt sich die österliche Jüngerschaft um sie, um auf das Kommen des Heiligen Geistes zu warten (vgl. Apg 1,14). All diese Dinge sind zu sehen, wenn man die Anfänge der Marien- und Heiligenverehrung verstehen will.

6.1.1 Marienfrömmigkeit

Nun richtet sich der Widerspruch weniger gegen die verständlichen Dinge des Anfangs. Es gibt aber, wie wir angedeutet haben und im Hinblick auf Wallfahrtsorte wie Lourdes und Fatima und viele andere ausführlich darlegen könnten, Züge in der Marienfrömmigkeit, die auch vielen Katholiken – unbestritten der vielleicht gleich großen oder noch größeren Zahl der Marienverehrer – ernsthafte Schwierigkeiten bereiten.

Hier mögen Beobachtungen eine Hilfe sein, die der verstorbene Innsbrucker Liturgiker J. A. Jungmann SJ schon vor Jahrzehnten mitgeteilt hat. Er machte auf die Struktur christlichen Betens aufmerksam, wie sie bis heute in den offiziellen Gebeten der Liturgien aufscheint. Adressat der Gebete ist Gott der *Vater*. Doch richten wir unsere Gebete *»durch* Jesus Christus«, seinen *Sohn,* den einzigen Mittler zum Vater, *»in* der Gemeinschaft des *Heiligen Geistes«,* wobei dieses »in« wohl auch im Sinne von »Kirche, Gemeinde« als dem spezifischen Ort des Wirkens des Geistes von Vater und Sohn verstanden werden kann. Das frühchristliche Ringen um das rechte Verständnis Jesu Christi in seinem Verhältnis zu den Menschen, seinem Menschsein, und seinem Verhältnis zu Gott dem Vater, seinem Gottsein, kam zu einem Abschluß in der Formel des Konzils von Chalcedon 451 »wahrer Gott, wahrer Mensch« – ein Abschluß, zu dem K. Rahner in einem wichtigen Aufsatz des Jubiläumsjahres 1951 die Frage stellt: »Ende oder Anfang?«
Bedenkt man, daß es in der genannten Formel um die Versöhnung von wahrem menschlichen und wahrem göttlichen Wesen in der einen Person Jesu von Nazaret ging und sie nach allem Ringen die Göttlichkeit Jesu im Grunde doch – wenn man so sprechen darf – »ein wenig mehr« sicherte als seine Menschlichkeit, dann ist die Konsequenz verständlich, daß die Spannung des *»durch* ihn« zugunsten eines einfachen »Vater *und* Sohn« verlorenging. Die Betonung der Wesensgleichheit von Vater *und* Sohn – Vater und Sohn haben in gleicher Weise das *eine* göttliche Wesen – ebnet zunächst einmal die Besonderheiten der göttlichen Personen ein. Aus menschlicher Nähe rückt Jesus in göttliche Ferne. Er ist weniger unser Weggeleiter und V6rbild und wird dafür mehr unser anbetungswürdiges Gegenüber. Er verliert aber damit zugleich im Bewußtsein der Gläubigen seine Rolle als Mittler.
Hier nun, so sagt J. A. Jungmann, tritt an die Stelle der Mittlerformel *»durch* Christus *zum* Vater« im frühen Mittelalter die neue Mittlerformel *»durch* Maria *zu* Jesus«. Denn das Volk, das an Mittler und Vermittler gewöhnt ist, füllt entstehende Leerplätze mit neuen oder doch anderen Mittlergestalten. Die Geschichte zeigt dann, wie sehr sich einerseits das christliche Volk

jenem Menschen, der Jesus am nächsten steht, eben seiner Mutter, die zudem alle menschlichen Züge behält, zuwendet und andererseits die Theologie beginnt, Marias Rolle im Heilswerk ihres Sohnes, dann aber auch ihre eigene Würde zu bedenken.
Die neue Formel konnte ja tatsächlich zweierlei bewirken und hat dies auch getan. Sie konnte einmal den Sohn doch wieder an die Seite der Mutter holen, damit auf die Seite der Menschen. Wenn man das im Mittelalter entstehende Volksgebet des *Rosenkranzes* bedenkt, geschieht genau das: In den jeweils zehn Ave Maria, jenem Gebet, das seit dem Mittelalter fast zu einem Begleitgebet des Vaterunser wird, wird eine Gebetseinheit geschaffen, in der für die Länge dieses sogenannten »Rosenkranzgesätzes« gleichsam mit den Augen der Gottesmutter ein »Mysterium« des Lebens Jesu, seine Menschwerdung und Geburt, sein Leiden und Sterben, seine Auferstehung und Geistsendung – um einige zu nennen – betrachtet oder meditiert wird. In der Blickrichtung Marias: »Was *er* euch sagt, das tut!« (Joh 2,5) richtete sich der Blick auf Jesus.
Die Formel mußte aber – sicher zunächst unbeabsichtigterweise – Maria auch immer näher an den Sohn heranrücken und damit von den Menschen entfernen. So kam es, daß Maria im Laufe der Zeit immer mehr an der Seite Gottes zu finden war als an der Seite der Menschen. Daß es diese Tendenz gerade in der nachreformatorisch-neuzeitlichen Theologie in deutlicher Ausprägung gegeben hat, braucht nicht geleugnet zu werden. Das *»Numquam nimis de Maria«* (»Niemals zu viel über Maria«), die Häufung von Ehrentiteln, auch die Entwicklung der dogmatischen Lehren über Maria sind hier in weiterreichende Überlegungen einzubeziehen.
Es war das große Verdienst des 2. Vatikanischen Konzils, daß es in seiner Zuordnung der marianischen Aussage zur Kirchenkonstitution der Verselbständigung der mariologischen Aussagen Einhalt gebot. Zugleich war es von hoher Bedeutung, daß Maria im Kapitel 8 des genannten Konzilsdokumentes in aller Nüchternheit als angefochtene Glaubende beschrieben wurde und sie damit erneut ihren Platz auf seiten der suchenden und ringenden Menschheit erhielt. Die dort gemachten Aussagen sollten maßgebend sein, wo heute über Marienfrömmigkeit gehandelt wird.

6.1.2 Marienbilder

Von hier aus dürfte es uns leichter fallen, einige typische Marienbilder in ihrem geschichtlichen Umfeld zu verstehen. Sie bestätigen zugleich die zuvor gemachten Überlegungen.
In den mittelalterlichen Marienbildern tritt uns in starkem Ausmaß das Marienleben entgegen. Dieses knüpft einmal an die synoptischen Evangelien, zumal an Lukas, an, nimmt aber Szenen aus apokryphen, das heißt nicht in den Kanon des Neuen Testamentes aufgenommenen Evangelien, zumal dem Jakobusevangelium, ergänzend hinzu.
Hauptstationen des Marienlebens sind dabei:
– *die Verkündigung der Geburt des Kindes:* Maria empfängt die Engelsbotschaft. Sie empfängt im Hören. Gottes Wort trifft sie durch das Ohr. Die Fähigkeit, leibliche Mutter Gottes zu werden, erhält Maria, indem sie zunächst geistig vernehmende und gläubig Bejahende ist. Sie ist damit Vorbild aller Glaubenden. Man kann verstehen, wie der Engelsgruß an Maria mit der anschließenden Anrufung um Fürbitte Marias zum *Ave Maria* zusammenwächst und nächst dem Vaterunser zum verbreitetsten Gebet der mittelalterlichen Christenheit wird.
– *Besuch Marias bei Elisabet:* Die sogenannte »Heimsuchung Marias«, ihr Gang durchs Gebirge zu Elisabet und das gegenseitige Erkennen der Frauen im Wissen um ihre Kinder hat gleichfalls Künstler wie Prediger beschäftigt. Jesus, das Wort Gottes, will weitergetragen werden und wird dort zur Frohbotschaft, wo es auf offene Sinne, Augen und Ohr, »Gefühl« und Herz, stößt. Die verkündigungsmäßige Übertragung dieser Szene in die jeweilige Gegenwart ist leicht nachzuvollziehen.
– *Geburts- und Kindheitsszenen:* Auch in Bildern dieser Art erscheint Maria, doch da Jesus selbst bereits im Bild sichtbar ist, werden Weihnachtsbilder oder Bilder der Darstellung Jesu im Tempel nicht in gleicher Weise als Marienbilder empfunden. Das ist aber sofort dann der Fall, wenn wir vor einem Altar stehen, der das Marienleben in seinen verschiedenen Stationen zur Anschauung bringt. Wichtig bei diesen Bildern ist, daß sie sehr häufig in großer Nachdrücklichkeit das Menschsein Jesu darstellen. Bilder wie die herrliche Darstellung des bekannten Isenheimer

Altars in Kolmar erschließen daher dem Beschauer zugleich eine Fülle von sowohl christologischen wie mariologischen Hinweisen: Zusammenhänge zwischen Geburt und Tod (zerrissene Windeln!), marianische Symbolik in Verbindung mit alttestamentlichen Übertragungen und Bildern, die sich etwa in der Marienlitanei, einer Reihung von Anrufungen, wiederfinden.

– *Maria unter dem Kreuze, Pietà:* Gibt es aus dem öffentlichen Leben Jesu, von der Hochzeit zu Kana abgesehen, keine Szene, in der Maria biblisch Gestalt gewinnt, so tritt sie um so deutlicher in seinem Leiden und Sterben hervor. Immer wieder ist sie zusammen mit dem Apostel Johannes unter dem Kreuz Jesu dargestellt worden, plastisch und auf Bildern. Das Jesuswort: »Siehe, deine Mutter!«, »Frau, siehe, dein Sohn!« (vgl. Joh 19,27.26) ist in Predigten seit Jahrhunderten dahin gedeutet worden, daß die Gläubigen sich Maria zuwenden sollten, wie Maria sich in Johannes der Kirche zuwendet.

Die unmittelbarste Anwendung dieses so verstandenen Jesusauftrags ist die sogenannte *»Pietà«*, die Darstellung der schmerzhaften Mutter mit dem toten Jesus auf ihrem Schoß. Diese Gestalt ist mehr als die zuvor beschriebenen Bildszenen, die mehr im Dienste der Verkündigung Anlaß zur Betrachtung boten, zum Ort der eigenen Klage und des Rufs nach Mitleiden und Hilfe geworden. Das ist bis in unsere Zeit der Fall. Man achte etwa darauf, wie oft sich das Bild der schmerzhaften Mutter etwa mit einem Erinnerungsmal an im Kriege Gefallene verbindet.

Die bisher beschriebenen Szenen, die auch in den »Geheimnissen« oder »Gesätzen« des schon erwähnten *Rosenkranzes* – so genannt nach der Gebetsschnur mit fünfmal zehn (für die »Ave Maria«) und jeweils dazwischen fünf Kügelchen (für je ein Vaterunser) – in das persönliche Gebetsleben Eingang gefunden haben, betreffen die Hauptstationen des Lebens Marias. Nach der Auferstehung Jesu findet sie noch einmal Erwähnung in der betend-wartenden Gemeinschaft der Apostel vor dem Pfingstfest. Von da an ist sie weder in der Heiligen Schrift noch in späteren historisch zuverlässigen Texten erwähnt. Von ihrem Tod spricht nur die Legende. Diese entzieht ihren Leib der Verweslichkeit.

Es ist gerade das Schicksal Marias nach ihrem Tod, die Rede von ihrer »Himmelfahrt« – die genaue liturgische Bezeichnung

»Aufnahme in den Himmel« unterscheidet hier noch deutlicher vom »Aufstieg (Jesu) in den Himmel« –, die sie nun selbst wieder in eigentümlicher Weise den Menschen entrückt und die bis heute in nichtkatholischen Kreisen gefühlsmäßig wie theologisch zum Widerspruch herausfordert. Auf zahlreichen Altären, auch Hochaltären, auf Deckengemälden erscheint Maria als himmlisch Gekrönte so zentral im Bild, daß die Gestalten der Dreifaltigkeit, Vater, Sohn und Geist – wenigstens heutigen Betrachtern –, nicht selten zur Umrahmung und zum Beiwerk zu werden drohen. Dabei wird heute weniger die damals beschriebene Freude Gottes über das in Maria voll gelungene Werk der Erlösung herausgelesen, als umgekehrt die Verlagerung der Ehrung von Gott auf Maria als ein Ausdruck von Blasphemie angesehen. Wie kann es richtig sein, daß Gott den Menschen ehrt, wo doch der Mensch zur Ehre Gottes geschaffen ist? Wieso ist Gott zur Ehre des Geschöpfes da und nicht vielmehr der Mensch zur Ehre des Schöpfers? Ohne die hier auftretenden Fragen und Argumente weiter durchspielen zu wollen, muß zugegeben werden, daß wir uns hier an einem heute nicht mehr leicht nachvollziehbaren und daher neuralgischen Punkt katholischer Frömmigkeit befinden.

Die Problematik wird nicht geringer, wo der heilsgeschichtliche Rahmen im Leben dieser großen Frau in der Neuzeit dann stark verarmt, die Frau mit dem Jesuskind auf dem Arm ihre Parallele in Josephs- und Antoniusstatuen findet und am Ende, zumal in der Zeit nach dem marianischen Dogma von 1854, Maria allein auf dem Altar steht ohne das Kind und damit auch ohne sichtbaren Bezug zu ihrem Kind.

Man kann in der Tat in der Kunst Berechtigung wie Fehlentwicklungen in marianischer Frömmigkeit gut zur Anschauung bringen. Daß katholische Frömmigkeit ihr grundsätzliches Ja zu marianischer Frömmigkeit beibehalten wird, ist schon der Tatsache zu entnehmen, daß in keiner neuen Kirche das Bild der Mutter Jesu fehlt. Vielleicht kann bei dieser Gelegenheit beiden Kirchen eine Anknüpfung an die Anfänge, der katholischen die biblische Grundlegung, der evangelischen aber auch Luthers Hochachtung für Maria, neue Anstöße vermitteln und so auch in dieser Frage einander ein wenig näherbringen.

6.2 Heiligenaltäre

Sicher ragt Maria heraus. Doch neben ihr gibt es in den Kirchen der verschiedensten Zeitalter, aber auch der verschiedensten Landschaften eine solch große Zahl von Heiligen, daß viele auch für einen Katholiken unbekannte und unerkannte Heilige bleiben. Es kann daher hier unmöglicherweise eingehend von einzelnen Gestalten gesprochen werden. Wir wollen ähnlich wie im Falle der Marienverehrung zunächst einige allgemeine Überlegungen anstellen über das, was »Heilige« sind und wie es zur Heiligenverehrung geschichtlich gekommen ist. Dabei fällt dann von selbst der Blick auf einige volkstümlichere Gestalten und ihre Beziehung zu unseren Kirchengemeinden.

6.2.1 »Heilige«

Von »Heiligen« spricht bereits der Apostel Paulus. So richtet er seinen 1. Brief an die Korinther »an die Kirche Gottes, die in Korinth ist – an die Geheiligten in Christus Jesus, berufen als Heilige mit allen, die den Namen Jesu Christi, unseres Herrn, überall anrufen, bei ihnen und bei uns« (1,2; vgl. 2 Kor 1,1; Eph 1,1 u. ö.). Oder am Ende des Römerbriefes schreibt er:

»Grüßt Philologus und Julia, Nereus und seine Schwester, Olympas und alle Heiligen, die bei ihnen sind« (16,15; vgl. 2 Kor 13,12; Phil 4,22; Hebr 13,24).

»Heilige« sind hier Lebende, nicht Tote. Es sind Gemeindemitglieder, Gläubige. Paulus kann sie deshalb »Heilige« nennen, weil sie in der Annahme des Glaubens vom Heiligen Geist bewegt und zur Teilnahme am Leben des Heiligen Gottes berufen sind. »Heilige« ist in diesem Sinne keine Leistungsbezeichnung, durch die in ihrer Christlichkeit herausragende Personen gleichsam zusätzlich qualifiziert werden. Auch wenn es heute anders erscheinen mag, muß doch von der neutestamentlichen Sicht eines heiligen Menschen ausgegangen werden.
Die Unbekümmertheit, in der Paulus noch an die Korinther schreiben konnte: »Nehmet mich zum Vorbild, wie ich Christus zum Vorbild nehme« (1 Kor 11,1), haben nachfolgende Ge-

schlechter aber wohl sehr bald verloren. Die Nicht-Übereinstimmung von Anspruch und Wirklichkeit wird dahin geführt haben, daß lebende Christen nicht länger als »Heilige« angesprochen wurden. Damit war der Anspruch der Kirche, heilige Kirche zu sein, aber keineswegs erloschen. Nur verlagerte sich die Rede von »Heiligen«, wo die heilige Kirche in Personen ausgesagt werden sollte, auf Menschen, die im Tode vollendet waren, mit anderen Worten auf tote Menschen. Solche Menschen aber waren dann Menschen von einer exemplarischen Christlichkeit, die auch wie Paulus hätten reden können.

Gerade das zitierte Pauluswort lehrt aber, wie sehr die Kirche aus der gelebten und vorgelebten Christusnachfolge selbst weiterlebt. Der Gedanke des Vorbildes ist bis heute auch über den religiös-christlichen Bereich hinaus verständlich geblieben. Exemplarische Nachfolgegestalten waren zunächst die Blutzeugen der einsetzenden Verfolgungen. Wir haben früher bereits ausgeführt, daß ein ausgewählter Platz gottesdienstlicher Zusammenkünfte die Gräber der *Martyrer* waren. Die römischen Katakomben mit den Erinnerungen an bestimmte Martyrer gehören noch heute zu den eindrucksvollsten Erlebnissen von Rombesuchern. Ihnen beigesellt wurde sehr bald die Gruppe der *Apostel*, denen auffallenderweise – außer Johannes – das Blutzeugnis des Todes zugesprochen wird, obwohl historisch über das Schicksal der meisten Apostel nur wenig auszumachen ist. Wie gesagt war *Maria* sehr früh unter den beispielhaften Zeugen der Botschaft Christi in den Augen der Christen. Der *Täufer Johannes* (Johannes Baptist), Prophet auf der Schwelle vom Alten zum Neuen Testament, selbst Blutzeuge nach dem Evangelium, findet frühe Beachtung.

Eine neue Gruppe tritt erst nach Beendigung der Verfolgungszeit in Erscheinung: die *Bekenner*. Auch bei diesen handelt es sich um beispielhafte Zeugengestalten, doch endet ihr Leben nicht im Blutzeugnis; sie sterben vielmehr eines natürlichen Todes. Der heilige Bischof *Martin von Tours* († 397), dessen Volkstümlichkeit auf eigene Weise noch heute ungebrochen ist, scheint der erste gewesen zu sein, den das christliche Volk im heutigen Sinne als Heiligen verehrt hat. Man muß dabei wissen, daß es die Gemeinde selbst war, die sich – wenn man so will –

ihre Heiligen erwählte. Die heutigen langwierigen Prozesse von Selig- und Heiligsprechungen, zunächst durch die örtliche, heute durch die oberste Kirchenleitung, den Papst, gehen auf das Mittelalter zurück. Sie waren der Versuch, der im Laufe der Zeit auftretenden Leichtfertigkeit von »Heiligsprechungen« durch das Volk Einhalt zu gebieten, indem sie entsprechenden offiziellen Erklärungen über die Beispielhaftigkeit und Verehrungswürdigkeit eines verstorbenen Christen – das ist der Inhalt einer »Heiligsprechung« – strenge Maßstäbe anlegten und ihnen eingehende Untersuchungen vorausschickten.

Ein Wort sei zur Verehrung der Heiligen angefügt. Die Beispielhaftigkeit bestimmter Christen ist inzwischen auch in der evangelischen Christenheit längst unbestritten. Man achte nur darauf, daß nicht selten neuere Kirchen die Namen von Aposteln, aber dann auch von J. H. Wichern, P. Gerhardt, D. Bonhoeffer und anderen tragen. Die Anerkennung ihrer Beispielhaftigkeit besagt jedoch noch keine Verehrung im Sinne katholischer Heiligenverehrung.

Inhalt katholischer Heiligenverehrung ist stets die *Bitte um Fürbitte.* Nun ist die Fürbitte selbst nichts Unbekanntes und Ungewöhnliches. In all unseren Gottesdiensten gibt es die Stelle der Fürbitte. Neu ist lediglich, daß Tote – und Heilige sind ja Tote – gebeten werden, für uns Fürsprache bei Gott einzulegen, anstatt daß der Bittende sich unmittelbar an Gott wendet. *»Sancte Petre, ora pro nobis«* (»Heiliger Petrus, bitte für uns«) – eine solche Formel findet sich schon in den Katakomben. Sie besagt:

»Du, Petrus, der du Anteil am Leben Gottes und in seiner Gegenwart ewiges Leben erlangt hast, hilf auch mir, das Ziel zu erreichen!«

Das Bewußtsein bleibender Verbundenheit zwischen Lebenden und Toten, aber auch die Überzeugung vom Übergang verstorbener Gläubiger vom Tod ins Leben, kurz der fortgeschriebene Auferstehungsglaube findet hier seinen beredten Ausdruck.

Die zuvor gestellte Frage: »Warum nicht unmittelbar zu Gott beten?« ist damit nicht beantwortet, kann auch hier nicht in Ausführlichkeit beantwortet werden, weil es einfache Antworten nicht gibt, wo das Verhalten von Jahrhunderten besprochen werden müßte. Ein wenig käme auch hier ins Spiel, was im Zu-

sammenhang mit der marianischen Frage und der Betonung der Mittlerrolle Marias angesprochen wurde.
Für die heutige Situation aber gelten zwei Dinge: a) Niemand in der katholischen Kirche ist verpflichtet, Heilige zu verehren und anzurufen; b) jeder kann sich in seiner Gebetshaltung unmittelbar an Gott, christlich: durch Jesus Christus im Heiligen Geist wenden.

6.2.2 *Patrone*

Die eigentümliche Rolle der Heiligen im katholischen Frömmigkeitsleben ist vielleicht noch besser erkennbar, wenn wir die Rolle der Heiligen als *Patrone* ansprechen. Ein Patron ist ein Schützer, einer, der für jemanden eintritt. Im Falle eines Heiligen besagt auch dieses Wort, daß dieser für jemanden bei Gott eintritt. Wie tief dieser Gedanke tatsächlich verankert ist, zeigt die Vielfalt von Patronaten, die im Laufe der Zeit entstanden sind.
Wir sprechen von Namenspatronen – der Heilige, dessen Name einem Täufling bei der Taufe beigelegt wird –, Kirchenpatronen, Landes- und Ortspatronen, Patronen für bestimmte Berufsgruppen, Patronen in bestimmten Krankheits-, Not- und Krisensituationen und anderes mehr. Beispielsweise wird der Erzengel Michael als »Engel des deutschen Volkes«, aber auch anderer Völker verehrt, wird der hl. Bonifatius, der die deutsche Kirche in ihren Anfängen entsprechend mitgeprägt hat, als »Apostel Deutschlands« angesprochen, ist der hl. Joseph unter anderem auch der Patron der Zimmerleute, wird die hl. Odilia, die selbst auf wunderbare Weise von der Blindheit befreit worden sein soll, bei Augenerkrankungen angerufen.
Daß in diesem Umkreis der Entfaltung privater Frömmigkeit, tatsächlich aber auch manchem Merkwürdigem und Abstrusem Tür und Tor geöffnet worden ist, muß um der Redlichkeit willen zugegeben werden. Dennoch ist die Fülle von verehrten Heiligen, die sich zumal in den mittelalterlichen, barocken, aber auch selbst noch in den aus den Anfängen der Neuzeit stammenden Kirchen dargestellt und abgebildet finden, ein Zeugnis von einem ausgeprägten Glauben an den Gott der Lebenden, nicht der Toten, und deshalb an die Gemeinschaft der Heiligen.

Dieser Teil des Apostolischen Glaubensbekenntnisses: »Ich glaube die Gemeinschaft der Heiligen« bietet im Anschluß an diese Überlegungen seinerseits Anlaß zu einer gemeinsamen Besinnung. Er wird ja von beiden Kirchen im Gottesdienst rezitiert.
Wir sind bei früheren Erwägungen zumeist vom modernen Kirchbau ausgegangen. Hier nun haben wir bewußt die verwirrende Fülle zumal in den älteren Kirchen zum Ausgangspunkt gemacht. Solche Kirchen sind vielen evangelischen Christen aber deshalb nicht fremd, weil gar manche von ihnen wegen ihrer Berühmtheit schon aus kunstgeschichtlichem Interesse aufgesucht werden. Dabei weiß dann das Vergangene und Fremde nicht selten gerade in seiner Unverständlichkeit und fremden Größe zu faszinieren.
Neuere Kirchen sind in der Regel auch in ihren Aussagen über Heilige eher nüchtern und ärmlich zu nennen. Gewiß haben auch heute Kirchen zumeist einen Heiligen als Patron. Doch selbst diesen entdeckt man im Kircheninneren oft kaum.
Wo aber die Gesichter von lebendigen Glaubenszeugen völlig fehlen, wird die Aussage des Kirchenraumes selbst ärmer. Allerdings gibt es auch hier heute erkennbare Gegensteuerungen. Gelegentlich trifft man in Kirchen auf Plakate von bedeutenden Christen unserer Tage: Johannes XXIII., Martin Luther King, Maximilian Kolbe, Alfred Delp, neue Heilige gleichsam quer durch die Kirchen. Auch wo sie – noch – nicht angerufen werden, prägen sie doch unsere eigene Zeit.
Doch auch das Interesse an früheren Heiligen wächst. Wirklich geschichtsprägende Gestalten leben weiter, und ihre Wirksamkeit vergeht nicht schnell. Auffallend ist die sorgfältige Feier von Jubiläen in unseren Tagen. Erinnerungen wurden lebendig an Elisabeth von Thüringen, Hildegard von Bingen, Teresa von Avila, Franz von Assisi. In diese Kette der Erinnerungen reiht sich auch Martin Luther ein, anläßlich dessen Jubiläums im Jahr 1983 dieser »Kirchenführer« entstanden ist. Die Vermutung geht dahin, daß die Christen beider Kirchen auch in Zukunft nach ihren lebendigen Vorbildern Ausschau halten und dabei auch ihre Heiligen finden werden.
Nachdem wir den Innenraum der Kirche durchschritten haben, wollen wir nun innehalten und uns fragen, wo die Kirche eigent-

lich steht. Jede Kirche hat ihren bestimmten Ort, stammt aus einer bestimmten Zeit und offenbart wiederum zu bestimmten Zeiten des Jahres, der Woche, des Tages ihre eigentliche Bestimmung. Wir werden daher im weiteren Verlauf nach den Kirchenorten (7.), nach den Stilen und Symbolen, in denen bestimmte Zeiten noch heute zu uns sprechen (8.), schließlich nach den verschiedenen Gottesdienstgestalten und -zeiten (9.) fragen.

7.
Kirchenorte

Die Orte, an denen heute Kirchen stehen und gebaut werden, scheinen auf den ersten Blick keiner besonderen Überlegung zu bedürfen; denn Kirchen als Versammlungsorte der gläubigen Christen gehören dorthin, wo diese leben. In der Tat gibt es in dieser Hinsicht keinen Unterschied zwischen den Konfessionen. Wir finden in den alten Städten die Stadtkirchen vielfach am Marktplatz, wobei dieser, das Rathaus, die alten Schulen und andere der Allgemeinheit dienende Einrichtungen früher – eher umgekehrt – in der Nähe der Kirche angesiedelt wurden. Die sprichwörtliche Wendung, man solle »die Kirche im Dorf lassen«, deutet auf den Umstand hin, daß die Kirche dort, wo im Umfeld größerer Menschenansammlungen, eben in den Dörfern, neue, kleinere Siedlungen entstanden, den Menschen nachgegangen ist und zusätzliche Gebets- und Gottesdiensträume geschaffen hat. Diese konnten wiederum Kirchen oder auch, wenn sie kleinere Ausmaße hatten, *Kapellen* – vom mittelalterlichen lateinischen Wort »capella« = kleines Gotteshaus – sein.
Heute finden wir die Haltung der Kirche, besonderen menschlichen Gruppen nachzugehen, besonders dort verwirklicht, wo für bestimmte Gruppen eigene Gottesdienste und Gottesdiensträume eingerichtet werden. Wir stoßen auf *Krankenhaus*kirchen und -kapellen, auf *Gefängnis*kapellen, auf *Garnison*kirchen, Gottesdiensträume für das Militär in einer Kaserne; inzwischen aber auch auf Kirchen, die nationalen Gruppen für ihre Gottesdienste zur Verfügung gestellt sind. Geht man geschichtlich in frühere Jahrhunderte zurück, so findet man in alten Städten auch heute noch Kirchen für bestimmte gesellschaftliche Gruppen wie Gilden, Zünfte, Bruderschaften. Einzelne solcher Kirchen und Kapellen sind auch als Ausdruck des Dankes für die Errettung aus Not, nach Kriegen, nach überwundener Pest und anderen Epidemien errichtet worden. Aus einer ähnlichen Haltung heraus ist auch manche *Kapelle* entstanden, die wir unterwegs an einer Straße, im Feld, in offener Landschaft oder aber auch noch

in Städten antreffen. Viele solcher kleiner Räume mit einem Altar, darüber einem Heiligenbild, einer Statue oder auch einem Kreuz dienen aber nicht so sehr einer gottesdienstlichen Versammlung als der Sammlung. Sie sind Aufruf zu einem stillen Innehalten dessen, der vorübergeht, Ausdruck der Dankbarkeit, aber auch der Bitte, auf jeden Fall Zeugnis der zu allen Zeiten im Volke verankerten Frömmigkeit.
Die Wahl der Kirchenorte spiegelt aber heute auch die Ordnung der Kirche wider, wie sie im Laufe der Zeiten gewachsen ist. Dabei müssen wir zunächst darauf achten, daß wir das Wort »Kirche« in unserer alltäglichen Sprache recht unterschiedlich gebrauchen.

7.1 »Kirche«

Wir haben bislang zumeist von »Kirche« im Sinne eines bestimmten Gebäudes gesprochen. Im Grunde genommen ist dieser Wortgebrauch aber ein verkürzter und abgeleiteter. Er ist verkürzt, weil hier ein Gebäude mit seinen Räumen mit der Bezeichnung für das, was in ihr geschieht, angesprochen wird. Er ist abgeleitet, weil »Kirche« im ursprünglichen Verständnis von der im Namen des »Herrn« (griechisch *»Kyrios«;* vergleiche den alten griechischen Gebetsruf *»Kyrie eleison«*, »Herr, erbarme dich«) versammelten Gemeinschaft der Gläubigen spricht. Kirche kommt in diesem Sinne von dem griechischen Adjektiv »kyriakē«, das sich von dem zugehörigen, ebenfalls griechischen Hauptwort *»ekklesía«* (= die herausgerufene Volksversammlung) gelöst hat. »Kyriakē« und »ekklesía« sind je für sich in den europäischen Sprachen die beiden Grundworte für die Gemeinschaft der Christen geworden. Dabei stoßen wir auf die von »kyriakē« abgeleiteten Worte wie »Kirche« im Deutschen vor allem in den germanischen Sprachen, auf die von »ekklesía« und dem lateinischen »ecclesia« abgeleiteten Worte wie »église« im Französischen in den romanischen Sprachen.
Eine gewisse, nicht ungefährliche Begriffsverengung zeigt sich, wo Christen ihrerseits in distanzierter Weise von *»der* Kirche« sprechen und damit die kirchlichen Behörden, Leitungsorgane

und Führungspersonen meinen: den Papst, die Bischöfe, die Pfarrer, die auf Kosten der Kirche in ihrem Dienste Tätigen. Hier zeigt sich, wie die Unterscheidung von Laien und Klerus, Gläubigen im allgemeinen und Kirchenleitung sich auch bewußtseinsmäßig festgesetzt hat. Obwohl das Wort *»Laie«* abgeleitet ist von *»laos«* (= Volk; gemeint ist: Mitglied des Volkes Gottes), schwingt unterschwellig auch der Gedanke des Unwissenden, des Nicht-Zuständigen, damit des der Betreuung, Leitung und Anleitung Bedürftigen mit, so daß der *Klerus* demgegenüber die Gruppe der Spezialisten, der Wissenden, Könnenden und Berechtigten bildet. Die in den letzten Jahrzehnten verbreitete Rede von der »Mündigkeit der Laien« ist entsprechend verräterisch, da sie besagt: Die »Laien«, das heißt die Mitglieder des Volkes Gottes, sollen in neuer Weise ihrer ursprünglichen, in Taufe und Firmung verankerten Rechte und Pflichten bewußt werden. Sie sollen kraft ihrer Zugehörigkeit zur Gemeinschaft der Glaubenden, nicht erst im Anschluß an zusätzliche und eigene Beauftragung durch die Kirchenleitung aktiv und missionarisch ihr Christsein leben und bezeugen, wo immer sie ihren Tag verbringen. Damit ist zugleich gesagt, daß das lange nicht der Fall war, vielleicht gar oft noch nicht der Fall ist.

Die Orte, an denen wir heute Kirchen finden, bezeugen aber dann – wie gesagt – eben nicht nur die Lebenswelt und die Lebensorte der Gläubigen, sondern auch die im Laufe der Jahrhunderte gewachsenen Strukturen der Kirche. Dabei stoßen wir einmal auf die *hierarchische Ordnung* der katholischen Kirche, die seit Ignatius von Antiochien († spätestens 117) in einer deutlich erkennbaren Dreizahl von Stufungen auftritt: Bischöfe – Priester – Diakone. Mit ihr verbunden, zugleich jedoch in relativer Freiheit von ihr, gibt es die sogenannten *Ordensgemeinschaften.* Von hier aus lassen sich Bischofskirchen, Pfarrkirchen sowie Ordenskirchen für Männer- und Frauengemeinschaften unterscheiden. Insofern als Diakone keine Vorsteher einer eucharistischen Gottesdienstgemeinschaft sind, die Kirchenräume aber wesentlich auf diese hingeordnet sind, ist von ihnen im Hinblick auf bestimmte Kirchengebäude nicht zu sprechen.

Wir fügen ein Weiteres hinzu: Da der Papst zunächst Bischof ist, und zwar von Rom, und sich das Amt der obersten Autorität in der römisch-katholischen Kirche tatsächlich mit diesem Bischofsamt verbindet, ist auch die römische Bischofskirche nicht eigens herauszuheben. Wollten wir es doch tun, so müßte dann übrigens von St. Johann im Lateran, der »Mutter der Kirchen der Stadt und des Erdkreises« – wie es in lateinischer Sprache in die Frontfassade eingemeißelt heißt – die Rede sein, nicht von St. Peter in Rom.

7.2 Bischofskirchen

Das 2. Vatikanische Konzil hat noch einen anderen Sprachgebrauch neubelebt. Wir sprechen heute von »Kirche« nicht mehr nur, wenn wir die Universalität aller Gläubigen in der ganzen Welt meinen, oder von »katholischer Kirche« im Sinne der unter dem römischen Papst geeinten römisch-katholischen Christen. Es ist durchaus üblich, nicht nur von kontinentalen Kirchen, etwa der asiatischen oder der lateinamerikanischen Kirche, oder von der polnischen oder der indischen Kirche, sondern auch wieder von Ortskirchen, etwa der Kirche von Köln, von Wien, von Utrecht und ähnlich, jedenfalls von der unter einem Bischof geeinten Gemeinschaft von Gläubigen zu sprechen. Die Betonung der Ortskirche macht die Vielfalt von Kirche deutlich.

7.2.1 Bischofskollegium

Die Gesamtkirche erweist sich somit als ein Netz von vielen lokalen Kirchen, wie sich dies bereits im neutestamentlichen Sprachgebrauch erkennen läßt, wenn etwa in der Geheimen Offenbarung von den »sieben Kirchen in Asien« (Apk 1,4) die Rede ist. Entsprechend ist nach katholischem Verständnis die oberste Leitung der Kirche dem Gesamtkollegium der Bischöfe in Gemeinschaft mit dem Bischof von Rom, dem Papst, übertragen. Es gehört zu den wichtigsten Feststellungen des 2. Vatikanischen Konzils, den Gedanken der sogenannten *»Kollegialität«* der Bischöfe, das heißt der körperschaftlichen Leitung der Gesamtkirche mit und unter dem römischen Bischof, neu formuliert zu haben. In der Kirchenkonstitution »Lumen gentium« heißt es:

»Insofern dieses Kollegium aus vielen zusammengesetzt ist, stellt es die Vielfalt und Universalität des Gottesvolkes, insofern es unter einem Haupt versammelt ist, die Einheit der Herde Christi dar. In diesem Kollegium wirken die Bischöfe, unter treuer Wahrung des primatialen Vorrangs ihres Hauptes, in eigener Vollmacht zum Besten ihrer Gläubigen, ja der ganzen Kirche, deren organische Struktur und Eintracht der Heilige Geist immerfort stärkt. Die höchste Gewalt über die ganze Kirche, die dieses Kollegium besitzt, wird in feierlicher Weise im Ökumenischen Konzil ausgeübt« (Art. 22).
Und: *»Die kollegiale Einheit tritt auch in den wechselseitigen Beziehungen der einzelnen Bischöfe zu den Teilkirchen wie zur Gesamtkirche in Erscheinung. Der Bischof von Rom ist als Nachfolger Petri das immerwährende, sichtbare Prinzip und Fundament für die Einheit der Vielheit von Bischöfen und Gläubigen. Die Einzelbischöfe hinwiederum sind sichtbares Prinzip und Fundament der Einheit in ihren Teilkirchen, die nach dem Bild der Gesamtkirche gestaltet sind. In ihnen und aus ihnen besteht die eine und einzige katholische Kirche«* (Art. 23).

Die Bischöfe haben somit eine doppelte Verantwortung: Sie haben einmal die direkte und unmittelbare Leitung der ihnen in der Bischofswahl übertragenen Ortskirche, auch *Bistum* oder *Diözese* genannt. Zugleich haben sie Anteil an der kollegialen Leitung der Gesamtkirche, die auf verschiedenen Ebenen ihren Ausdruck findet. Genannt wurde die deutlichste Gestalt kollegialer Kirchenleitung, das *Ökumenische Konzil.* Auf diesem berät und entscheidet die Gesamtheit der Bischöfe mit und unter dem Papst grundlegende, die ganze Kirche betreffende Fragen. Das 2. Vatikanische Konzil war das 22. Konzil der Kirchengeschichte. Bis zum 8. fanden die Konzilien im Osten statt, seither nach der Trennung von Ostkirche und Westkirche im Westen, drei davon seit der Reformation. Andere Formen kollegialer Beratung und Leitung sind heute die kontinentalen und nationalen Bischofskonferenzen, für unseren Bereich die Europäische, die Deutsche, die Österreichische und Schweizer Bischofskonferenz.

7.2.2 »Bischofssitz«

Die *Bischofskirchen* befinden sich in der Regel in größeren Städten. Geschichtlich ergibt sich das bereits aus der Tatsache, daß die Missionierung der Länder ihren Ausgang zumeist dort nimmt, wo Menschen in größerer Zahl wohnen; das aber gilt seit alter Zeit für die Städte. Es ist hier nicht der Ort, die Entfaltung der Kirchenorganisation in allen Verästelungen nachzuzeichnen. Jedenfalls erinnert die Kirchenorganisation ihrerseits an gewachsene Wohnstrukturen der Menschen.

Die Hauptkirche einer Bischofsstadt wird seit altersher *Dom* (vom lateinischen »domus« = Haus, verkürzt für Gotteshaus) oder *Kathedrale* (vom griechisch-lateinischen »cathedra« = Bischofsstuhl oder Bischofssitz) genannt. Sieht man von der Größenordnung einer solchen Kirche ab, so enthält sie außer dem ausgeprägten Bischofsstuhl kaum Elemente, die nicht bereits in anderen Zusammenhängen erläutert worden sind. Ähnlich wie in Klosterkirchen besitzen Dome – zumindest in den traditionellen Ländern der Christenheit – ein ausgeprägtes Chorgestühl, in dem während der bischöflichen Gottesdienste das sogenannte *Domkapitel,* eines der wichtigsten, den Bischof in seiner Tätigkeit unterstützenden Beratungsgremien, das im Falle der Sedisvakanz die Leitung des Bistums innehat und eine wesentliche Rolle bei der Neubesetzung eines Bischofssitzes spielt, seinen vorzüglichen Ort hat. Die bischöfliche Meßfeier wird auch *Pontifikalamt* genannt, nach der in Rom üblich gewordenen Bezeichnung für den Bischof: *»pontifex«* (= Brückenbauer) ist der Titel für einen hohen Priester, der in heutiger Interpretation zum Brückenschlag zwischen Gott und Menschen eingesetzt ist. Als besondere Kennzeichnung seiner Würde trägt der *Bischof* während des Gottesdienstes eine Mitra genannte Kopfbedeckung und einen *Hirtenstab,* der oben in einer Rundung oder Krümmung ausläuft. Bischöfliche Insignien sind zudem der *Ring* als Zeichen der besonderen Verbundenheit mit dem Bistum und ein *Brustkreuz.* Die Farbe der offiziellen Kleidung – violett – hat der Bischof mit den Domkapitularen und anderen Prälaten der Kirche gemeinsam.

7.2.3 *»Bischof von Rom«*

Während ein *Erzbischof* unter anderen Bischöfen in gewissem Sinne nur ein *»primus inter pares«*, das heißt eine Art Ehrenvorsitzender zwischen sonst Gleichrangigen ist und unter ihm die Bischöfe einer Region eher zu einem intensiveren Beratungskollegium zusammenfaßt sind, ist nach katholischem Verständnis der *Bischof von Rom*, der Papst, zwar von seiner Weihe her ein Bischof und nichts anderes, von seiner Autorität aber der »Erste *über* allen Bischöfen«. Der verstorbene Papst Paul VI. hat in einer bedeutungsvollen Geste seine Verbundenheit mit den anderen Bischöfen dadurch zum Ausdruck gebracht, daß er die im Mittelalter üblich gewordene dreifache Krone, die *Tiara,* wieder durch eine einfache bischöfliche Mitra ersetzt und einen mit einem einfachen Kreuz geschmückten Hirtenstab zu tragen begonnen hat. Das päpstliche Weiß als Farbe seiner Kleidung hat er beibehalten.

Ohne hier die damit verbundenen Fragen zu besprechen, zeichnen den päpstlichen Primat im katholischen Verständnis zwei wesentliche Punkte aus, die im 1. Vatikanischen Konzil deutlichen Ausdruck gefunden haben: die höchste Gewalt und die höchste Lehrautorität in der Kirche. Werden die Bischöfe insgesamt als Nachfolgegremium der Apostel gesehen, so hat der römische Bischof seinerseits als Nachfolger des Apostels Petrus »kraft seines Amtes als Stellvertreter Christi und Hirt der ganzen Kirche volle, höchste und universale Gewalt über die Kirche und kann sie immer frei ausüben« (Kirchenkonstitution »Lumen gentium«, Art. 22). Zwar erhalten die Bischöfe ihre Vollmacht nicht vom Papst, doch können sie sie rechtmäßig stets nur in der Gemeinschaft mit dem Papst ausüben.

Eine zusätzliche Spannung kommt für viele Christen in das Verständnis des päpstlichen *Primats* – wie seine privilegierte Stellung auch genannt wird – durch die Umschreibung der höchsten Lehrautorität, die dem Papst wiederum als einzelnem und nicht nur in Verbindung mit dem Bischofskollegium zukommt. Auch hier wiederholt das 2. Vatikanische Konzil, was das 1. Vatikanische Konzil bereits verkündigt hatte, als es die sogenannte *»Unfehlbarkeit«* des Papstes umschrieb. Diese betrifft weder das sittliche Verhalten des Papstes noch seinen intellektuellen Wissensstand, sondern in eng umschriebenen Grenzen die Sicherheit der Kirche, nicht aus der Wahrheit der ausgesagten und verkündeten Interpretation einer an die göttliche Offenbarung gebundenen Glaubens- und Sittenlehre herausfallen zu können. In diesem Sinne wiederholt die schon zitierte Kirchenkonstitution:

»Dieser Unfehlbarkeit erfreut sich der Bischof von Rom, das Haupt des Bischofskollegiums, kraft seines Amtes, wenn er als oberster Hirt und Lehrer aller Christgläubigen, der seine Brüder im Glauben stärkt (vgl. Lk 22,32), eine Glaubens- oder Sittenlehre in einem endgültigen Akt verkündet« (Art. 25).

Für ihn wie auch für das Ökumenische Konzil der Bischöfe, das sich mit dem Papst zusammen unter deutlich umschriebenen Bedingungen derselben Sicherheit im Glauben erfreut, gilt aber, was in der Offenbarungskonstitution »Dei Verbum« festgehalten ist:

»Das Lehramt ist nicht über dem Wort Gottes, sondern dient ihm, indem es nichts lehrt, als was überliefert ist, weil es das Wort Gottes aus göttlichem Auftrag und mit dem Beistand des Heiligen Geistes voll Ehrfurcht hört, heilig bewahrt und treu auslegt und weil es alles, was es als von Gott geoffenbart zu glauben vorlegt, aus diesem einen Schatz des Glaubens schöpft« (Art. 10).

Wo über die Rolle des Papstes in der Gesamtkirche gesprochen wird, müssen somit heute stets sowohl die Bindung an das Wort Gottes wie auch der Zusammenhang mit dem Netz der Bischöfe der ganzen Welt mitbedacht werden, weil damit die Grenzen der päpstlichen Autorität gesehen und die Furcht vor ihrem eventuellen Mißbrauch in einem autoritären Verhalten zumindest gemindert, wenn nicht gar gebannt erscheinen kann.
Die Spannung, die in der Rolle des Papstes als Bischof von Rom und als universaler Leiter der Kirche beruht, zeigt sich auch in der Art des Wahlmännergremiums, nämlich dem *Kardinalskollegium.* Dieses besteht aus einer im Laufe der Geschichte unterschiedlich großen Zahl von Bischöfen aus der ganzen Welt. Seit Pius XI., vor allem aber Pius XII., ist bei den Päpsten die Tendenz unübersehbar, eine möglichst weitgehende Repräsentanz

der Weltkirche zu gewährleisten. Damit ging gleichzeitig der Anteil der italienischen oder gar römischen Wahlmänner zurück. Der ursprüngliche Bezug zur Kirche Roms kommt aber bis heute dadurch zum Ausdruck, daß den Kardinälen (vom lateinischen »cardo« = Türangel als wichtiger Stelle eines Hauses) wenigstens nominell eine römische Pfarrkirche (den Kardinalpriestern) oder eine Bischofskirche im Umkreis Roms (den Kardinalbischöfen) oder eine andere Kirche (den Kardinaldiakonen) als sogenannte Titelkirche zugesprochen wird. Damit kommt zugleich zum Ausdruck, daß das ursprüngliche Wahlgremium des römischen Bischofs die hierarchischen Stände der Kirche Roms gewesen sind. Die Kardinäle sind an ihrer roten Kleidung erkennbar, haben jedoch außer der Papstwahl im Grunde keine das Bischofsamt überschreitenden Rechte.

Ein wichtiges Instrument, mit dem sich der Papst an die Weltkirche oder gar an die Welt richtet, sind die *Enzykliken* (= »Rundschreiben«), in denen er zu Glaubens- und Sittenfragen Stellung nimmt. Großen Einfluß hatten in den letzten hundert Jahren die großen Sozialenzykliken der Päpste. Über den Kreis der Gläubigen hinaus ist die Enzyklika »Humanae vitae« vom 25. Juli 1968 (stets nach den lateinischen Eingangsworten benannt) bekannt, deren Aussagen zur konkreten Weise der Geburtenregelung weit diskutiert wurden.

7.3 Pfarrkirchen

Ähnlich wie die Bischöfe mit dem Papst ein Kollegium bilden, besteht unter der Leitung des Bischofs heute in jeder Diözese ein sogenanntes *Presbyterium,* ein Priesterkollegium. Auch hier kann die Entwicklung der frühchristlichen Gemeindebildung, die ein äußerst schwieriges und keineswegs eindeutig geklärtes Kapitel der frühesten Kirchengeschichte darstellt, nicht nachgezeichnet werden. Aus den Bezeichnungen können wir jedoch schon oberflächlich einiges ableiten.

Als Substruktur eines Bistums sprechen wir von *Pfarreien* oder Pfarrgemeinden. Das Wort »Pfarrei« wie auch die Bezeichnung ihres Leiters, des *»Pfarrers«,* kommt über das althochdeutsche

»pfarra« vom griechischen Wort »paroikia« und bezeichnet das Leben außerhalb des Hauptortes, in der Umgebung, »auf dem Lande«. Gewiß nicht ohne Grund wurden die Ungetauften im Lateinischen als »pagani«, als »Heiden«, als auf dem Lande Lebende angesprochen. Unter diesen wirkten nach Ausbildung einer in gewissem Sinne monarchisch zu nennenden Leitungsstruktur der Kirche aufgrund besonderer Sendung durch den Bischof Pfarrer, das heißt *Priester,* die im heutigen katholischen Verständnis eine im Vergleich zum Bischofsamt niedrigere Stufe der hierarchischen Ordnung einnehmen. Das ist auch dann der Fall, wenn zugestanden wird, daß die Grundworte für »Bischof« (das griechische »episkopos« = Aufseher) und »Priester« (das griechische »presbyteros« = Ältester) im Neuen Testament noch nicht als eindeutig umschriebene Amtsbezeichnungen Verwendung fanden.

Im Laufe der Zeit gesellten sich weitere, nun von einem Pfarrer abhängige Hilfspriesterfunktionen hinzu. Als bekannteste Titel seien genannt der *Vikar* (von »vicarius« = Stellvertreter des Pfarrers), der *Kaplan* (von »capellanus« = »Kapellenbetreuer«), der *Subsidiar* (= Hilfspriester) oder vor allem im Süddeutschen der *Kooperator* (= Mitarbeiter).

Über eine Pfarrkirche brauchen wir aber nun nicht mehr ausführlicher zu sprechen, da die Funktion einer solchen Kirche bereits hinreichend erläutert worden ist. Das aktive Leben einer Pfarrei wird in der Zeit nach dem letzten Konzil vielfach von einem aktiven Laiengremium, dem sogenannten Pfarrgemeinderat, mitgetragen, der in einem bestimmten Zeitrhythmus gewählt wird. Ähnliches gilt für den Kirchenvorstand, ein in Deutschland gesetzlich vorgeschriebenes Gremium zur Finanz- und Vermögensverwaltung der Kirchengemeinde, das unter der Leitung des Pfarrers den gesetzlich festgelegten Aufgaben nachkommt.

7.4 Klosterkirchen

Ein besonderer Ausdruck des Spannungsverhältnisses von festumschriebenen hierarchischen Kirchenstrukturen und immer

neu aufbrechendem freiem Geisteswirken in der Kirche, von Amt und Charisma, ist das im Laufe der Kirchengeschichte sich in immer neuen Formen und Gestalten offenbarende Ordensleben, das es für Männer wie Frauen gibt. Unter einem *Orden* versteht man in der katholischen Kirche eine Gemeinschaft von Männern und Frauen, die sich in feierlicher Weise auf die drei Lebenshaltungen der Armut, den Verzicht auf eigenen Besitz, der Keuschheit, den Verzicht auf eine ehelich-partnerschaftliche Bindung, und des Gehorsams, die Haltung letzter Verfügbarkeit unter den in der Weisung der kirchlichen Obern zum Ausdruck kommenden konkreten Willen Gottes, verpflichten. Diese feierlichen Versprechen werden *Gelübde* genannt. Gelegentlich gibt es über die genannten Grundhaltungen hinaus weitere Gelübde und Versprechen.
Das Wohnhaus einer solchen Gemeinschaft wird zumeist *Kloster* genannt, nach dem lateinischen »claustrum« (= abgeschlossener, abgeschiedener Ort). Wo der einzelne Klosterinsasse seinerseits betont ein innerlich und äußerlich einsames Leben führt, wird er zum *Mönch,* zugespitzt gar zum Einsiedler. Im Zusammenhang mit dem Wort »monachos« (= einzelner) steht auch die Bezeichnung »monasterium« für den Wohnkomplex von Mönchen. Entsprechend haben viele zu einem solchen Komplex gehörigen Kirchen die Bezeichnung *»Münsterkirche«* oder einfach *»Münster«,* so in Aachen, Freiburg, Essen, Bonn, Straßburg und an anderen Orten. Auch die Ortsbezeichnungen » Münster«, »Mönchengladbach« und »München« erinnern an frühere Mönchsgemeinschaften, die den Ausgangspunkt späterer größerer Ansiedlungen bildeten.
Klosterkirchen sind zumindest ursprünglich auch sogenannte *Abteikirchen.* Sie sind benannt nach dem Vorsteher alter Mönchsklöster, dem *Abt* oder der *Äbtissin,* die in solchen Klostergemeinden und -kirchen den Vorsitz führen. Dabei trägt ein Abt im Bereich seines Klosters in der Regel bischöfliche Insignien. Äbte leiten die im Anschluß an die Regel des hl. Benedikt von Nursia gegründeten Benediktinerabteien, im deutschsprachigen Raum zum Beispiel Beuron, Maria Laach, St. Ottilien, Ettal, Einsiedeln; sodann die vom hl. Bernhard von Clairvaux reformierten Benediktiner, die Zisterzienser mit den bekannten

Abteien Heiligenkreuz im Wienerwald, Himmerod und Marienstatt in der Bundesrepublik. Auf den Reformorden der Zisterzienser gehen wiederum die Trappisten zurück, die für ihre strenge Askese mit stetem Stillschweigen, vegetarischer Lebensweise und harter Feldarbeit bekannt sind. Die entsprechenden Frauenklöster werden von Äbtissinnen geleitet. Die verschiedenen Orden lassen sich in der Regel an ihrer eigentümlichen Ordenstracht erkennen. Auch die Kirchen sind häufig durch bestimmte Züge ausgezeichnet. So sind etwa die Abteikirchen der Zisterzienser in der Regel in abgelegenen Tälern zu finden. Sie haben auch bewußt außer markanten Dachreitern mit einer kleinen Glocke keine hohen Kirchtürme. Die benediktinische Ordensgemeinschaft, in der jede Abtei in sich selbständig ist und sich daher bemüht, im Wechsel von Chorgebet und Arbeit – *»Ora et labora«* (»Bete und arbeite!«) – für ein hinreichendes Auskommen der Klostergemeinschaft zu sorgen, ist schon deshalb herauszuheben, weil Europa dem Kulturschaffen der Benediktiner in wichtigen Punkten seine eigene Fortentwicklung zum Ausgangspunkt der abendländischen Kultur verdankt.

Wichtige Orden des Mittelalters waren die nach ihren Gründern Franziskaner und Dominikaner genannten Gemeinschaften, die in ihren Männer- und Frauengemeinschaften bis in die Laienwelt hinein wirksam geworden sind. Franz von Assisi ist mit seinem Willen, ein völlig dem Evangelium konformes Leben zu führen, bis heute über den Raum der katholischen Kirche hinaus in die Ökumene, ja in den Bereich der nichtchristlichen Religionen hinein eine der leuchtendsten Heiligengestalten geblieben. Bedürfnislosigkeit und Armut, Gewaltlosigkeit und Friede, Wohlwollen und Güte gegenüber jedermann und aller Kreatur sind Appelle, die auch heute das Herz der Menschen treffen. Die Kirchen der Minderbrüder, wie der Orden des hl. Franz im Volksmund heißt, sind wie die meisten Kirchen der Bettelorden durch große Schlichtheit im Äußeren wie im Inneren ausgezeichnet. Viele Formen der Volksunterweisung und der Frömmigkeit haben von ihnen ihren Ausgang genommen, die Weihnachtskrippe, aber auch der Kreuzweg. Ihre Kirchen sind bis heute besondere Orte der Buße und des Bußsakramentes, ihre Klosterpforten Zuflucht für Arme, Notleidende und Hungrige.

Aus derselben Zeit stammt auch der Predigerorden des hl. Dominikus, der seinerseits bekannt geblieben ist für sein hohes wissenschaftliches Ethos, die unerbittliche Erforschung und Verkündigung der Wahrheit. Bekannt sind bis heute der in Köln beigesetzte Kirchenlehrer Albertus Magnus, der angesichts der sich ankündigenden Neuzeit Theologie und Naturerforschung miteinander verband, sein Schüler Thomas von Aquin, der wie sein Lehrer Albert sich in großer innerer Freiheit den neuentdeckten Gedanken des Aristoteles öffnete, sich in seiner »Summa contra gentiles« (die »Summe gegen die Heiden«) auf die Ungläubigen, zumal die Moslems, argumentativ einstellte und in seiner berühmten theologischen Summe, einem Aufriß des Glaubens, der Übereinstimmung von menschlichem Wissensdrang und göttlicher Glaubensmitteilung Ausdruck verlieh. Zu diesen Orden gehörten aber auch eine Reihe der heute im interreligiösen Dialog bedeutsamen Theologen wie Meister Eckhart, Tauler und Seuse.

In der Verlängerung der dominikanischen Bemühungen ist in der Reformationszeit die Gründung des Jesuitenordens durch den Basken Ignatius von Loyola zu sehen. Wie Martin Luther bemühte sich dieser bedeutende Ordensstifter in seinem kleinen Büchlein der »Geistlichen Übungen« – »Exerzitien« – um die konkrete Findung des Willens Gottes für das jeweilige Ich. Hatte Luther am Beginn der Neuzeit nach dem »gnädigen Gott für mich« gefragt, so fragte Ignatius nach dem konkreten »Willen Gottes für mich«. Beide haben je auf ihre Weise versucht, den Glauben der Kirche zu erneuern und in die beginnende Neuzeit hinüberzutragen. Sie stehen heute symbolhaft für Reform und Gegenreformation. Mit der starken Rekatholisierungsbemühung in Europa, die stark von dem Jesuitenorden getragen wurde, ging die Expansionsbewegung in die neuentdeckte Welt Amerikas, Asiens und Afrikas Hand in Hand, für die der Weggefährte des Ignatius Franz Xaver zur Symbolgestalt wurde. Von der eigentümlichen Kirchengestalt, die sich in der Gegenreformation ausbreitete, dem Barock, wird noch die Rede sein.

Eine letzte Anmerkung sei noch zu den Ordensgemeinschaften gemacht. Sie verbinden in ihrem Innenleben alle auf ihre Weise Gebet und Arbeit, Kontemplation und Aktion. Dennoch gilt, daß eine Reihe von Gemeinschaften mehr für ihre Zurückgezogenheit, ihre Kontemplation und ihr Schweigen bekannt sind, andere für ihre vielfältige Tätigkeit im Bereich der Verkündigung, der Erziehung und der karitativen Dienste. Gerade Ordensfrauen sind lange Zeit vor allem durch ihren unermüdlichen Einsatz in Krankenhäusern, Waisenhäusern und Pflegeheimen, aber auch in Privatschulen in Erscheinung getreten. Es dürfen aber weder Kartäuser und Trappisten auf der Männerseite noch die Trappistinnen, Klarissen und Karmelitinnen in ihrer kontemplativen Zurückgezogenheit vergessen werden. Es ist auffallend, daß in unserer kritischen Zeit gerade die kontemplativen Gemeinschaften eine starke Anziehungskraft zeigen. Dafür spricht auch die Bedeutung, welche die Gemeinschaft von Taizé gewonnen hat.

Die wenigen Hinweise im Blick auf Ordens- und Klosterkirchen können keinesfalls erschöpfend sein. Sie können nur andeuten, daß sich unter der Rücksicht des Ordenslebens eine zusätzliche, selbst für den durchschnittlichen Katholiken nur wenig erschlossene Welt des Gebetslebens und der Bemühung um eine ganzheitliche, radikale Verwirklichung christlichen Glaubenslebens auftut.

8.
Stile und Symbole

Kehren wir von diesem Ausflug in die Betrachtung kirchlicher Strukturen, Leitungsformen und innerkirchlicher Gemeinschaften, wie sie sich in einer Vielzahl oft nahe beieinander liegender, aber nicht leicht einzuordnender Kirchenräume kundtut, noch einmal zu diesen selbst zurück, so sollte ein anderes Moment ins Blickfeld gerückt werden: Kirchen sind je auf ihre Weise stets auch Ausdruck ihrer Entstehungs-, oft aber auch ihrer Benutzungszeit. In diesem Sinne sind Kirchen in ihrem Baustil und in den Symbolformen, die sich in und an ihnen finden, eigens zu beachten. Von der großen Bedeutung des Zeichenhaften in der Kirche war im Zusammenhang mit den Sakramenten bereits die Rede. Von diesen wird ausgesagt, daß sie als Symbolhandlungen in der Sichtbarkeit die unsichtbare Wirklichkeit bewirken oder gegenwärtig setzen.

Steingewordene, gleichsam gefrorene Symbole können wir aber einmal im Stil einer Kirche, sodann in vielerlei Symbolbildern und -formen innerhalb des Kirchenraumes erkennen. Hier geht es darum, einmal das Auge für Stil und Symbolik ein wenig zu öffnen, sodann aber auch ihren Sinn in einigen wichtigen Punkten zugänglich zu machen. Entscheidend dabei ist, daß sich hier im Vordergründigen etwas Hintergründiges, im Sichtbaren etwas Unsichtbares verbirgt.

8.1 Kirchenstile

Wir erinnern uns zunächst, daß der christliche Gottesdienst im Grunde keines bestimmten Raumes bedarf und überall stattfinden kann. In der alten Kirche wurde die Eucharistie in den Häusern von Gläubigen, in der Verfolgungszeit an den Gräbern der Martyrer gefeiert. Wir erleben heute Gottesdienste auf einem Berggipfel, an Bord eines Schiffes, in der Zirkusmanege, im Zimmer eines Kranken, auf einem großen freien Feld. Der Vorhang

des Tempels zwischen Allerheiligstem und Profanem ist im Tode Christi zerrissen (vgl. Mt 27,51 par.) und darf auch nicht wieder neu gewoben werden.
Nun gibt es aber doch seit Jahrhunderten Kirchbauten. Auf ihre Weise spiegeln sie stets sowohl das Lebensgefühl bestimmter Zeiten als auch die Weise der Christen, diesem zu begegnen, wider. Die Kirchbauten lassen zudem das Selbstverständnis von Kirche in solchen Zeiten ablesen. Jedenfalls sind die Stile, die beim Bau einer Kirche auftreten, auch in dieser Richtung aussageträchtig.
Die *Romanik* setzt nach Beendigung der Verfolgungszeit ein. Aus der Religion der Verfolgten und Entrechteten wird eine Religion von Siegern, denen zuzuzählen schon eine Sache der Opportunität wird. Dem neuen Kirchbau dienen römische Repräsentationshallen als Vorbild. Die Grundform der Kirche wird die Basilika, die »königliche Halle«. Die Kirchen selbst sind, wie man vielerorts in unseren Landen sehen kann, Burgen, Orte, die Ruhe, Sicherheit und Gelassenheit ausstrahlen. Die herrscherlichen, genauer kaiserlichen Attribute sind auf Gott übergegangen. Majestätisch, königlich wird er dargestellt auf den eindrucksvollen Mosaiken in Italien. Selbst das Kreuzesbild Jesu zeigt ihn als König am Kreuz, der im Tode die Herrschaft angetreten hat. Nach dem Kreuz der Verfolgung strahlt die Kirche bereits in ihrem zeitlichen Sieg etwas von der kommenden Herrlichkeit aus.
Die Romanik wird abgelöst durch die *Gotik,* vielleicht zunächst weniger die Kunst einer anderen Zeit als einer anderen Landschaft. Der bestimmende Schwerpunkt des Abendlandes verlagert sich zu den jungen Völkern im Norden. Das aufstrebende, vitale Lebensgefühl findet auch in den feingliedrigen, nicht hoch genug weisenden Kirchbauten seinen Niederschlag. Wie hochgestreckte Finger weisen die Türme zum Himmel. Die hochgezogenen Kirchhallen überragen die Häuser der Stadt. An die Stelle von breitgezogenen Wänden treten lichtdurchlässige Fenster. Die Größe des Raumes trennt aber zugleich das Geschehen in der Ferne des Hochchors von der Versammlung der Menschen, die aber darüber ganz offensichtlich nicht unglücklich sind, sondern ihre eigenen Wege in einer vertieften persönlichen

Frömmigkeit finden. Die Gotik ist nicht denkbar ohne die tiefe Frömmigkeit des Volkes, ohne dessen Opfergaben ja auch die Kirchbauten selbst gar nicht möglich gewesen wären. Der Höhe der Kirchen entspricht die Tiefe mystischen Gebetslebens.
Das Mitleiden mit der Tiefe des Leidens Christi ist an den Kreuzesdarstellungen der Gotik ablesbar. Nicht mehr der königlich-herrschende, sondern der in den Leiden der Menschen, in der Pest und in anderen Epidemien und Krankheiten, in Not und Verlassenheit immer noch leidende Jesus wird dargestellt. Die Pietà, das Bild der schmerzhaften Mutter, wird ein Zufluchtsort. Die Kreuzfahrer bringen aus dem Heiligen Land die Übung des *Kreuzwegs* mit, 14 Stationen von der Verurteilung Jesu durch Pilatus bis zur Grablegung, die sich auch heute noch in den Seitenwänden der Kirchen finden und an denen der fromme Beschauer in meditativer Weise entlanggeht. Über die Entstehung der eucharistischen Anbetung und der marianischen Frömmigkeit haben wir zuvor bereits gesprochen.
Die Zeit der *Renaissance* mit ihrem aufkommenden Bürgertum, den vielfältigen Entdeckungen, der Erweiterung des Welthorizontes durch das Wissen um andere Kontinente, aber auch durch die Bewegung, die durch die Buchdruckerkunst ausgelöst wird, schließlich mit der Reformation hat sich kirchenbaulich kaum niedergeschlagen. Als eines der wenigen Beispiele eines Kirchenneubaus der Renaissance wird die Münchener Jesuitenkirche St. Michael genannt.
Um so nachdrücklicher hat der *Barock* von den südlichen Ländern her zusammen mit der Gegenreformation in die Schweiz, Österreich, Süddeutschland, aber auch in den Norden hinein gewirkt. Auch wenn die Ausbreitung dieses Stils parallel zur Gegenreformation verläuft – fast alle klassischen Jesuitenkirchen aus dieser Zeit sind Barockkirchen –, kann man ihn keineswegs als Antistil charakterisieren. Es gibt einen etwas strengeren, majestätisch anmutenden, daneben aber dann den lichterfüllten, hellen, freudigen Barock wie etwa in der oberbayrischen Wieskirche oder im fränkischen Vierzehnheiligen. Immer überrascht er durch seine Ausdrucksfülle, seinen Formenreichtum, seine Festlichkeit. Oft wirken die Kirchen wie Festsäle, durch wirkliche oder durch die Entdeckung der perspektivischen Ma-

lerei ermöglichte, vorgetäuschte Kuppeln, die das Geschehen der Erde gleichsam in den Himmel hinein verlängern. Das Gegenreformatorische kommt noch am ehesten, dann aber in positiver Weise, im Versuch, möglichst viel an religiöser Kenntnis und Einsicht bildhaft zu vermitteln, zum Ausdruck. Nimmt man sich in einer Barockkirche – und sei es die kleinste in einem abgelegenen Alpental, in einem Dorf oder Weiler – Zeit und sucht man die Einzelheiten der Malereien oder der Plastiken auf den Altären zu erkennen und sich zu eigen zu machen, ist man erstaunt, in welchem Ausmaß die grundlegenden Botschaften des Neuen und deren Vorbilder im Alten Testament abgebildet sind und die großen Teile des nachreformatorischen Katechismus, das Glaubensbekenntnis, die Zehn Gebote, die sieben Sakramente, damit die volkstümliche Übersetzung der Theologie bildhaften Ausdruck finden. Der Katholik dieser Zeit war ein sinnenfreudiger Mensch. Zur bildhaften Kunst gesellte sich die barocke Kirchenmusik, eine gute Orgelmeditation, orchestrale, mehrstimmige Meßgesänge an den Festtagen. Die barocke Kirche mit ihrem Gottesdienst versetzte den Menschen in eine höhere Welt.

Als in der Zeit der Industrialisierung die Städte sich ausweiteten und neue Kirchbauten notwendig wurden, zeigten diese, daß die Kirche zu der neuen Zeit noch keinen wirklichen Zugang gefunden hatte und ihr eher hilflos gegenüberstand. Der Kirchenbau griff auf bewährte Vorbilder der Vergangenheit zurück. Wir stoßen vor allem in unseren Großstädten auf *neuromanische, neugotische,* im Süden auch auf *neubarocke* Kirchen. Auch wenn vieles handwerklich ansprechend erscheint, ist nicht zu übersehen, daß hier die ursprüngliche Inspiration verlorengegangen ist und vieles daher nachträglich eher steril erscheinen muß.

Erst *in unserem Jahrhundert* bahnt sich ein neuer Umbruch an. Die Kirchen werden mit den heute für repräsentative Gebäude verwendeten Baustoffen errichtet. In der Formgebung überwog zeitweilig das Asymmetrische – Zeichen für das Ringen um angemessene Formen. In der Außenansicht wirken manche neue Kirchen, wenn man traditionelle Maßstäbe anlegt, wenig kirchlich. Vergleiche zu Fabrikhallen, Werkstätten, jedenfalls Bauten, in denen Menschen heute leben und schaffen, wurden möglich.

Oder Kirchen wurden völlig in den Wohnbereich der Menschen hineingezogen. Die unübersehbare Tendenz in allen gelungenen wie umstrittenen Versuchen ist aber, die Kirche wieder sichtbar dem Leben der Menschen anzunähern. Ob und wieweit solche Versuche als gelungen angesprochen werden können, werden spätere Generationen beurteilen müssen.

Zu den Versuchen unserer Zeit gehört aber auch die architektonische Annäherung von katholischen und evangelischen Kirchen und Gemeindezentren bis zur Möglichkeit, zusätzliche Versammlungsräume gemeinsam benutzen zu können. Wie sehr um eine Überwindung der Anonymität unserer Gemeinden und der Sprachbarrieren auch zwischen Kirchenbesuchern, somit um die Einübung erneuerter Kommunikation gerungen wird, zeigt die Tatsache, daß fast alle neuen Kirchen zusätzliche Räume der Zusammenkunft, der Aussprache, geselliger wie bildungsorientierter Versammlungen besitzen. Auch das sagt etwas aus über das heutige Selbstverständnis von Kirche, deren Erleben sich danach nicht auf den Gottesdienst beschränken darf, sondern sich auch in das konkrete Leben im Alltag, in Familie, Beruf und Freizeit hinein fortsetzen möchte.

Auf das, was die heutige Gestaltung des Kircheninneren aussageträchtig macht, braucht hier nicht eigens eingegangen werden, weil wir im Verlauf unserer Umschau immer wieder von ihm ausgegangen und zu ihm zurückgekehrt sind, da von ihm her sich für einen Zeitgenossen manches leichter verständlich machen läßt. Daß das der Fall ist, ist aber seinerseits wiederum ein Hinweis darauf, daß evangelische und katholische Christen sich inzwischen auch im Gefühlsbereich langsam näherkommen.

8.2 Symbole

Nun müssen wir noch einmal in den Kirchenraum zurückkehren. Wir möchten dabei die Aufmerksamkeit auf die Sprache der Symbole lenken. Auf manchen mögen sie auf den ersten Blick wie dekorative Ornamente wirken. Doch dann erkennt man Buchstaben, Schlüssel, einen Fisch, das Lamm und anderes und

fragt sich, was sie wohl bedeuten mögen. Tatsächlich sind Symbole eine Art Abkürzung, zugänglich dem Eingeweihten, unverständlich dem Uneingeweihten.
Viele von ihnen sind uralt. Wichtige Symbole gab es bereits in den römischen Katakomben, den Fisch, das Lamm, die verbundene Buchstabenkreuzung von P und X und anderes. Um beim letzten zu beginnen, das wir vielfach in Kirchen sehen, so handelt es sich nicht um die lateinischen Buchstaben P und X, sondern um das griechische Ch (Chi) und ein hindurchgeschriebenes P (Rho), die Abkürzung für »Christus«. Ähnlich bedeutet die Buchstabenfolge *IHS* – volkstümlich übersetzt mit »Jesus, Heiland, Seligmacher« – tatsächlich »Jesus«, wiederum die griechischen Buchstaben Jota, Eta, Sigma zugrunde gelegt.
Die Erinnerung des *Lammes* an das »Lamm Gottes, das hinwegnimmt die Sünde der Welt« (vgl. Joh 2,29) sowie der *Fisch* auf dem Brotkorb, Erinnerung an die Brotvermehrungen und die österlichen Mähler mit Jesus am See (vgl. Joh 6,9.11 par.; 21,13), übertragen auf die Eucharistie, sind leichter zugänglich. Weniger bekannt ist, daß sich hinter dem griechischen Wort für »Fisch« *(»ICHTHYS«)* eine Grundform des Glaubensbekenntnisses verbarg. So lautete das Wort entschlüsselt: I = Jesus, CH = Christus, TH = Gott (»theos«, Genitiv: »theoū«), Y = Sohn (»hyios«) – die beiden letzten Worte zusammengezogen zu »Gottes Sohn« –, S = Erlöser (»sōtēr«). Damit erschließt dieses Symbol über den vordergründigen Anblick hinweg ein Stück frühchristlicher Theologie.
Symbole gibt es aber dann in großer Zahl. Es gibt Symbole für Gott, etwa das griechische A und Ω, Alpha und Omega, Anfang und Ende des griechischen Aphabets; für Gott den Dreifaltigen das feuerumstrahlte Dreieck, wobei das Feuer auch stets auf den brennenden Dornbusch, den Mose erlebt hat, hinweist; für den *Vater* das allsehende *Auge* oder die schöpferische *Hand*; für den *Heiligen Geist* die *Taube* mit dem Versöhnung verheißenden Ölzweig, Erinnerung an das Ende der Sintflut, an die Taufe im Jordan, daher auch vielfach verbunden mit den Sakramenten der Taufe und der Firmung als dem pfingstlichen Sakrament.
Wichtige Christussymbole haben wir bereits genannt. Beherrschend ist bis heute das einfache, leere Kreuz als Erinnerungs-

und Mahnmal an den Tod Christi. Verbreitet ist auch das flammende *Herz,* Symbol der Liebe. Zahlreich sind die *Eucharistie*-symbole: *Ähren,* aus denen das Brot gebacken, *Reben,* aus denen der Wein gekeltert wird. Nicht selten sieht man das Bild eines *Pelikans*, der sich nach der Sage die Brust aufreißen soll, um in Not die Jungen mit seinem Blute zu nähren und sie so vor dem Hungertod zu retten; auch dies ist ein Hinweis auf die Erlöserliebe Christi, der sich selbst für die Menschheit in den Tod hineingibt.

Die *Schlüssel* verweisen auf das Sakrament der Wiederversöhnung mit der Kirche und damit mit Gott. Das Symbol gehört in den Umkreis der biblischen Rede vom Binden und Lösen: »Ich werde dir die Schlüssel des Himmelreichs geben; was du auf Erden binden wirst, das wird auch im Himmel gebunden sein, und was du auf Erden lösen wirst, das wird auch im Himmel gelöst sein« (Mt 16,19). An der zitierten Stelle ist das Wort an Petrus gerichtet, dessen Hauptsymbol von daher die Schlüssel sind. In Mt 18,18 werden dieselben Worte im Zusammenhang mit anderen Anweisungen für das Gemeindeverhalten zu allen Aposteln gesprochen. Sie schimmern auch durch die Rede des auferstandenen Jesus an seine Jünger am Osterabend durch, in der er von »Sünden vergeben« und »Vergebung verweigern« spricht (vgl. Joh 20,23). »Binden« steht dann für die Exkommunikationsstrafe, den zeitweiligen Ausschluß aus der Gemeinde, »Lösen« für die Aufhebung der Strafe im Akt der Wiederversöhnung. Im Grunde bezieht sich in der Symbolik auch die Schlüsselgewalt des Petrus auf diesen Bereich; sie hat ursprünglich nur sekundär mit lehramtlichen Entscheidungen zu tun.

Die *Waage* – vielfach in der Hand des Erzengels Michael mit seiner Frage: »Wer ist wie Gott?« – weist auf Tod und Gericht hin. Ein vorzüglicher Ort dieses Symbols ist der Ort der Verkündigung, die Kanzel.

Leicht erkennbar sind zumeist die Symbole der sieben Sakramente. Allerdings gehören sie in ihrer Ausprägung der neueren Zeit an: für die *Taufe* eine Hand mit dem Krug, aus dem Wasser fließt; für die *Buße* die Hand der Vergebung; für die *Eucharistie* eine Hostie über dem Speisekelch; für die *Firmung* die Geisttaube; für die *Priesterweihe* gesalbte Hände oder das Zeichen des

Priesters beim Gottesdienst, die sogenannte Stola, schalartig um den Hals gelegt und fast auf den Boden reichend; für die *Trauung* zwei ineinander verschlungene Ringe; für die *Krankensalbung* ein Ölgefäß. Diese Symbole weisen somit zumeist auf Gegenstände hin, die bei der Spendung der Sakramente benutzt werden, und deuten zugleich auf ihre Wirkung hin.

Ausgeprägt ist die Symbolik der *Heiligen.* Für Maria steht wie im Wappen von Papst Johannes Paul II. das große M, oder auch MRA, nicht selten im Wechsel mit dem zuvor erklärten IHS als Ornament. Andere Symbole finden sich sowohl auf älteren Marienbildern und an Marienaltären, die aus den Anrufungstiteln der Marienlitanei stammen, einem Wechselgebet, in der eine Reihe von Titeln gerufen und jeweils mit »Bitte für uns« beantwortet wird; die Titel ihrerseits knüpfen zu einem Teil an Bildworte des Alten Testaments an. So werden etwa die verschlossene Tür, der elfenbeinerne Turm und anderes zum Bild der unverletzten Jungfrauschaft Marias. Als Weggeleiterin zu Christus ist sie entweder der Morgenstern oder der Meeresstern.

Die Symbolik der Heiligen ist im übrigen eine eigene Wissenschaft. Heilige überhaupt sind wie die vermenschlichten Darstellungen der göttlichen Personen mit einer *Gloriole* oder einem *Heiligenschein,* einem Lichtkreis um den Kopf, verbunden. Derartiges hatten die Israeliten in der Wüste bei Mose erlebt, als dieser vom Gottesberg nach dem Gespräch mit Gott zurückkehrte. Die Gloriole spricht ihrerseits von der Übertragung der Herrlichkeit und Gnade Gottes auf den Menschen, davon, daß der Heilige dadurch heilig ist, daß er hineingestellt ist in das Licht Gottes.

Die dem einzelnen Heiligen beigegebenen Symbole lassen bei etwas Kenntnis zumindest bei bekannteren Gestalten eine Identifikation des betreffenden Heiligen zu. Sie sind in der Regel einer wichtigen Szene des Heiligenlebens entnommen oder weisen bei Martyrern auf die Art ihres Martyrertodes hin. Wir nennen einige Beispiele solcher Symbole:

Johannes der Täufer ist zu erkennen an dem beigefügten Lamm, auf das er – wie häufig auf einem an einem Stabe befestigten Spruchband zu lesen ist – mit den Worten: »Seht, das Lamm Gottes, das die Sünde der Welt hinwegnimmt« (Joh 1,29) hingewiesen hat. Das Wort wird in der Meßliturgie vor jeder Kommunionausteilung wiederholt. Der ausgestreckte Finger läßt Johannes Weggeleiter zu Christus bleiben.

Joseph, der Nährvater Jesu, trägt das Kind auf dem Arm und häufig ein Zimmermannswerkzeug bei sich. Wenn später auch andere Heilige neben Maria und Joseph das Jesuskind auf dem Arm tragen, so etwa *Antonius von Padua,* als Franziskaner gekleidet, so deutet das auf eine ausgeprägte Form von Jesusmystik, unter Umständen auf Jesusvisionen hin. Dem entspricht in anderen Fällen, etwa bei *Franziskus von Assisi,* die Zeichnung mit den Wundmalen als Zeichen der besonderen Verbundenheit mit dem leidenden Herrn.

Petrus und *Paulus* sind vielfach als die »Apostelfürsten«, der eine mit dem Schlüssel, der andere mit dem Schwert seiner Enthauptung vorgestellt, *Andreas* mit dem eigentümlich X-förmigen Kreuz, dem Symbol seines legendären Martyriums.

Von den Symbolen der vier *Evangelisten* war ebenso schon die Rede wie von den vier großen *lateinischen Kirchenlehrern* der Väterzeit im Zusammenhang mit der Besprechung der künstlerischen Ausgestaltung der Kanzel.

Von den frühen Martyrern seien die beiden Diakone *Stephanus* mit der Siegespalme und *Laurentius* mit dem Feuerrost, auf dem er der Tradition entsprechend geröstet und verbrannt worden sein soll, erwähnt; vielleicht noch *Sebastian,* der mit Pfeilen Durchbohrte; dann auch die populäre *Katharina von Alexandrien* mit dem – oft zerbrochenen – Rad, weil sie gerädert werden sollte, das Rad aber auf ihr Gebet hin zerbrach; und *Barbara* mit dem Turm, in den ihr Vater sie einsperrte, Patronin der Bergleute und der Artillerie im Anschluß an Szenen ihrer Lebensgeschichte.

So könnte man fortfahren, ohne sehr bald an ein Ende zu kommen. Grobzuordnungen sind aufgrund der Kleidung möglich: Päpste, Bischöfe, Kardinäle, Priester, Ordensleute, Männer wie Frauen, in ihrer typischen Ordenstracht, Könige. Bekanntlich ist die Zahl heiliger Eheleute eher gering; das aber ist ein ernsthafter kritischer Einwand gegen die Praxis der Heiligsprechungen der letzten Jahrhunderte. Hinzu kommen dann, wie schon erwähnt, typische Attribute des Lebens, der ausgeübten Tätigkeit, der Frömmigkeit, die in der Großzahl der Fälle eine genaue Identifizierung zulassen.

In einer Zeit, in der uns Asiaten aus ihren Bereichen heraus erneut unseren Sinn für Zeichenhaftes, für Formen und Farbwerte erschließen, wird eine erneute Beschäftigung mit der eigenen religiösen Symbolwelt und der Ikonographie nicht nur für evangelische, sondern auch für katholische Christen insofern eine Notwendigkeit, als auf diesem Wege der Zugang zu nicht alltäglichen Wirklichkeiten, zu Hintergründen, letztlich vielleicht zur Wirklichkeit Gottes selbst neu erschlossen wird. Schon aus diesem Grunde lohnt es sich, in der Anschauung der Kirche und ihres Inneren nicht beim Äußerlichen und unmittelbar Zugänglichen stehenzubleiben, sondern weiterzufragen.

9.
Gottesdienste und kirchliche Zeiten

Nachdem wir den Raum der Kirche durchschritten und umschritten haben, seien nun noch einmal die Formen des Gottesdienstes sowie der Ablauf des kirchlichen Jahres zusammengestellt. Manches wird sich mit der Erfahrung evangelischer Christen treffen. Doch sind die Feststellung und der Austausch nachbarschaftlicher Erfahrungen für ein weiteres Suchen nach gemeinsamen Wegen hilfreich.

9.1 Gottesdienstformen

a) Der zentrale Gottesdienst der katholischen Kirche bleibt die *Feier der Eucharistie* oder die *Meßfeier*, kurz: die *heilige Messe.* Wir haben zwar wichtige Teile bereits an verschiedenen Stellen besprochen, doch ist es vielleicht gut, den ganzen Gottesdienst in seinem Aufbau noch einmal kurz zu skizzieren:
- Begrüßung und Bußakt mit Kyrie
- Gloria (gewöhnlich an Sonntagen)
- Wortgottesdienst mit Tagesgebet sowie zwei oder drei Lesungen, davon die erste in der Regel aus dem Alten Testament, die letzte stets aus einem Evangelium, und Predigt (an Sonn- und Feiertagen verpflichtend)
- Credo (Glaubensbekenntnis, stets an Sonntagen)
- Gabenbereitung
- Hochgebet (oder Kanon) mit den Einsetzungsworten
- Kommunionteil mit Vaterunser, Friedensgruß, Agnus Dei und Kommunionausteilung
- Entlassung mit Schlußgebet und Schlußsegen

Der Besuch dieses Gottesdienstes ist, wenn er in erreichbarer Nähe stattfindet, für den Katholiken an Sonn- und gebotenen, das heißt vorgeschriebenen, Feiertagen verpflichtend. Gefeiert werden kann die heilige Messe an allen Tagen, Sonn- und Werktagen, mit Ausnahme der Kartage, Karfreitag und Karsamstag,

am Vormittag und am Abend. Anlässe für eine Werktagsmesse können die besonderen liturgischen Inhalte eines Tages sein, zum Beispiel ein Heiligengedenken. Vielfach sind Werktagsgottesdienste auf bestimmte Gruppen abgestimmt: Schulkinder und Jugendliche, Frauen einer Gemeinde, Senioren. Auch persönliche Anliegen und Anlässe werden nicht selten in eine heilige Messe hineingetragen: Hochzeiten und Hochzeitsjubiläen, Krankheit und auffallend oft das Gedenken der Toten. Im übrigen hat jeder Priester von seiner Weihe her das Recht, täglich die heilige Messe zu feiern.
Da gerade das Beten für die Toten im evangelischen Raum weniger ausgebildet erscheint, sei dazu noch einiges erläuternd gesagt. Sicherlich hat das Fürbittgebet für die *Verstorbenen* eine lange Tradition. Erinnert wird an das Wort aus dem 2. Buch der Makkabäer:

»Ein heiliger und frommer Gedanke! Darum ließ (Judas) die Toten entsühnen, damit sie von der Sünde befreit werden« (12,45).

Und bei Tertullian, einem Kirchenschriftsteller um die Wende zum 3. Jahrhundert, lesen wir in seinem Buch über das Gebet:

»Das Gebet will nichts anderes, als die Seelen der Verstorbenen vom Weg des Todes zurückzurufen, die Gebrechlichen wieder gesund zu machen, die vom Dämon Besessenen zu reinigen, die Tore des Gefängnisses zu öffnen und die Ketten der Unschuldigen zu sprengen. Es wäscht die Sünden ab, vertreibt die Versuchungen, erstickt Verfolgungen, tröstet Kleinmütige, erfreut Großmütige, geleitet Wanderer, glättet Wogen, schreckt Räuber, nährt Arme, leitet Reiche, richtet Gefallene auf, hebt Gestürzte und stützt die Stehenden.«

Bei dieser Fülle von Lebenssituationen, bei denen das Gebet wirksam wird, indem es auch das Auge des Menschen für Nöte schärft, fällt auf, daß die Toten nicht am Ende, sondern zu Beginn Erwähnung finden.
Daß das der Fall ist und in der Folgezeit eher noch entschiedener für die Toten gebetet wurde, hat seinen wesentlichen Grund darin, daß in der Erkenntnis menschlicher Schwäche und beim Zweifel, ob das Leben vieler Menschen im Tode wirklich jene

gottgefällige Gestalt gefunden habe, die man ihm wünschen möchte, angesichts der Barmherzigkeit Gottes gleichsam die Chance einer letzten Reinigung vor der ewigen Vollendung erwartet wurde. Von dieser Reinigung »wie durch Feuer hindurch« spricht dann die Lehre vom sogenannten *Fegfeuer.*
So wie aber auf der einen Seite *zu* den Heiligen um ihre Fürbitte gebetet wird, wird dann auf der anderen Seite *für* die nach menschlichem Ermessen der reinigenden Liebe Gottes Bedürftigen gebetet. Sowohl die Überzeugung von der Auferstehung wie die Überzeugung, daß Tote mit den Lebenden verbunden bleiben und so auch für die Lebenden erreichbar bleiben müssen, setzt sich hiermit ein Denkmal. In diesem Sinne begleitet christliches Gebet die Toten aus der Kirche zum *Friedhof,* der zumal in kleinen Dörfern als Hof des Friedens und der Ruhe um die Kirche herum angeordnet ist. Darüber hinaus pflegt es, solange es Menschen gibt, die Verbundenheit mit bestimmten Toten. In diesem Sinne lesen wir in Gottesdienstordnungen zum Beispiel von Jahrgedächtnissen und ähnlichem.
b) Neu in das Spektrum der Gottesdienstangebote eingetreten sind die *Wortgottesdienste.* Die Betonung des Wortes hat zweifellos mit der erneuerten Einstellung zum Wort Gottes in der Heiligen Schrift zu tun. Diese Art Gottesdienste sind, auch wenn es sie der Sache nach schon länger unter verschiedenen Bezeichnungen gegeben hat, in dieser betonten Form so auch ein konkretes Ergebnis der im 2. Vatikanischen Konzil gezeigten Hochschätzung gegenüber dem Wort Gottes.
Die Gestaltung solcher Gottesdienste variiert. Sie enthalten stets nach der Begrüßung eine Schriftlesung mit einer anschließenden Zeit der Besinnung oder einer Ansprache, das Fürbittgebet und den Schlußsegen. Hineinverwoben sind dann die Teile, die den einzelnen Wortgottesdienst veranlaßt haben. Anlässe dieser Art sind wieder in großer Anzahl denkbar. Wortgottesdienste sind in der Regel *Tauffeiern,* falls sie nicht – wie in der Osternacht – gelegentlich in eine Meßfeier eingebettet sind. Auch die *Trauung* kann als Wortgottesdienst oder in einer heiligen Messe stattfinden. Auch die *Beerdigung* ist heute bereits häufig mit einem Wortgottesdienst verbunden. Erwähnt haben wir zuvor die *Bußgottesdienste.* Auch die Spendung der *Krankensalbung* er-

folgt in der Regel im Rahmen eines Wortgottesdienstes. Die *Firmung* wird zwar heute in unseren Breiten zumeist vom Bischof in einer Meßfeier gespendet, kann aber auch in der Form eines Wortgottesdienstes stattfinden. Im Grunde genommen wird nur die Priesterweihe immer in einer Eucharistiefeier, nur das Bußsakrament nie in einer Meßfeier gespendet.

Damit ist bereits angedeutet, daß auch die Kommunionausteilung in einem solchen Gottesdienst vorgenommen werden kann. Das ist heute in wachsendem Maße in priesterlosen Gemeinden der Fall. Wir nennen diese Art von Wortgottesdiensten, die dann auch den sonntäglichen Gottesdienst ersetzen müssen, bewußt erst an dieser Stelle. Einmal darf nicht der Eindruck erweckt werden, als sei der Wortgottesdienst nur eine verkürzte Eucharistiefeier. Andererseits soll auch nicht gefolgert werden dürfen, ein Wortgottesdienst könne eine Eucharistiefeier »ersetzen«. Beide sind nicht austauschbar; jede der beiden Feiern ist etwas anderes und in sich Sinnvolles.

Sinnvoll ist ein Wortgottesdienst auch, wo wie im Falle kleinerer Kinder das Verständnis für den Sinn der Eucharistie noch nicht entwickelt ist. Kindersegnungen gehören daher auch in diesen Umkreis. Vielleicht ist die volle Kraft eines Wortgottesdienstes aber erst dort erreicht, wo – wie es etwa aus lateinamerikanischen Gemeinden berichtet wird – die Heilige Schrift in solchen Zusammenkünften im eigentlichen Sinne lebenvermittelnd wirkt und die Sammlung im Worte Gottes befreiende und inspirierende Kräfte gemeinsamen Handelns im persönlichen, aber auch im gesellschaftlichen Leben freisetzt. In dieser Hinsicht wird der lebendige Umgang mit dem Wort, an dem die Gemeinde nicht nur passiv, sondern aktiv beteiligt wird, noch ein gutes Stück weiter eingeübt werden müssen.

c) Aus älterer Zeit überkommen ist die zwar aufs ganze rückläufige, aber doch noch vorkommende Gottesdienstform der sogenannten *Andacht.* »Andacht« kommt von Andenken; es wird die Erinnerung an Gottes Großtaten, an seine Vorsehung, an Jesu Wirken, an sein Leiden, seine Auferstehung, an das Pfingstwirken, an die Kirche und ihre Aufgaben, an die Ausbreitung des Glaubens, an das Leben Marias und anderer Heiliger, an die Verstorbenen wachgerufen. Schlägt man ein katholisches Gebetbuch auf, so findet man diese oder ähnliche Themen wieder. Die Andachten waren vor allem so lange volkstümlich, als sie im Gegensatz zur strengen römischen Meßliturgie standen, da sie nicht in Latein, sondern in der Muttersprache gehalten wurden. Das Volk konnte von Anfang bis Ende mitbeten und mitsingen. Es bestand ein unmittelbarer Kontakt zwischen vorbetendem Priester und nachbetender Gemeinde.

Viele dieser Andachten waren sogenannte *sakramentale Andachten.* In diesen wurde (oder wird) zu Beginn oder auch zu einem späteren Zeitpunkt das Allerheiligste in der Monstranz »ausgesetzt«. Wir erinnern uns, daß zumindest in älteren Kirchen für diesen Vorgang ein eigener Platz oberhalb des Tabernakels auf dem Hochaltar ausgespart ist. In einer Reihe von Kirchen, vor allem aus der Barockzeit, gibt es noch Drehtabernakel, in denen der vorhandene Tabernakel zwei Kammern hat, die eine für die Speisekelche, die andere für die Monstranz; letztere kann dann durch eine Drehung des Tabernakels sichtbar gemacht werden. Eine sakramentale Andacht schließt stets mit dem sakramentalen Segen, das heißt, über die anwesende Gemeinde macht ein Priester oder ein Diakon mit der Monstranz das Kreuzzeichen. Für einen evangelischen Christen ist so etwas am leichtesten mitzuerleben, wenn er eine Fronleichnamsprozession in der Nachbarschaft beobachtet und vielleicht einem Segen an einem der draußen errichteten Altäre beiwohnt.

Die heute noch bekanntesten Andachten, die mit oder ohne sakramentalen Segen stattfinden können, sind die *Maiandachten,* Marienandachten im Blütemonat Mai, die noch sehr verbreitet sind, und die *Rosenkranzandachten* im Monat Oktober. Der Rosenkranz wird aber auch sonst häufig als Gebet einer kleinen Gruppe gebetet, die sich regelmäßig, wöchentlich oder monatlich, zu einer bestimmten Zeit zum gemeinsamen Gebet zusammenfindet.

Vor allem an Feiertagen der vorösterlichen Fastenzeit wird in vielen Gemeinden die *Kreuzwegandacht* in Erinnerung an den Leidensweg des Herrn gehalten. Wir haben zuvor schon darauf hingewiesen, daß zu diesem Zwecke an den Wänden des Kirchenschiffes oder auch sonstwo an passender Stelle 14 Stationen des Leidensweges Jesu von der Verurteilung durch Pilatus bis zu seinem Begräbnis abgebildet sind. Gelegentlich hat eine Gemeinde mit einer 15. Station der Auferstehung Jesu den Kreuzweg in das Ostererleben einmünden lassen. Diese Andacht wird stets als nichtsakramentale Andacht gehalten.

Es ist leicht zu erkennen, daß Andachten und Wortgottesdienste in der Anlage gewisse Überschneidungen aufweisen. Allerdings ist eine Andacht in der Überzahl der Fälle letztendlich sakramentsbezogen. Sodann kommen in ihr eine Vielzahl von traditionellen Gebetsformen zum Tragen. Dazu gehört auch das schon erwähnte Litaneigebet. Eine *Litanei* besteht aus einer Vielzahl von Anrufungen, auf die im Falle Gottes, Jesu oder des Heiligen Geistes mit »Erbarme dich unser«, im Falle der Heiligen mit »Bitte für uns«, bei verändertem Ansatz mit »Erhöre uns, o Herr« und »Wir bitten dich, erhöre uns« geantwortet wird. Das Gebet ist demnach auch an die genannten Personen gerichtet und hat als solches seine je eigene Thematik: Litanei vom Namen Jesu, vom Herzen Jesu, vom Leiden Jesu, »lauretanische Litanei« (die Marienlitanei), Litanei von allen Heiligen, die in die Osternachtsliturgie Eingang gefunden hat, und andere.

d) Auch evangelischen Christen nicht unbekannt sind die *Prozessionen,* Umzüge von Gläubigen, die nicht der Demonstration dienen, sondern auf ihre Weise das Bekenntnis des Glaubens vor aller Welt versinnbildlichen. Am bekanntesten sind die farbenprächtigen Prozessionen zum *Fronleichnamsfest,* ein Fest zur Verehrung des Herrenleibes – das bedeutet »Fronleichnam« – am Donnerstag nach dem Dreifaltigkeitssonntag (Trinitatis). In vielen Gemeinden gibt es Prozessionen auch am Fest des Kirchenpatrons oder dem Jahrestag der Kirchenweihe (»Kirchweih«), mit der dann die »Kirchenmesse«, die *Kirmes,* verbunden ist. Bei diesen Prozessionen wird das Allerheiligste mit Gebet und Liedern durch einen Ort oder Ortsteil getragen, und es wird an mehreren Stellen der Segen erteilt.

Daneben gibt es zumal in ländlichen Gebieten vor Christi Himmelfahrt noch sogenannte Flurprozessionen ohne das Allerheiligste, in der um das Gedeihen der Früchte der Erde und in den Anliegen und Nöten der Zeit gebetet wird.

In gewissem Sinne können auch *Wallfahrten* zu den Prozessionen gerechnet werden, da in ihnen vielfach Gruppen von Gläubigen sich gemeinsam auf den Weg machen, um einen Ort besonderer Verehrung, vielfach Orte der Gottesmutter, aber auch anderer Heiliger (wie z.B. Santiago in Spanien, wo der Apostel Jakobus verehrt wird) aufzusuchen. Als sehr bekannte Wallfahrtsorte ragen heraus Lourdes in Südfrankreich, Fatima in Portugal, Altötting und Kevelaer in Deutschland, Einsiedeln in der Schweiz, Mariazell in Österreich.

9.2 Das Kirchenjahr

Die kirchlichen Jahreszeiten sind im wesentlichen Gemeingut der abendländischen Kirchen geblieben. Sie weichen miteinander etwa im Ostertermin, aber auch in der Weihnachtsfeier von den orientalischen oder orthodoxen Kirchen ab. Wir können uns hier mit einem Überblick in großen Zügen begnügen.
Der Beginn des Kirchenjahres stimmt ebensowenig mit der Zählung des bürgerlichen Kalenders überein wie die Zählung der Wochentage. Gilt für die christliche Liturgie der Sonntag als der erste Wochentag und nicht der siebente, so beginnt das Kirchenjahr mit dem *Advent.* Der Termin bestimmt sich von dem festliegenden *Weihnachtsfest* her, so daß der vierte Sonntag vor diesem ersten Hochfest des Jahres der Beginn des Kirchenjahres ist. Neben Weihnachten selbst war lange Zeit das Fest *Epiphanie,* Erscheinung des Herrn (am 6. Januar), das zweite Hochfest der Weihnachtszeit. Seitdem es nicht mehr in allen Ländern zu den öffentlichen Feiertagen gehört, ist seine Bedeutung stark zurückgegangen.
Der Osterfestkreis beginnt mit dem *Aschermittwoch,* auf den eine vierzigtägige Bußzeit folgt. Von einer im Grunde sinnvollen *Fastenzeit* kann schon deshalb nicht mehr gesprochen werden, weil ein wie früher verpflichtendes Fasten kirchlicherseits nicht mehr gefordert wird. Viele liturgische Gebete zielen daher im Grunde auch etwas ins Leere. Angesichts der Tatsache, daß viele Menschen heute außerhalb der Kirche Fastenkuren und andere Weisen natürlichen Lebens und biologischer Ernährung pflegen, wäre zu bedenken, ob nicht eine echte Fastenzeit in der Kirche zu erneuern wäre.

Der Beginn der Bußzeit leitet sich vom Termin des Osterfestes ab. Dieser ist auf dem Konzil von Nicäa 325 für den ersten Sonntag nach dem Vollmond, der auf den Frühlingsanfang fällt oder am nächsten nach ihm kommt, festgelegt worden und hat mit dem jüdischen Passahtermin des 14. Nisan etwas zu tun.
Dem Osterfest, dem Hochfest der Auferstehung des Herrn, geht die sogenannte *Heilige Woche* voraus, beginnend am *Palmsonntag* mit dem Gedächtnis des Einzugs Jesu in Jerusalem, wo ihm die Menge mit Palmen in den Händen zujubelte. Die Woche mündet ein in den *Gründonnerstag* und die beiden Kartage. Der Gründonnerstag erinnert – wie schon gesagt – als »Tag des Weinens« (greinen) an die Wiederaufnahme der Büßenden in die kirchliche Gemeinschaft am Ende der Bußzeit. Heute ist er durch zweierlei liturgisch gekennzeichnet: Jeder Bischof weiht in seiner Kathedrale am Morgen die Öle, die bei der Spendung der Sakramente der Taufe, Firmung, Priesterweihe und Krankenölung verwendet werden. Abends findet dann in den verschiedenen Kirchengemeinden als einziger Gottesdienst des Tages die Abendmahlsmesse statt in Erinnerung an die Einsetzung der Eucharistie im Abendmahlssaal. Der *Karfreitag* kennt ebenso wie der Karsamstag keine Meßfeier. Am Nachmittag, weithin gegen 15 Uhr, findet ein Karfreitagsgottesdienst mit Lesung der Passionsgeschichte, Kreuzverehrung und Kommunionausteilung statt. Der *Karsamstag* gilt als Tag der Grabesruhe Christi. Vor allem in südlichen Ländern gilt dem geschmückten Grab Christi die besondere Verehrung der Gläubigen.
Das *Osterfest* beginnt mit der Feier der *Osternacht,* die in den Liturgiereformen der letzten Jahrzehnte eine wirkliche Erneuerung durchgemacht hat und zu einem Gemeindegottesdienst geworden ist. Mit Rücksicht auf die Gläubigen findet der Gottesdienst zumeist bereits in den späten Abendstunden des Karsamstags statt. Er beginnt mit einer Lichtfeier, einem Osterfeuer und der Weihe der *Osterkerze.* Es folgen alttestamentliche Lesungen, die in die Lesungen des Neuen Testaments, schließlich in die Verkündigung des Osterevangeliums hinübertragen. Danach wird das Taufwasser gesegnet und gegebenenfalls die Taufe gespendet. Auf jeden Fall erneuert die Gemeinde ihr in der Tau-

fe gegebenes Treueversprechen, das Taufgelübde. Die Feier mündet dann ein in die Eucharistiefeier.
Die Osterzeit dauert sieben Wochen an, bildet gleichsam eine große Oktav und endet mit der Feier des 50. Tages, *Pfingsten,* dem Tag, an dem der Heilige Geist über die Jünger in Jerusalem kam und die Gemeinde in der Heiligen Stadt entstand. Neun Tage vor dem Pfingstfest, am Donnerstag, feiert die Kirche das Fest *Christi Himmelfahrt.* Bei den Festlegungen dieser Tage spielen weithin die Zahlenvorgaben des Lukasevangeliums und der Apostelgeschichte eine Rolle.
Der Sonntag nach Pfingsten ist gleichsam als krönende Zusammenfassung der in Jesus Christus offenkundig gewordenen Heilsgeschichte Gottes, dem Geheimnis der heiligsten Dreifaltigkeit gewidmet; er heißt auch im Volksmund *»Dreifaltigkeit«.* Während der evangelische Kalender dann die Sonntage nach »Trinitatis« zählt, spricht der katholische Kalender von Sonntagen im Jahreskreis – eine Reihe, die mit den Sonntagen zwischen Epiphanie und 1. Fastensonntag beginnt und auf Dreifaltigkeit wiederaufgenommen und weitergezogen wird bis zum nächsten 1. Advent. Es gibt heute drei Jahreskreise mit entsprechend drei Leseordnungen, die die Möglichkeit bieten, größere Teile der Heiligen Schrift den Gläubigen im Sonntagsgottesdienst nahezubringen. Neu ist auch seit Einführung der neuen Ordnung, daß drei Lesungen möglich sind, eine alttestamentliche, eine aus den neutestamentlichen Teilen außerhalb der Evangelien, eine aus den Evangelien; bei zwei Lesungen kann zwischen der ersten und zweiten ausgewählt werden.
Jeder *Sonntag* ist im Sinne der Liturgie eine Erinnerung an Ostern, das heißt an die Auferstehung Jesu. Deshalb ist der Sonntag auch – recht verstanden – nicht die Ersetzung des Sabbat, des siebten Tages, an dem Gott von seinem Schöpfungswerke ausruhte, sondern der erste Wochentag, an dem Jesus auferstand. Von Ostern her will aber dann auch das Leben und Wirken Jesu, wie es zu allen Jahreszeiten verkündet wird, verstanden werden.
Fragen wir, welche anderen Feste des Kirchenjahres noch in den Ablauf des Herrenjahres hineinragen, so sind zu nennen: die *Verkündigung des Herrn,* volkstümlich früher *Maria Verkündi-*

gung, neun Monate vor Weihnachten am 25. März; die *Geburt Johannes des Täufers*, nach lukanischer Darstellung sechs Monate vor Weihnachten, am 24. Juni. In dasselbe Denkschema hinein gehört auch das Fest der *Darstellung Jesu – Mariä Lichtmeß* – am 2. Februar, an dem im Gedenken an Jesus, das »Licht, das die Heiden erleuchtet« (Lk 2,32), 40 Tage nach Weihnachten Kerzen geweiht werden. Es braucht hier nicht eigens ausgeführt zu werden, daß das Geburtsfest des Herrn, der 25. Dezember, keinen historischen Hintergrund hat. Der Tag ist im Zusammenhang mit dem Mithraskult in Rom als Fest der unbesiegten Sonne gefeiert worden. Aller Wahrscheinlichkeit nach hat das Geburtsfest Jesu diesen Festtag sowohl beerbt wie verdrängt. Das gewählte Datum zog dann, wie gezeigt, andere Feste in ihrer Datierung nach. Es kommt hinzu, daß jahreszeitliche Naturereignisse unserer Hemisphäre, Winter- und Sommersonnenwende, längste und kürzeste Nacht, sodann im Frühjahr und Herbst die Wechsel der Jahreszeiten gleichsam christianisiert und im Sinne christlicher Verkündigung genützt worden sind.
Auch wenn gefühlsmäßig der Weihnachtsfestkreis die Menschen vielfach stärker beeindruckt, muß aber gesehen werden, daß von der Sache her der Osterfestkreis stets die überragendere Bedeutung in Liturgie und Verkündigung gehabt hat. Die Bemühung um die Korrektheit des Osterdatums mehr als die Sorge um das Geburtsdatum Jesu ist von hier aus begreiflich. Was wäre die Geburt Jesu heute noch, hätte nicht seine Auferstehung ihn und seine Botschaft als wahr erwiesen?

9.3 Heiligenkalender

In gewissem Sinne parallel zum Kirchenjahr, jedoch ohne Beziehung zu den großen Herrenfesten, gibt es an festgelegten Tagen des Jahres die Feste und Gedenktage der Heiligen. Diese haben es vielfach mit dem Todestag, der Überführung des Leichnams eines Heiligen an seinen heutigen Ruheort oder einem sonstwie bedeutsam erscheinenden Datum des Heiligenlebens zu tun.
Der Heiligenkalender ist vor mehreren Jahren im Rahmen der nachkonziliaren Neuordnung der Liturgie neugeordnet worden.

Dabei sind die Biographien auf ihre Historizität überprüft worden. Mancher populäre Heilige ist aus dem allgemeinen Kalender völlig entfernt worden, wie etwa die Heiligen Barbara, Katharina von Alexandrien und Ursula oder der heilige Christophorus, die dann aufgrund eines besseren Empfindens für die Volksfrömmigkeit in den deutschen Regionalkalender wieder aufgenommen wurden. Andere Gedenktage sind ohne guten Grund verschoben worden. Das wiederum hat zu mancher Enttäuschung Anlaß gegeben, weil damit zugleich für viele auch der persönliche Feiertag, der *Namenstag,* sich verschob. Anzuerkennen bleibt allerdings, daß eine gewisse notwendige Durchforstung der Feste stattgefunden und manches heute Verwunderliche abgeschafft oder doch zurückgedrängt worden ist. Spürbar ist auch die Absicht, allen Kontinenten ihre Heiligen zu geben und umgekehrt die Gesamtkirche durch die Heiligen Asiens, Afrikas und beider Amerika intensiver an den geistigen und geistlichen Erfahrungsaustausch zu verweisen, der gerade für die abendländische Kirche heute von lebenswichtiger Bedeutsamkeit ist.
Nach den einleitenden Bemerkungen wollen wir noch etwas in den Kalender hineinschauen. Wir stellen dann fest, daß die liturgisch bedeutendsten Heiligenfeste die Feste der zwölf Apostel sind – für den Verräter Judas tritt Matthias ein, dessen Grab in Trier das einzige Apostelgrab nördlich der Alpen ist; sodann eine Reihe von Marientagen, das Geburtsfest Johannes' des Täufers, der Josefstag am 19. März, das Fest der Erzengel Michael, Gabriel, Raphael am 29. September, schließlich regional und lokal die Feste von Stadt- und Kirchenpatronen. Eine Reihe dieser Feste, Mariä Empfängnis am 8. Dezember, Mariä Himmelfahrt am 15. August, das Josefsfest, schließlich das Fest Peter und Paul am 29. Juni waren und sind teilweise bis in die Gegenwart hinein in katholischen Landschaften öffentliche und dann auch kirchlich gebotene Feiertage. Die Tatsache, daß die meisten dieser Tage als öffentliche und gebotene Feiertage abgeschafft worden sind, hatte zur Folge, daß die Feste mehr und mehr in den innerkirchlichen Raum und dort in den Bereich der persönlichen Frömmigkeit abgedrängt worden sind. Das gilt auch für die marianischen Hauptfeste, die genannt wurden, zu denen dann noch

Mariä Heimsuchung am 2. Juli, die Erinnerung des Gangs Marias zur Mutter Johannes' des Täufers Elisabet, und Mariä Geburt am 8. September gehören. Die beiden früheren Marienfeste Mariä Lichtmeß (2. Februar) und Mariä Verkündigung (25. März) sind streng genommen in Herrenfeste umgewandelt worden.

Neben den genannten größeren Heiligenfesten gibt es dann die Fülle von fast täglichen Heiligengedenktagen, die hier nicht mehr auszuführen sind.

Zu nennen ist lediglich noch ein Festtag, der auch heute noch öffentlicher Feiertag ist: das Fest *Allerheiligen* am 1. November, ursprünglich der Tag der Umwandlung des bekannten römischen Pantheon (Heiligtum für alle Götter) in eine Kirche zu Ehren »Marias zu den Martyrern«, einem Titel, in dem der heutige Charakter des Festtages bereits vorgebildet ist.

Dem Allerheiligenfest folgt am 2. November katholischerseits der Tag des besonderen Totengedenkens *Allerseelen,* der mit entsprechenden Gottesdiensten seit dem 10. Jahrhundert begangen wird. In unseren Tagen verbindet sich für viele Katholiken mit diesem Gedenken der Besuch bei den Gräbern der Familie, der Eltern und Verwandten.

10.
Ausgang

Wir sind bei unserem Rundgang durch die katholische Kirche wieder beim Ausgang angekommen. Der Eingang ist auch der Ausgang. Wir kommen aus unserer Zeit und kehren auch in diese unsere Zeit zurück.
Wir tragen mit uns die Last und den Segen der Geschichte. Der Rundgang war am Ende nicht nur ein Rundgang durch den Kirchenraum, sondern zugleich ein Gang in die Zeit der Kirche, in die Geschichte. Im Epos »Dreizehnlinden« von F. W. Weber steht unter »Des Priors Lehrsprüche« der Satz:

»Und da sich die neuen Tage
Aus dem Schutt der alten bauen,
Kann ein ungetrübtes Auge
Rückwärts blickend vorwärts schauen.«

Dieses Wort können wir hier anwenden. Am Ausgang wollen wir beides tun: Noch einmal zurückblicken, uns aber dann auf der Schwelle nach vorn orientieren.

10.1 Verbindende und trennende Vergangenheit

Von den fast 2000 Jahren christlicher Frömmigkeitsgeschichte sind evangelischen und katholischen Christen 1500 Jahre gemeinsam. Nur knapp 500 Jahre trennen uns. Das darf nicht vergessen werden. Selbst in den letzten 500 Jahren ist uns vieles gemeinsam geblieben, was wir heute dankbar wahrnehmen. Uns bleiben gemeinsam viele Gebete, zumal das Gebet des Herrn, das Vaterunser, die grundlegenden Glaubensbekenntnisse, das apostolische, aber auch das auf den Konzilien von Nicäa und Konstantinopel verabschiedete. Gemeinsam ist uns vor allem die Heilige Schrift. Gemeinsam sind uns die Taufe und der Glaube, aber auch der Auftrag, das Gedächtnis des Leidens und Sterbens Jesu immer wieder zu begehen.

Doch blicken wir noch einmal zurück: Als Martin Luther seine Kritik an der Kirche seiner Zeit äußerte, wollte er keine neue Lehre, sondern eine Reform der Kirche, der er angehörte. Daher ging es auch im Grunde zunächst nicht um dogmatische Lehrmeinungen, sondern um die Frömmigkeit, das Leben der Kirche, die Weise der Verkündigung, den Umgang mit den Sakramenten. Nur weil eine schlechte Praxis zugleich auch eine unlebendige Theologie einschließt, wird die Kritik der Praxis auch zur Kritik der Theologie und damit auch der kirchlichen Lehre.
Vergröbert gesagt kommen dem Katholiken für den Anfang der Reformation zwei Worte in den Sinn: der Vorwurf der *Werkfrömmigkeit* und der *Ablaß.* Beim ersten Vorwurf mag der Schein getrogen haben. Das Konzil von Trient hat jedenfalls die gemeinsame Lehre in aller wünschenswerten Klarheit herausgearbeitet: Nicht die Werke retten den Menschen, sondern Gottes Gnade allein. Der Mensch kann Gott kein Verdienst vorrechnen. Selbst der lebensrettende Glaube ist noch einmal Gottes Werk, und was dem Menschen an Gutem gelingt, gelingt ihm mit Hilfe der göttlichen Gnade.
Doch ein konkretes Beispiel der Praxis, das aller Theorie zu widersprechen schien, war der *Ablaß.* Wir hätten von ihm bereits dort sprechen können, wo im Blick auf den Beichtstuhl vom Bußsakrament die Rede war. Wir haben es dort bewußt nicht getan, weil der Ablaß, obwohl er nicht abgeschafft ist, in der Praxis der Kirche weithin seine Bedeutung verloren hat. Es ist auch keine Übertreibung, wenn man behauptet, daß der durchschnittliche Katholik heute kaum noch in der Lage ist, den Ablaß zu erklären. Gerade weil dieses Kapitel der Frömmigkeitsgeschichte aber so folgenreiche Konsequenzen nach sich gezogen hat, sei der Ablaß an dieser Stelle in Kürze in den größeren Verständniszusammenhang eingeordnet. Auf die konkreten historischen Ereignisse in Mainz, die Luthers Kritik hervorgerufen haben, gehen wir hier nicht ein.
In jedem katholischen Katechismus wird mitgeteilt: Ablaß ist der Erlaß von zeitlichen Sündenstrafen. Die verkürzte Meinung, der Ablaß sei ein Ersatz für die Vergebung von Sünden in der Beichte, ist daher falsch. Wer schwere Schuld auf sich geladen hat, kann die Beichte nicht durch die Erlangung eines Ablasses

– wir könnten heute auch sagen: einer kirchlichen Amnestie – ersetzen.
Die Frage ist: Was sind »zeitliche Sündenstrafen«? Der durchschnittliche Christ, vermutlich schon zu Luthers Zeiten, bezieht sie auf die Strafe des Fegfeuers nach dem Tod. Das aber ist im ursprünglichen Verständnis falsch. *Eine* Wurzel des Ablasses ist im Umkreis der schon beschriebenen frühen Bußordnung zu suchen, nach der ein öffentlicher Sünder, der zum Schaden der Kirche durch sein Verhalten Ärgernis gegeben hat, auf eine bestimmte Zeit aus der Eucharistiegemeinschaft und damit aus dem eigentlichen Lebensraum der Kirche ausgeschlossen, »exkommuniziert« wurde. Diese Zeit wurde im Laufe der Zeit, wie es auch heute im bürgerlichen Leben Straferlaß und Amnestien aufgrund bestimmter erfüllter Voraussetzungen gibt, aufgrund spürbarer, tätiger Reue und gezeigten Eifers in der Beobachtung kirchlicher Gebote abgekürzt oder umgewandelt, so daß ein Teil der auferlegten Exkommunikationszeit erlassen, »abgelassen« wurde. In alten Gebetbüchern ist dieser Zusammenhang noch greifbar, wo wir unter einem Gebet lesen: »Vollkommener Ablaß«, »7 Jahre Ablaß«, »30 Tage Ablaß« und ähnliches. Da in der neuen Ablaßordnung die Unterscheidung nur noch zwischen »vollkommenem« (das heißt die ganze Zeitstrafe betreffend) und »unvollkommenem Ablaß« (= ohne Zeitmaß) gemacht wird, ist der ursprüngliche Ansatz verdeckt worden. Das Problem bleibt aber, solange der ursprüngliche Sinn des Ganzen in Vergessenheit gehalten ist.
Das Fatale an der Sache war aber vor allem, daß die Gewährung eines zunächst sinnvollen »Ablasses« erst dort zur vollen Entfaltung kam, wo er von der Sache her nur noch wenig sinnvoll erschien. Das war der Fall, als die nicht-öffentliche Beichte üblich wurde und auch die sogenannte Andachtsbeichte, das heißt die Beichte von nur läßlichen Sünden Verbreitung fand. Das Entscheidende war, daß die Exkommunikationsstrafe ihren Ort im Rahmen des sakramentalen Bußprozesses verlor (siehe S. 55) und dafür ein kirchenrechtlicher Akt im Falle bestimmter schwerer Sünden wurde, der im Rahmen des Empfangs des Bußsakramentes lediglich aufgehoben wurde. Sie war aber keineswegs mehr grundsätzlich

mit der Beichte verbunden. Damit machte sich auch der Ablaß selbständig.

Die Grundlage der Ablaßgewährung war die Verrichtung bestimmter Gebete, aber auch guter Werke. Schließlich wurde der Ablaß – wie in der Zeit der Kreuzzüge – auch eingesetzt, um Opfergaben für bestimmte gute Zwecke zu erlangen. Das war bis zu Luthers Zeiten der Fall. Im christlichen Volk konnte damit der Eindruck entstehen, man könne sich mit guten Werken, auch mit Geldspenden, Verdienste einmal im Hinblick auf das ewige Leben, sodann aber auch im Hinblick auf die Vergebung begangener Sünden erwerben. Der Zusammenhang mit einer von Luther scharf verurteilten Werkfrömmigkeit wird hier leicht erkennbar.

Wir haben die Ablaßfrage nicht zuletzt deshalb an dieser Stelle ausführlicher angesprochen, weil sie zeigt, wie Luthers Kritik an der Kirche aus seiner Erfahrung mit einer zeitgenössischen Frömmigkeitspraxis und mit Vorstellungen der Gläubigen erwächst, die in dieser Form widersinnig und in dieser geschichtlich gewachsenen Fehlform als nicht mehr dem Evangelium konform anzusprechen sind. Daß wir die Dinge aus heutiger Distanz so sehen dürfen, ist seinerseits das Ergebnis sehr detaillierter geschichtlicher Forschungen, die in unseren Tagen möglich geworden sind und die Entstehung vieler Verhaltensweisen im Leben der Liturgie, der Sakramente und der Frömmigkeit freigelegt haben. Aufgrund dieser Forschungen können wir heute vieles verständlicher machen, zugleich aber auch gelassener ansehen.

Was Protestanten und Katholiken aber wirklich getrennt hat, ist im Grunde nicht der Streit um Fragen des 15./16. Jahrhunderts, sondern die Tatsache, daß beide Gruppen nach der politischen Entscheidung von 1555 in Augsburg je für sich, ohne daß das Volk in größerer Breite noch miteinander Kontakt hatte, weiterlebte; daß katholischerseits das Erhaltene erst recht gepflegt wurde und daß evangelischerseits sich der Protestantismus eigene angemessene Frömmigkeitsformen schuf. Daß beiden Seiten dabei das Wirken des göttlichen Geistes nicht völlig gefehlt hat, wird heute dankbar bemerkt, wo Christen beider Konfessionen einander in ihrem innersten Bereich häufiger begegnen.

In der katholischen Kirche zeigt sich, daß zwar in vielen Windungen, aber am Ende doch unübersehbar, der reformatorische Ruf nach einer erneuerten und ständig zu erneuernden Kirche nicht ungehört verhallt ist. Für die evangelische Kirche stellt der Katholik seinerseits fest, daß in ihr viel weniger an echter Glaubenssubstanz verlorengegangen ist, als es die theoretische Beschäftigung mit der Reformation und ihrer Sprache zunächst vermuten lassen möchte.

Die Sprachlosigkeit, die jahrhundertelang zwischen den Konfessionen geherrscht hat, ist heute überwunden. Auch die überpointierte, oft deftige, weithin aber verletzende Sprache der Reformationszeit ist unüblich geworden und erregt, wo sie neu auflebt, Bestürzung und Unruhe. Allerdings wirken Verletzungen, die gefühlsmäßig durch die Sprache erzeugt worden sind, unterschwellig bis in die Gegenwart hinein nach und offenbaren sich in versteckt immer noch vorhandenem Argwohn, Mißtrauen und einer unübersehbaren Zurückhaltung bei den Wissenden. Für Wissende bleibt geschichtliche Erinnerung immer auch eine starke Belastung.

Wie aber der Augsburger Religionsfriede eine politische Entscheidung war, der Frieden herstellte durch die Trennung der gegnerischen Gruppen, so ist auch der Prozeß der Aufhebung der Trennung und der Wiederannäherung vom Ursprung her gegnerischer Gruppen nicht durch Einsicht, sondern durch äußere gesellschaftliche Umstände in Gang gesetzt worden. Einmal war es der Prozeß der Industrialisierung, der Menschen aus allen Gegenden in die wachsenden Städte strömen ließ und eine neue Form des Nebeneinanders der Konfessionen schuf. In ihren Anfängen im vergangenen Jahrhundert führte aber das Gegenüber zu einer entstehenden glaubensindifferenten Bevölkerungsschicht weniger zu einem Miteinander der Konfessionen als zu einer entschiedeneren Betonung der eigenen Tradition.

Erst durch die erneute Wanderungsbewegung nach dem Zweiten Weltkrieg, bei der viele ostdeutsche Vertriebene eine neue Heimat suchten, kamen fast in alle Dörfer auch Angehörige der jeweils anderen Konfession. Die allgemeine Mobilität, das Verreisen im eigenen Auto, aber auch der Einfluß der Informatio-

nen, die gezielt oder beiläufig durch Presse, Funk und Fernsehen unter das Volk gestreut werden, schaffen eine neue Kenntnisbasis auch über die jeweils andere Kirche, die zwar in vielen Punkten oberflächlich sein mag, ihrerseits aber gerade in dem Bereich wirksam zu werden beginnt, wo die eigentlichen Lebensentscheidungen fallen, nicht im Bereich nüchterner rationaler Argumente, sondern wo der Mensch als ganzer, in seinen Sinnen und seinem Verstand, in seinem Gefühl und seinem Willen angesprochen und herausgefordert wird.
Die hier gemeinte Ansprache des heutigen Menschen drängt ihn aber in konfessioneller Hinsicht immer weniger zu einer Entscheidung gegeneinander, sondern bestenfalls füreinander. Wo die Wissenden dieses Gefühl übersehen oder mißachten, besteht die Gefahr, daß an die Stelle einer Entscheidung zugunsten einer Kirche die Entscheidung zugunsten keiner Kirche tritt und das Heil, sofern es überhaupt noch angestrebt wird, auf anderen Wegen gesucht wird. Diese Situation wird dadurch begünstigt, daß wie nie zuvor in der abendländischen Geschichte heute eine Fülle von Sinnangeboten im Raum steht und der einzelne sich unter ihnen nach Lust und Laune wie in einem Selbstbedienungsladen bedienen kann.

10.2 Gemeinsame Zukunft?

Damit kehrt der Blick aus der Vergangenheit sich zunehmend in die Gegenwart und von da in die Zukunft. Am Ausgang der Kirche können wir lange zurückschauen auf das, was in doppelter Hinsicht hinter uns liegt. Wir können aber nicht solange in die Vergangenheit schauen, daß wir darüber vergessen, daß wir in einer sehr konkreten, beschreibbaren Welt voller Unrast, Sorge und Ängste leben, in der die Frage des Weiterlebens und Überlebens immer bedrängender wird. Auf die Frage: »Wie soll es weitergehen?« müssen auch die Kirchen antworten. Eine Antwort, die aber gleichsam nur das Außen, nicht auch das Innen der Kirchen betrifft – im Sinne der Frage: »Wie soll es *mit den Kirchen* weitergehen?« –, ist der Kirchen unwürdig und läßt sie hinter dem zurück, was aufgrund der Bindung an das Wort Gottes er-

wartet werden kann. Der Blick am Ausgang der Kirche muß also auch in die Zukunft gehen.
Eine Beobachtung sei vorausgeschickt: Noch so viele Gespräche über lehrmäßige Differenzen und Übereinstimmungen zwischen den Kirchen helfen allein nicht weiter. Es kann natürlich sein, daß da, wo wir uns gemeinsam auf die Fragen unserer Zeit einlassen, wir nach einiger Zeit feststellen, daß wir viel näher beieinander sind, als es uns zuvor bewußt war. Das ist in vielen gesellschaftlichen und ethischen Fragen, zu denen die Kirchenleitungen sich offiziell äußern, durchaus der Fall. Das darf uns aber nicht davon abhalten, uns intensiv zu bemühen, auch da die Glaubwürdigkeit der *einen* Botschaft Christi wiederherzustellen, wo wir uns bewußt unter Gottes Wort und Weisung stellen: im Bereich des Gottesdienstes und des Frömmigkeitslebens.
Auch hier ist das Wissen umeinander schon ein wichtiger Schritt. Auch das Verstehen des fremden Gebetsraums mit seiner Geschichte ist hilfreich. Doch sollte man dies nicht überschätzen. Viele Menschen sind heute rein zeitlich gar nicht in der Lage, sich ein tiefergehendes theoretisches Wissen um den anderen zu verschaffen. Was wir in unseren Erläuterungen vorgelegt haben, sind weithin gesicherte Ergebnisse vor allem der historischen Forschung, die sich im einzelnen in der Fachliteratur weiterverfolgen ließen. Gar manches davon ist aber auch dem durchschnittlichen, mit seiner Kirche mehr oder weniger verbundenen Katholiken wissensmäßig nicht mehr oder noch nicht vertraut. Das mag vielen evangelischen Christen im Hinblick auf ihre Kirche ähnlich ergehen.
Man mag das bedauern. Der Zustand bedeutet aber auch eine Chance. Vielen jungen Christen, die im alltäglichen Leben seit der Schulzeit mit Menschen der anderen Konfession zusammenleben und mit manchen gar befreundet sind, ist die Zugehörigkeit zur eigenen Konfession längst keine Sache der Einsicht mehr, sondern Folge der zufälligen Herkunftskonstellation. Die Zugehörigkeit zur eigenen Kirche wird oft gar nicht sanktioniert im Sinne der vollwertigen Entscheidung eines erwachsenen Menschen und lebt lediglich fort, solange sie nicht ernsthaft in Frage gestellt wird. Auch das mag auf den ersten Blick negativ erscheinen, muß es aber nicht unbedingt sein.

Ein Mensch, der so eingestellt ist, ist hinsichtlich der vergangenen Streitpunkte weithin unbelastet. Was interessieren ihn Ablaßwesen, Winkelmessen, Laienkelch und – so schrecklich es für manchen klingen mag – selbst der Streit um das *»Ist«* des »Das *ist* mein Leib«? Diese Fragen der Vergangenheit gehören nicht zu seinem heutigen Problemhorizont. Zwar wird es immer Alte geben, die das Alte – das Gute wie das Böse – nicht vergessen können und wollen. Doch geht es nicht um den Menschen, der heute und morgen christlich leben könnte und heute vielleicht auch noch möchte?

Die Situation der jungen Menschen bietet die Chance eines Neuanfangs. Auf den Kirchentagen findet vielfach ein echter Austausch bereits statt. Gäste gibt es hinüber und herüber. Und sie nehmen teil – im Austausch – bis in die innersten Vorgänge des Abendmahls und der Kommunion hinein. Es ist bekannt, daß auf katholischer Seite gerade an dieser Stelle noch keine Zustimmung zu diesem Verhalten offiziell erteilt worden ist. Für die katholische Kirchenleitung ist die Kommunion erst nach vollzogener Einheit, nicht als Zeichen des Weges erlaubt. Doch so, wie wir auch früher oft das Faktische darstellen, ohne es immer damit bereits gutzuheißen, kann nicht übersehen werden, daß in zahlreichen Gemeinden auch katholische Priester in dieser Frage – entgegen den Anweisungen – evangelischen Christen, die als Gäste in der Kirche sind und zum Empfang der heiligen Kommunion nach vorn kommen, die Kommunion reichen. Es ist also klar, daß innerhalb der Gemeinden Prozesse im Gang sind, über die nur deshalb wenig öffentlich gesprochen wird, weil niemand sie gefährden möchte und die Furcht vor offiziellen Verboten noch immer groß ist.

Wir haben damit bereits eine der tiefgreifenden Fragen angesprochen, die schon deshalb weiterwirken wird, weil der Begriff des *»Gastes«* in der fremden Kirche in beiden westlichen Kirchen ein des längeren behandeltes Thema ist. So wie zwischen lutherischen und reformierten Christen Absprachen über eine Abendmahlsgemeinschaft stattgefunden haben, gibt es die Öffnung katholischerseits für die orthodoxen Kirchen. An dieser Stelle wird allerdings nicht mit dem Ziel-Weg-Argument operiert, sondern die Offenheit mit der Übereinstimmung in der

Lehre von der Eucharistie begründet. Jedenfalls kann der orthodoxe Christ sich unter Umständen in der katholischen Kirche als »Gast« fühlen und umgekehrt.

Die Frage, wieweit man zu Gast sein kann in der fremden Kirche, stellt sich in besonderer Eindringlichkeit für Eheleute, die aus verschiedenen Kirchen kommen, intensiv ihr kirchliches Leben weiterführen, gerade darin aber nicht mehr auf die Gemeinsamkeit mit dem Lebenspartner verzichten wollen. Wie zuvor gesagt, spielt die Konfession des Partners bei zunehmend weniger jungen Menschen eine Rolle bei der endgültigen Entscheidung über einen gemeinsamen Lebensweg. Wo dennoch die kirchliche Bindung so stark ist, daß sie im eigentlichen Sinn in die Ehe miteingebracht wird, müssen die Kirchen Wege eröffnen, die einerseits beide Partner ihre Identität in ihren Kirchen nicht verlieren lassen und andererseits die Gemeinsamkeit des Weges gerade in diesem Bereich nicht zerstören oder gar nicht erst entstehen lassen. Die christliche Identität ist nicht nur eine Identität, die sich an der Übereinstimmung in der Lehre erweist, sondern eine Identität, die sich im Leben verwirklicht. Auf die Dauer kann keine Kirche es sich leisten, das Problem mit der Duldung des vorhandenen Ungehorsams gegenüber ihren Vorstellungen und Anordnungen zu lösen; es müssen vielmehr Lösungen möglich werden, die es den aus unterschiedlichen Traditionen kommenden, aber dafür nicht verantwortlichen Christen ermöglichen, überzeugend auf die neue Gestalt eines gemeinsamen Christentums hin zu leben. Soll diese neue Gestalt nicht gleichsam in einer »dritten Konfession« bestehen, dann muß eine wachsende Gastfreundschaft zwischen den Kirchen entwickelt und gepflegt werden.

Nun ist nicht zu übersehen, daß inzwischen eine Reihe von Anlässen besteht, zu denen katholische und evangelische Christen zumindest zu gemeinsamem Gebet in der einen oder der anderen Kirche zusammenkommen. Es gibt vielerorts Kreise, in denen sich Christen aus beiden Kirchen zu gemeinsamer Beschäftigung mit dem Worte Gottes zusammenfinden. Es wäre sehr zu wünschen, wenn die gemeinsamen, von den Kirchenleitungen begrüßten Formulierungen des Glaubensbekenntnisses und anderer Gebete wie auch die Verwendung der Einheitsübersetzung

der Heiligen Schrift sich in den Kirchengemeinden durchsetzten. Viele kleine Schritte führen auf die Dauer auch einen großen Schritt voran. Eine starke Verbindung stellt heute schon das gemeinsame Liedgut dar.
Können wir aber mit alldem, wenn wir vom Ausgang der Kirche aus in die Welt hineinschauen, in dieser unserer heutigen Welt wirklich schon bestehen? Geht nicht vieles, was innerkirchlich, also auch im Kirchenraum, bedeutsam erscheint, an der heutigen Interessenlage der Menschen vorbei?
Die Christlichkeit von morgen wird keine Christlichkeit in Randfragen sein, sondern sich auf das Wesentliche konzentrieren müssen, wenn es in Europa überleben will. Das ist heute bereits erkennbar. Denn heute bereits geht es um *Gott.* Die Frage ist, ob er existiert, wo er existiert, was und wer Gott ist. Heute bereits geht es um *Jesus von Nazaret* und seine Botschaft. Die Frage ist, was diese Botschaft und Jesu Heilswirken heute bei uns bewirken. Es geht heute auch um Gottes und Jesu *Geist.* Die Frage ist, wieweit er unter denen spürbar ist, die von ihm mit so großer Sicherheit reden und sich in ihrem Namen zu ihm bekennen. Die Menschen wollen erfahren, wo der Geist Christi seine Lebendigkeit zeigt, wie er Versöhnung und Frieden schafft, was es heißt: »Wo der Geist des Herrn wirkt, da ist Freiheit« (2 Kor 3,17).
Mit den Fragen nach Gott und Jesus Christus wird zugleich die Frage nach der Zukunft des *Menschen* gestellt angesichts der vielfältigen, großteils von ihm selbst verursachten heutigen Bedrohungen. Um den Menschen geht es auch da noch, wo heute entschiedener als je zuvor die Frage nach der *Erde* angesichts ihres weithin verbrannten und geschändeten Antlitzes im Raum steht. Diese Fragen werden nicht mehr an die eine Kirche gegen die andere gestellt. Es sind überhaupt keine Fragen an getrennte Kirchen, sondern Fragen an die Glaubwürdigkeit der Gemeinschaft der Christen. Alle miteinander haben auf diese Fragen zu antworten.
Die Antwort, die zu geben ist, aber kann nicht dem Geiste des Menschen entspringen, sondern muß aus der Kraft des Geistes Christi gegeben werden. Wer das nicht bejaht, kann sich im Grunde nicht Christ nennen, gleichgültig, ob er aus der evangelischen oder katholischen Tradition abstammt.

So sieht sich, wer als Christ am Ausgang der Kirche steht, wann immer er die Kirche in die alltägliche Welt hinein verläßt, in ein Spannungsverhältnis versetzt, das aber im Grunde dasselbe ist, ob er als evangelischer oder katholischer Christ auf der Schwelle seiner Kirche steht. Es ist die Spannung, die da sichtbar und spürbar wird, wo Gottes- und Menschendienst, Gottes- und Menschenliebe sich kreuzen.
Wer die Kirche verläßt, hat Gott und sein Wort gleichsam im Rücken und geht in der Kraft seines Wortes, aber auch in der Kraft seiner Speise (vgl. 1 Kön 19,8) in den Tag und die Zeit. Die Entlassungsformel des lateinischen Meßformulars lautet: »Ite, missa est«, in einer gern benutzten, wenn vielleicht auch nicht ganz korrekten Übersetzung: »Geht, es ist Sendung. « Diese Aufforderung erinnert am Ende der Eucharistiefeier daran, daß, wer im christlichen Gottesdienst ist, dort niemals nur um seiner selbst willen, sondern stets stellvertretend, fürbittend für das Heil der Welt eintritt, Gottes Wort in der Welt als befreiendes, heilendes, erlösendes Wort zu leben und im Worte zu künden; sie bleibt dem in die Welt Entlassenen Auftrag.
Umgekehrt bleibt jeder Ausgang Eingang, offene Tür der Rückkehr und Einkehr. Die Tür läßt folglich den gegangenen Weg wiederholen aus unserer Zeit in alte Zeiten, aus der Welt in den Raum der Sammlung, wo der innerste Grund der Welt sich erschließt, zu Gott. Das Bleibende verbindet sich mit der Zeit, die Zeit mit der Unterbrechung der Zeit, der Religion.
Der Ausgang der Kirche bleibt ein Werk der Menschen, solange er nicht seinerseits zu einem Verweis für jene Tür wird, durch die Gott selbst Eingang nehmen will. Anfang und Ende seien beschlossen in einem Wort der Geheimen Offenbarung des Johannes 3,20:

»Ich stehe vor der Tür und klopfe an. Wer meine Stimme hört und die Tür öffnet, bei dem werde ich eintreten, und wir werden Mahl halten, ich mit ihm und er mit mir.«

Kirche ist dann nicht mehr der noch so schöne Raum, sondern der lebendige, von Gott erfüllte Mensch.

II. Teil:

Evangelischer Fremdenführer für katholische Christen

Von Martin Honecker

Einleitung

Für evangelischen Glauben und evangelische Kirche ist es schwierig, am Kirchengebäude und Kirchenraum das eigene Selbstverständnis zu veranschaulichen . Dem Leser mag deshalb manches von einem evangelischen »Fremdenführer« Gesagte zu spröde und unanschaulich sein. Über die Gründe dieser Schwierigkeit ist zum Eingang – also gleichsam noch außerhalb und vor der Kirchentür – in wenigen Worten Rechenschaft zu geben.

1. Evangelischer Glaube hat seinen Ort im Gewissen des Christen. Diesen Ort kann man nicht darstellen, nicht aufweisen. Ja, es fällt sogar schwer, dafür einen sinnenfälligen Ausdruck zu finden. In einem Kirchenlied heißt es:

»Es glänzet der Christen inwendiges Leben,
obgleich sie von außen die Sonne verbrannt.
Was ihnen der König des Himmels gegeben,
ist keinem als ihnen nur selber bekannt.«

Die gesammelte Aufmerksamkeit auf den glaubenden Christen ist eine Eigentümlichkeit evangelischen Selbstverständnisses. Das wird noch mehrfach deutlich werden.

2. Gerade in einem Jubiläumsjahr der Reformation – vor 450 Jahren starb am 18. Februar 1546 der Reformator Martin Luther auf einer Reise in Eisleben – ist nicht zu übersehen, daß evangelische Kirche seit dem 16. Jahrhundert mancherlei *Wandlungen* in der Geschichte erfahren und durchgemacht hat. Gewiß bedarf es der Erinnerung an die Anfänge, an den Ursprung. Aber mit einem historischen Rückblick ist es allein nicht getan. Es gilt, die geschichtlichen Wandlungen und gegenwärtigen Anforderungen genauso ins Auge zu fassen und nicht etwa durch einen Rückzug in die Geschichte heutigen Problemen auszuweichen zu versuchen.

3. Für einen katholischen Betrachter fällt zunächst einmal die verwirrende *Vielfalt* evangelischen Kirchentums auf. Die im Reformationsjahrhundert entstandenen Landeskirchen waren bereits damals entweder lutherisch oder reformiert. Dieses reformierte Kirchentum geht auf Zwingli und Calvin zurück. Über

die Unterschiede und Differenzen zu sprechen wird gelegentlich Anlaß sein. Im 19. Jahrhundert entstanden sodann unierte Landeskirchen, Landeskirchen, die sich aus einer Union von lutherischen und reformierten Gemeinden und Christen bildeten. Neben den Landeskirchen gibt es aber auch noch *Freikirchen.* »Freikirchen« waren zunächst vom Staat völlig freie, unabhängige Kirchen und im Unterschied zur Volkskirche Freiwilligkeitskirchen. Manche Freikirchen haben zudem Besonderheiten in Lehre und Gottesdienst. An Beispielen seien nur einige Freikirchen aufgezählt: Der *Methodismus* war eine vom anglikanischen Geistlichen John Wesley (1703-1791) ausgehende Erweckungsbewegung. Sie legt besonderen Wert auf die »Heiligung« des Lebens. Die englische Staatskirche ließ im 18. Jahrhundert dieser Bewegung keinen Raum. So kam es vor allem im angelsächsischen Bereich zur eigenen Kirchenbildung. Der Unterschied zu den Landeskirchen besteht nicht in der Lehre, sondern in der Betonung eines Christentums der Tat durch den erneuerten Menschen. Die *baptistischen* Freikirchen haben zum Kennzeichen die Taufe der gläubig Gewordenen. Taufe heißt griechisch Baptisma; daher rührt der Name »Baptisten«, ursprünglich ein Spitzname. Eine Täuferbewegung gab es schon in der Reformationszeit. Im 17. und 18. Jahrhundert entstanden baptistische Gemeinden in England und den USA. Der bekannte Prediger Martin Luther King in den Vereinigten Staaten war Baptist. Viele kennen auch die *Quäker* wegen ihrer internationalen karitativen Tätigkeit. Sie selbst nennen sich »Gesellschaft der Freunde«. George Fox (1624-1691) wurde in England verfolgt, weil er dem »inneren Licht« folgte und streng nach den Geboten der Bergpredigt mit seinen Anhängern leben wollte und deshalb auf Kriegsdienst, Eidesleistung, Übernahme staatlicher Ämter verzichtete und unbedingte Wahrhaftigkeit forderte. Quäker ist ebenfalls ein Spitzname und bedeutet »Zitterer«. In den Anfängen gab es unter den Anhängern von George Fox ekstatische Erscheinungen. Die Quäker kennen keine Sakramente, kein Priestertum, kein Dogma. In ihrer Versammlung warten sie im Schweigen auf die Führung durch den Heiligen Geist.

Die Spannweite der Auffassungen von dem, was »evangelisch« ist, ist damit angedeutet. Die Absicht des »Fremdenführers« ist

es, diese Unterschiede zwar immer wieder zu erwähnen, aber gleichwohl nach dem gemeinsamen Wurzelgrund in der Vielfältigkeit der Erscheinungsformen zu fragen. Dieser gemeinsame Wurzelgrund ist die Berufung auf das in der Bibel, der Heiligen Schrift, bezeugte Evangelium.
4. Geht man auf den Anfang der evangelischen Kirche zurück, so steht an deren Beginn der Ruf zur Umkehr, zur *Buße.* Das auslösende Ereignis der Reformation waren 95 Thesen des Augustinermönches und Theologieprofessors Martin Luther, in denen er am Vorabend des Allerheiligenfestes, am 31. Oktober 1517, zum *Ablaß* Stellung nahm. Das Allerheiligenfest war in dem durch seine Heiligenreliquien berühmten Wittenberg ein Ablaßfest. Dazu kam damals der Ablaßhandel durch den Dominikanermönch Johann Tetzel, der mit dem Ablaß in den Nachbarländern Wittenbergs Geld für die Kirche eintrieb. Luthers erster Satz der Thesen spricht im Widerspruch zu einer um Geld erkauften Buße von der »Wahren Busse«.

»Unser Herr und Meister Jesus Christus hat mit seinem Wort ›tut Buße‹ usw. (Matth 4,17) gewollt, daß das ganze Leben der Gläubigen nichts als Buße sein soll.«

Luther stellt damit freilich ein nur auf den Akt und Vollzug des Bußsakraments bezogenes Bußverständnis in Frage. Die Vergebungsgewalt des Papstes und der kirchliche Ablaß betreffen nur irdische Strafen und Schuld, aber nicht ewige Strafen und Schuld. Dies richtete sich gegen die Anschauung von der päpstlichen Erlaßgewalt über die Fegfeuerstrafen. Die »Armen Seelen« brauchen nicht Geld, also Ablaßzahlungen, sondern Fürbitte (These 25-29). In der 52. These faßt Luther die reformatorische Glaubenserkenntnis in einem Satz zusammen:

»Der wahre Schatz der Kirche ist das hochheilige Evangelium der Ehre und Gnade Gottes.«

Am Beginn der Reformation steht also die Kritik eines kirchlichen Mißbrauchs, des Ablaßhandels, und die Rückbesinnung auf das Evangelium als Grund und Maßstab der Kirche. Aus dem Ablaßstreit ist die Kirchenspaltung hervorgegangen. Deren Geschichte ist hier nicht im einzelnen nachzuerzählen. Wohl aber ist an den ursprünglichen Sinn von »Buße« zu erinnern. »Buße« heißt nicht einfach Strafe oder Schuldtilgung, sondern im umfassenden Sinne Um-kehr. Das griechische Wort für Buße, meta-noia, bedeutet um-denken, Um-besinnung. Einhalten und neuanfangen, den Sinn auf das Evangelium richten und das Leben im Angesicht Gottes ändern, das heißt: Buße tun. Darauf aufmerksam zu machen und dazu einzuladen, ist einem evangelischen Christen aufgetragen, der nicht nur distanziert berichten will, sondern zum Verständnis und Nachdenken Anstöße geben möchte.

5. Damit sind bereits *Absicht* und *Zielsetzung* eines »evangelischen« Fremdenführers umrissen. Der Leser dieses Büchleins erwartet sicher nicht einen distanzierten, bloß beschreibenden Bericht, sondern eine Hilfe zum Verstehen und zum Entdecken, bei welcher der Anleitende selbst befragt wird. Aus reiner Neugier wird sich nämlich schwerlich jemand für dieses Thema interessieren. Vielmehr ist davon jeder Christ (und Nichtchrist) in unserem Kulturkreis auf irgendeine Weise betroffen. Die Glaubensspaltung hat ihre Spuren hinterlassen. Es ist hier nicht beabsichtigt, Narben aufzureißen und Fronten zu schaffen. Vielmehr ist das Ziel ein offenes Gespräch, in dem Anfragen gestellt und vernommen und Antworten gegeben werden, aber auch Kritik gehört und Selbstkritik laut werden kann. Ein offenes Gespräch setzt den Willen zur Verständigung voraus und die Bereitschaft, einander geduldig zuzuhören und aufeinander zuzugehen. Dem Gespräch dient es jedoch nicht, wenn Gegensätze verschwiegen und unterschiedliche Standpunkte verschleiert werden. Offenheit und Redlichkeit, das Bemühen um ökumenische Verständigung und Deutlichmachen des eigenen Standpunktes schließen sich nicht aus. In diesem Gespräch ist als Grundorientierung dem evangelischen Gesprächspartner vorgegeben das Streben nach der Erkenntnis des Evangeliums. Denn evangelische Kirche beansprucht das Evangelium als Quelle ihres Lebens. Daher ist aber auch für sie selbst die Reformation nicht abgeschlossen. Sie hat das Vertrauen, daß Gottes Wort die Kirche zu erneuern vermag.

1.
Evangelischer Kirchenraum und evangelisches Kirchenverständnis

1.1 Ein gemeinsames Erbe

Ein erster Eindruck, den ein Besucher von einem typisch evangelischen Kirchengebäude gewinnen mag, ist vermutlich der protestantischer Nüchternheit. Ein katholischer Christ wird die Zeichen der Gegenwart des Heiligen vermissen: Am Eingang steht kein Becken mit Weihwasser, das beim Eintritt in die Kirche symbolisch an die Taufe und an die Reinigung von den Sünden erinnern soll. Am Altarraum verweist kein Ewiges Licht auf Christus, das Licht der Welt, der im Sakramentschrein, im Tabernakel in Gestalt des in den Leib Jesu Christi gewandelten Brotes gegenwärtig ist. Auch Opferkerzen brennen nicht. Es fehlen also äußere Zeichen der Heilserwartung und der menschlichen Zuwendung zum Heil Gottes.

Karg wie der Kirchenraum sind auch die Verhaltensformen des evangelischen Christen: Der evangelische Christ bekreuzigt sich nicht und beugt nicht die Knie vor dem Sakrament. Ja, an Werktagen mag es sogar geschehen, daß der Besucher vor verschlossenen Kirchentüren steht. Dabei hat die reformatorische Christenheit oftmals im 16. Jahrhundert alte und kulturell bedeutsame, daher sehenswerte, romanische und gotische Kirchen übernommen, gleichsam geerbt. Sie hat freilich die auf das sakramentale Geschehen hin ausgerichteten Kirchen auf die Kanzel hin, den Ort der Predigt, neu und verstärkt zugeordnet. Diese Übernahme der Kirchengebäude veranschaulicht zunächst den Anspruch der Reformation, *nicht* einen *neuen* Glauben zu begründen, sondern zum *ursprünglichen Verständnis* des Evangeliums Jesu Christi zurückzuführen. Die Reformation verstand sich als Rückkehr zum Ursprung, als Wiederentdeckung des Wortes Gottes. Darum versteht sich die Reformation auch keineswegs als völliger Bruch, als gänzlicher Neuanfang. Im Gegenteil: Luther selbst ist sich seiner Herkunft sehr wohl bewußt, wenn er feststellt:

»Wir bekennen, daß unter dem Papsttum viel christlich Gutes, ja alles christliche Gut sei, und auch von da her kommen sei an uns, nämlich wir bekennen, daß im Papsttum die rechte heilige Schrift sei, rechte Taufe, recht Sakrament des Altars, rechte Schlüssel zur Vergebung der Sünde, rechtes Predigtamt, rechter Katechismus als das Vaterunser, Zehn Gebote, die Artikel des Glaubens ... Ich sage, daß unter dem Papsttum die rechte Christenheit ist, ja der rechte Ausbund (d. h. Inbegriff) der Christenheit, so muß sie wahrlich Christi Leib und Glied sein. Ist sie sein Leib, so hat sie rechten Geist, Evangelium, Glauben, Taufe, Sakrament, Schlüssel, Predigtamt, Gebet, heilige Schrift und alles, was die Christenheit haben soll.«

Luther zählt hier auf, was nach wie vor gemeinsames Gut evangelischer und katholischer Christen ist: An erster Stelle ist die Heilige Schrift, die *Bibel* zu nennen. Die grundlegende Einheit der Christen erweist sich ferner anhand von Taufe und Abendmahl, Sündenvergebung und Gebet. Es gibt also wesentliche Gemeinsamkeiten – und gleichwohl tiefgreifende Unterschiede. Freilich, es sollte sogleich festgestellt werden, daß diese Unterschiede heute keine *Gegensätze* mehr sind, die zu Verfeindungen führen müssen. So schmerzlich und leidvoll die Glaubensspaltung bis heute ist und bleibt, so wenig darf sie dazu führen, Feindseligkeit, gar Religionskriege, in welcher Form auch immer, zu rechtfertigen. Eine blutige Spur zieht sich zwar vom Beginn des Reformationsjahrhunderts durch die Jahrhunderte des konfessionellen Zeitalters (16.-18. Jahrhundert) hindurch: Glaubenskämpfe und Religionskriege wurden nicht nur mit den Waffen des Geistes ausgetragen, sondern mit Schwert und Feuer geführt. Wer aber *heute* versucht, die Eigenart evangelischen Kirchentums zu veranschaulichen und die Unterschiede zu katholischer Kirche und Frömmigkeit herauszustellen und zu beleuchten, kann dies nur tun im Willen zur Verständigung, zum Gespräch, zum Dialog sowie in der Bereitschaft zur Selbstkritik.
Zu dieser Selbstkritik nötigt bereits die Berufung auf das *Evangelium.* Denn wenn das Evangelium *Quelle* und *Maßstab* sein soll, so wie es die übliche Selbstbezeichnung »Evangelische« Kirche nahelegt, dann kann nicht konfessionelle Rechthaberei

und stolze, selbstgewisse Berufung auf das reformatorische Erbe der entscheidende Gesichtspunkt sein. Ebensowenig kann freilich religiöse Gleichgültigkeit, Indifferenz in Glaubensfragen, eine Toleranz, die alles nur Denkbare für zulässig hält und für die richtig ist, was beliebt, beherrschend werden. Respekt und Ehrfurcht vor dem Heiligen, Achtung des Glaubens, Ernstnehmen der Überzeugung von Mitchristen sind vielmehr die angemessene Form des Zugangs zu dem, was der andere für seinen Glauben, für seine Weise, zu glauben, mit dem Vollzug des Glaubens umzugehen, für grundlegend und unverzichtbar hält. Vieles in der Darstellung des Glaubens ist überdies *geschichtlich* bedingt und ist manchmal nur aus der Entstehungszeit zu verstehen. Das gilt gerade für den Kirchenbau. Kirchengebäude waren und sind beeinflußt von der Kultur, in der sie stehen und aus der sie erwachsen. Verdeutlichen wir uns dies nur ganz kurz in Umrissen.

1.2 Die Geschichte des Kirchenbaus

Am Anfang des Christentums stehen nicht prunkvolle Bauten. Sondern nach der Trennung der Christen vom Judentum, von der Synagoge, dem jüdischen Lehrhaus, und nach der Lösung vom Jerusalemer Tempel und dessen Zerstörung im Jahre 70 nach Christus sammelten und trafen sich die Christen zu Gottesdiensten in Privathäusern, wohl auch im Freien, und in Verfolgungszeiten auch an verschwiegenen Orten, beispielsweise in Katakomben, im Untergrund. Erst als dann seit dem Jahre 325 nach Christus, unter Kaiser Konstantin dem Großen, das Christentum zur staatlich anerkannten Religion geworden war, baute man große Versammlungsräume. Die frühchristliche *Basilika* – das Wort stammt aus dem Griechischen und heißt »königlich« – nimmt die Bauform der antiken, römischen Hallen auf: Das Mittelschiff ist oft überhöht; an den Längsseiten oder auch ringsum befinden sich durch Säulen oder Pfeiler vom Hauptraum getrennte Seitenschiffe. Die Decke kann flachgedeckt, aber auch eingewölbt sein. Dem Eingang gegenüber befand sich oft eine *Apsis* (eine halbrunde Nische). Die Apsis war ursprünglich der

bevorzugte Platz eines Richters oder Herrschers. Sie konnte auch der Aufstellung eines Bildwerks, einer Statue dienen. Die bei den Römern als Markthalle oder Gerichtssaal dienende Basilika wurde von Christen als Gotteshaus genutzt: Sie ist Versammlungshaus der *Gemeinde.* Mehrschiffigkeit, erhöhter Mittelraum und Apsis sind römische Vorgaben. Sankt Peter in Rom ist eine solche längsorientierte, mehrschiffige Basilika mit Apsis an der einen Schmalseite und Zugängen an der anderen Schmalseite. Der Platz des Bischofs und Bänke für das Presbyterium befinden sich in der Apsis. Davor steht der Altar. In Trier ist die Basilika des römischen Kaiserpalastes heute sogar der gottesdienstliche Raum einer evangelischen Gemeinde. In der westlichen Kirche blieb im Abendland die Basilika die bevorzugte Grundform des mittelalterlichen Kirchenbaus.
Dagegen bevorzugt der griechische und slawische Raum den *Zentralbau.* Zentralbauten wurden zunächst für Taufkirchen und Grabkirchen verwendet: Der Grundriß ist auf *einen* Mittelpunkt bezogen. Um diesen Mittelpunkt kann sich ein Kreis, ein Viereck, ein Achteck, eine Ellipse legen. Den oberen Abschluß bildet zumeist eine Kuppel. St. Vitale in Ravenna, die Hagia Sophia in Konstantinopel, das Oktogon des Aachener Münsters sind derartige Zentralbauten. Im Zentralbau ist alles auf den einen Mittelpunkt bezogen, die heilige Stätte, vielleicht das Grab eines Martyrers. Es ist begreiflich, daß die evangelische Gemeinde, welche die Versammlung um das Wort und das Geschehen der Predigt in den Mittelpunkt stellt, mit dem Zentralbau wenig anfangen konnte und kann. In der Renaissance, wohl auch unter dem Einfluß tridentinischer Reformgedanken, lebte der Entwurf des Zentralbaus wieder auf: In der Peterskirche in Rom findet sich ein Kompromiß zwischen den Ideen des Zentralbaus und des Langhausbaus, nachdem Bramante (Donato d'Angelo) ursprünglich einen reinen Zentralbau geplant hatte.
In vorreformatorischer Zeit führten die Baustile der *Romanik* und der *Gotik* im Abendland eine neue Blütezeit des Kirchenbaus herbei: Während die Bischofskirche, die *Kathedrale* (von griechisch cathedra = Bischofsstuhl) immer stärker dahingehend entworfen wurde, daß sie Abbild der himmlischen Heimat ist, wurde die *Pfarrkirche,* die Bürgerkirche als Hallenkirche gestal-

tet. Mit der Kathedrale ist von Haus aus kein besonderer Stil verbunden. Freilich hat sich nicht ohne Grund und Anlaß die Vorstellung »gotisch« an das Wort »Kathedrale« geheftet, so daß in besonderer Weise die Gotik Sinnbild und Inbegriff des Kathedralbaus geworden ist. Denn das Zusammenwirken aller bildenden Künste, der Architektur, der Bildhauerei, der Malerei, vor allem in den Glasfenstern brachte im gotischen Kirchenbau ein unübertreffbares »Gesamtkunstwerk« zustande. Die Gotik sucht die Kirche zu einem realen Abbild des Himmlischen zu machen: Sie kann dem Anliegen der Meßliturgie, das Irdische mit dem Himmlischen zu einen, sinnenfällige Bau- und Bildgestalt geben.
Die *Reformation* bedeutet darum einen tiefen Einschnitt: Die Kirche wird aus der Wohnstatt Gottes zum Raum der Gemeinde, in dem man zusammenkommt, um die Predigt zu hören. Der Kirchenraum wird schlicht. Während *Luther* noch die überkommenen Plastiken und Malereien um des Volkes willen stehen ließ, lehnte die von Ulrich *Zwingli* bestimmte Züricher Reformation überlieferte Frömmigkeitsgestalten und kultische Gestaltungen in radikaler Weise ab: Das Bilderverbot des Alten Testaments wird so verstanden, daß es die Distanz von Himmlischem und Irdischem, die Transzendenz Gottes betont. Unter Berufung auf das Gebot:

»Du sollst dir kein Bildnis noch irgendein Gleichnis machen, weder des, das oben im Himmel, noch des, das unten auf der Erden, noch des, das im Wasser unter der Erde ist« (2. Mose 20,4)

wird jegliche bildliche und figürliche Veranschaulichung untersagt. Die Bilder werden als Götzendienst verdammt. Johannes *Calvin* in Genf und die »reformierten« Kirchen – welche von den auf Martin Luther sich berufenden »lutherischen« Kirchen zu unterscheiden sind – folgten dem Züricher Standpunkt. Wie im Judentum und Islam wird das Gotteshaus bildlos. In reformiert gewordenen Gebieten werden Bilder und Statuen zerstört, Altäre zerschlagen. In Lyon sieht man an der Kathedrale noch die im Bildersturm, im »Götzensturm« zerschlagenen Statuen der Außenfassade. Nicht einmal ein Kruzifix wird geduldet. Auch Kerzen gelten streng reformierter Überzeugung nach als

unzulässig. Die Konzentration auf das gesprochene Wort wird hier vollständig.
In Kursachsen ist für kurze Zeit – nämlich zu Beginn des Jahres 1522 – ebenfalls ein radikaler Standpunkt vertreten worden, und zwar von *Karlstadt,* der eine »Abtuung der Bilder« in Wittenberg verlangte. Hingegen hat *Luther* schon in seiner Auseinandersetzung mit Karlstadt einen mäßigenden Standpunkt eingenommen. Luther wehrt sich zwar gegen eine magische Verehrung der Bilder. Den spätmittelalterlichen Bilderkult, der im Bild eine Epiphanie, eine Erscheinungsweise des Himmlischen, des Göttlichen erlebt, lehnt er ab: Nicht im Bild, sondern im *Wort* spricht Gott zum Menschen. Aber er läßt um der Ungebildeten willen Bilder als Erinnerungsstützen gelten. Die Reformation brachte jedenfalls einen Zug zum Kargen, zum Schlichten in die Gestaltung der Frömmigkeit und des Kirchenraumes ein. Die einfache Dorfirche ohne viel Zierat war ihr am meisten gemäß; in der Stadt nutzt sie die Hallenkirche zur gottesdienstlichen Versammlung.
Die *katholische Kirche* hat im tridentinischen Konzil dagegen am Recht der Bilder festgehalten. Das Konzil stellt zwar fest, daß den Bildern keine »göttliche Kraft innewohne, deretwegen sie verehrt werden müßten«. Das Bild ist also nicht Repräsentant des Himmlischen im Sinne magischer Vergegenwärtigung, wie dies konsequente Bilderverehrer (griechisch »Ikonolatren«) lehren. Vielmehr ist eine Verehrung von Bildern nur erlaubt und nützlich, sofern sie nicht eigenständig ist, sondern letztlich der im Sinnbild dargestellten Person zugewandt ist. Der nachreformatorische Katholizismus blieb bilderfreundlich und dem Sinnenfälligen zugewandt, während der Calvinismus und dann die Aufklärung die Bildhaftigkeit ablehnt (und vielleicht damit der neuzeitlichen ungegenständlichen Malerei den Weg mitbereitet hat). Bezeichnenderweise hat der *Barock* zwar den katholischen Kirchenbau sehr stark beeinflußt, so daß man ihn geradezu »die Kunst der Gegenreformation« genannt hat. Im evangelischen Kirchenbau hat der Barock hingegen keine faßbaren Spuren hinterlassen. Denn diese auf das Optische, das Sehen bezogene Architektur, Malerei und Plastik blieb dem Verständnis evangelischen Glaubens und Gottesdienstes wesensfremd. So entstand

zwar im Zeitalter des Barock eine evangelische Kirchenmusik, die auf Johann Sebastian *Bach* hinführte, aber keine die sinnliche Wirklichkeit gestaltende Baukunst. Die Bauten eines J. M. Fischer und eines J. B. Neumann (Vierzehnheiligen, Neresheim) sind nur in katholischen Gebieten möglich gewesen. Denn im Mittelpunkt dieser Kirchen steht der Altar. Auf ihn hin orientiert sich der Raum. Dagegen ist der evangelische Kirchenraum auf die Kanzel, den Ort der Predigt hingeordnet. Die Kanzel rückt in den Mittelpunkt, freilich nicht als Prunkgebilde und Schaustück wie im Barock, sondern als »gemeindenaher« Standort. Der *Kanzelaltar* unterstreicht diese Entwicklung. In der Kapelle der Wilhelmsburg in Schmalkalden wurden erstmals Altar, Kanzel und Orgel übereinander in Front zur Gemeinde gestellt. Diese Anordnung ist symbolhaft: Die Kanzel als Mittelpunkt, der Altar ihr zu- und untergeordnet und die Orgel als Träger und Begleiter des Gemeindegesangs bilden eine Einheit. Der Kirchenraum ist nicht Selbstzweck, nicht ein Heiligtum. Es findet auch keine Kirchweihe, keine Konsekration mit einem besonderen Ritus statt. Vielmehr werden evangelische Kirchen feierlich mit Wort und Gebet in Dienst gestellt, denn sie sollen ja zur Verkündigung des Wortes benutzt werden. Nur wenn darin Gottes Wort laut wird, wird der Kirchenraum »heilig«. Der dienende Bezug zur Wortverkündigung und Sakramentsspendung bringt ein Element des *Zweckmäßigen* in den evangelischen Kirchenbau. Es ist darum verständlich, daß evangelische Kirchenbauten heute oftmals Mehrzweckräume, Gemeindesäle mit dem Kirchenraum verbinden. Der Kirchenraum soll nicht sakraler Ort, sondern Versammlungsraum der Gemeinde sein. Die »Aufgabe«, der Zweck prägt das Kirchengebäude.

Angemerkt sei wenigstens, daß sich in den letzten Jahrzehnten eine überraschende Annäherung des evangelischen und katholischen Kirchenbaus ergeben hat. Die volksliturgische Bewegung im Katholizismus führt zum Bau ausgesprochener Gemeindekirchen. Das 2. *Vatikanische Konzil* hat mit der Liturgiereform diese Tendenz bestätigt und verstärkt. Denn es fordert die aktive Beteiligung der Gemeinden. Die Gemeinde soll sich um den *einen* Altar zusammenfinden, von dem aus dem Volk zugewandt zelebriert wird. Diesem Verständnis der Messe als Gemein-

schaftsfeier der Glaubenden entspricht im evangelischen Kirchenbau die Rückbesinnung auf den Altar als Stätte des Mahles. Freilich widerstreben dieser Besinnung auf die Mitte gottesdienstlichen Geschehens Überlegungen im evangelischen Bereich, welche vornehmlich oder gar ausschließlich die *Sendung* der Gemeinde in die Welt betonen und darum architektonisch die Kirche als Mitte der Anlage eines Gemeindezentrums verstehen, in dem die Zurüstung für den Dienst in der Welt, in der »Profanität« erfolgen soll. Hierdurch wird augenfällig, daß das Recht des Sakralen, des Heiligen und Kultischen im Zeitalter der Säkularisierung, der fortschreitenden Verweltlichung strittig geworden ist.
Blicken wir von hier aus zurück, dann wird die Geschichte des Kirchenbaus zum Spiegel des *Selbstverständnisses* von *Kirche* selbst. Das Ulmer Münster, als »Kirche der Bürger« im hohen Mittelalter erbaut, stellt in seiner vorreformatorischen Konzeption wie in seinem späteren reformatorischen Gebrauch die Eigenart evangelischen Kirchentums dar. Das spätgotische Mauerwerk barg einstmals einen Reichtum an Chorgestühl, Altären, Glasfenstern und Heiligenstatuen. Dem Bildersturm (am 19. und 20. Juni 1531) fielen die 60 Altäre und der Bildschmuck im Inneren zum Opfer. Das Chorgestühl und die Plastiken an den Portalen blieben freilich erhalten. Am Eingang des Westportals steht die von Hans Multscher 1429 gestaltete lebensgroße Figur des Schmerzensmannes mit ihrem empfindungsstarken Frührealismus. Evangelische Frömmigkeit konnte in diesem Andachtsbild der mittelalterlichen Mystik die lutherische Kreuzestheologie erkennen und das Mitleiden nachvollziehen. Ebenso konnte sie sich die bereits vorreformatorische Kanzel – von Jörg Syrlin dem Jüngeren 1510 – aneignen. Das Münster war bereits vor der Reformation vom Rat der Stadt Ulm zur Predigtkirche bestimmt worden. Gerade die Kanzel mit ihrer rund 20 Meter hoch emporsteigenden Schalldeckelpyramide konnte Symbol evangelischen Kirchenverständnisses werden: Die Kirche ist Geschöpf des Wortes (creatura verbi).

1.3 Kirchenraum und Kirchenverständnis

Das Kirchengebäude sollte ein Abbild des Kirchenverständnisses, symbolischer Ausdruck eines Leitgedankens sein. Für Luthers Verständnis von Kirche ist kennzeichnend, daß er das Wort Kirche gar nicht geschätzt hat. Er nannte es einmal ein »blindes, undeutliches Wort«. Denn beim Wort »Kirche« denke der gemeine Mann an das steinerne Haus, an das Kirchengebäude. Gemeint aber sei mit Kirche gar nicht das geweihte Haus oder Gebäude, sondern die Schar der Christen, die sich darin versammelt, die Versammlung der Glaubenden, das Volk Gottes. Luther bevorzugte darum das Wort »Gemeinde«. Gemeinde sind die Christen, die sich um Gottes Wort sammeln. Luther meint in den Schmalkaldischen Artikeln (1537):

»es weiß gottlob ein Kind von 7 Jahren, was die Kirche sei, nämlich die heiligen Gläubigen und die ›Schäflein, die ihres Hirten Stimme hören‹« (Joh 10,3).

Aus dieser Sammlung auf das Grundgeschehen von Kirche, nämlich die Verkündigung des Wortes Gottes, ergibt sich die Freiheit gegenüber der Kirchenordnung. Für die Einheit der christlichen Kirche ist allein die Übereinstimmung in der Verkündigung des Evangeliums notwendig, aber nicht das Vorhandensein einer einheitlichen Kirchenverfassung oder desselben Ritus, der gleichen Gottesdienstordnung. Der Konzentration auf das eine Grundgeschehen entspricht daher die Vielfalt, der Pluralismus evangelischer Gestaltung der Kirche, der dem nicht-evangelischen Christen auffällt. Die einzelnen Landeskirchen und die mancherlei Freikirchen – etwa die Methodisten, die Baptisten oder die Quäker – bieten ein verwirrendes Erscheinungsbild. Man hat deshalb das evangelische Verständnis von Kirche – im Unterschied zum römisch- katholischen Verständnis oder auch zur östlichen Orthodoxie – als das einer *unsichtbaren Kirche* bezeichnet. Der unsichtbaren Kirche gemäß wäre dann auch die Nüchternheit und Kargheit mancher evangelischer Kirchengebäude. Denn das Kirchengebäude wäre dann nichts anderes als der Versammlungsraum der Gemeinde, die nur im Glauben faßbar wird. In der Tat sind manche Kirchen in dieser Weise gestaltet. Aber die Unter-

scheidung von sichtbarer und unsichtbarer Kirche ist nur eine Halbwahrheit. In der Tat ist das, was die Zugehörigkeit zur Kirche ausmacht, den Augen von Menschen verborgen, also »unsichtbar«, – nämlich der Glaube. Martin Luther sagt einmal nachdrücklich: »Die Kirche ist verborgen, die Heiligen sind versteckt.« Als *Glaubensgemeinschaft* ist die Kirche unsichtbar.
Aber diese Glaubensgemeinschaft, die »unsichtbare« Kirche, ist gleichwohl erkennbar an äußeren *Kennzeichen*, an *sichtbaren »Merkmalen«*. Trotz der Verborgenheit des Glaubens ist also auch nach evangelischem Verständnis die Kirche zugleich »äußerlich«. Sie tritt öffentlich in Erscheinung. Das besagt die Aussage Luthers, das Wort Gottes sei das äußere Kennzeichen der Kirche:

»Das Evangelium ist das einzige gewisseste und edelste Zeichen der Kirche«.

Es ist dieses Zeichen vor der Taufe und vor dem Abendmahl, weil auch diese nur im Wort Gottes begründet sind. Darum heißt es bei ihm:

»das ganze Leben und Wesen der Kirche steht in dem Wort Gottes.«

Es wäre zu fragen und zu prüfen, ob diese Sammlung auf das Wort Gottes hin grundsätzlich unvereinbar mit einer katholischen Sicht ist, für welche die äußere kirchliche Gemeinschaft unbedingt notwendig ist; zu erörtern wäre also, welches Gewicht die Gemeinschaft der Bischöfe und die Gemeinschaft mit dem Papst hat. Gewiß bestehen in der Einstellung zur »Sichtbarkeit« der Kirche als Glaubensgemeinschaft nach wie vor weitreichende Unterschiede. Aber könnten diese Unterschiede nicht verringert werden durch die Besinnung auf den einen gemeinsamen Ursprung der Kirche, ihren Quellgrund im Evangelium? Der Verweis auf Herkunft und Quellgrund der Kirche führt Luther zu der Feststellung:

»Es ist ein hoch, tief, verborgen Ding die Kirche, daß sie niemand kennen noch sehen mag, sondern man sie allein aus der Taufe, Sakrament (d. h. Abendmahl) und Wort fassen und glauben muß.«

Bei unserer Einführung in das evangelische Verständnis von Kirche ist es somit geboten, den *Ursprung* der Kirche in der Verkündigung des Evangeliums, im Handeln der Taufe, in der Feier des Abendmahls und in den übrigen Amtshandlungen der evangelischen Kirche aufzusuchen. In diesem Zusammenhang wollen wir jeweils auch die Stätten beschreiben, an denen solches Handeln im Kirchenraum geschieht.
Zunächst sei jedoch noch grundlegend hervorgehoben, daß die lehrhafte Fassung der Sammlung, der Konzentration auf den einen Grund, den Ursprung von Kirche evangelischerseits in der Formel des *»allein«*, des *»solus«* erfolgte: »Allein der Glaube, allein die Schrift, allein die Gnade, allein Christus« (»sola fides, sola scriptura, sola gratia, solus Christus«). Dieses »allein« enthält jeweils eine Abgrenzung: Allein der Glaube – und nichts sonst, kein Handeln der Kirche oder des Menschen – bringt das Heil. Allein an der Schrift – und nicht an kirchlichen Überlieferungen,Traditionen – haben Kirche und Glaube sich messen zu lassen. Allein die Gnade, der bedingungslose Freispruch, die »Rechtfertigung« versetzt in das rechte Verhältnis zu Gott: Kein menschliches Werk, keine besondere Anstrengung oder Leistung des Menschen (auch nicht des frommen Menschen) kann den Menschen erlösen. Und schließlich: Allein Christus ist der Erlöser, der Heilbringer, neben dem keine andere Autorität, weder Heilige noch irgendwelche kirchliche Autoritäten, Amtsträger oder kirchliche Gremien (Konzile, Synoden) anerkannt werden können. Mit diesem Anspruch des »allein« wird und ist nicht bestritten, daß Christus, Gnade, Glaube und Schrift *auch* in anderen Kirchen und Konfessionen gegenwärtig und wirksam sind. Es gibt vielmehr eindrucksvolle Äußerungen gerade von Luther – eine dieser Äußerungen wurde eingangs schon zitiert –, daß dies von evangelischen Christen anzuerkennen und zu achten ist. Das »allein« soll jedoch ausschließen, daß Glaube, Gnade, Heilige Schrift und Christus irgendeiner *Ergänzung* bedürftig oder fähig sind.
Diese Sammlung um das »allein« war im Reformationsjahrhundert getragen und geleitet von der *Heilsfrage.* Luthers Grundfrage war: »Wie bekomme ich einen gnädigen Gott?«
Die Antwort darauf lautete: Gottes Gnade begegnet mir allein im Wort des Evangeliums, das mir das Heilsgeschehen in Chri-

stus zuspricht und das ich allein im Glauben mir aneignen, zu eigen machen kann. Die Kirche kann auf diese Frage nur antworten mit dem Hinweis auf Christus und mit der Verheißung des Evangeliums, welche in der Schrift gegeben ist. Sie kann also nicht selbst Heil vermitteln. Aber ihr ist zugesagt, daß dann, wenn sie an Gottes Wort festhält, ihrem Reden und Handeln die Vollmacht des Heiligen Geistes verheißen ist.
Die Kirche soll Gottes Wort vertrauen:

»Denn Gottes Wort kann nicht ohne Gottes Volk sein, wiederum Gottes Volk kann nicht ohne Gottes Wort sein. Wer wollt's sonst predigen hören, wo kein Volk Gottes da wäre? Und was könnte oder wollte Gottes Volk glauben, wo Gottes Wort nicht da wäre?«

Wird die Grundfrage nach dem Wort Gottes als Heilswort jedoch vergessen oder nicht mehr verstanden, dann bleibt oftmals nur noch eine protestantische Aversion gegen alles Äußerliche, gegen unverstandene (katholische) Gebräuche, gegen liturgisches Handeln, gegen den Kultus überhaupt übrig. Das Unverständnis betrifft dann allerdings auch das, was Predigt, Taufe, Abendmahl dem evangelischen Christen selbst bedeuten müßten. An der Heilsfrage entstanden im Reformationsjahrhundert die Gegensätze. Daraus erklärt sich in manchem die Schärfe der damaligen Auseinandersetzung. Über die Heilsfrage können evangelische und katholische Christen aber auch heute, in einem Zeitalter der Gottlosigkeit und Gottesferne, des Atheismus einander näherkommen und sich besser verstehen lernen. Denn in einer Zeit, in der die Frage nach dem Heil vielfach so fern liegt und unbekannt und unbegreiflich geworden ist, sagt nicht nur das kirchliche Handeln als solches oftmals nichts mehr, sondern bleibt auch das Zutrauen zur Wirksamkeit des Wortes Gottes uneinsichtig. Davon ist in besonderer Weise gerade die evangelische Predigt betroffen. Sie bildet nämlich den Mittelpunkt eines evangelischen Gottesdienstes.
Darum sei bei unserer Beschreibung der evangelischen Kirche, des evangelischen Kirchenraums, der Blick zuerst auf die Kanzel als den Ort der Predigt gelenkt, ehe wir uns den Stätten der Austeilung der Sakramente zuwenden.

2. Die Kanzel

2.1 Die Kanzel als Ort der Predigt

Den Mittelpunkt einer evangelischen Kirche bildet die Kanzel. Man spricht auch vom »Predigtstuhl«. Die Kanzel ist der von einer Brüstung, den Schranken (»cancelli«) umgebene, erhöhte, durch eine Treppe zugängliche Standplatz des Predigers. Alte Kanzeln haben über sich ein Dach, den Schalldeckel, der die Stimme des Predigers verstärken sollte. Die alte vormittelalterliche und noch die romanische Kirche kannte den *Ambo*, den erhöhten Platz, auf den man hinaufsteigen konnte und der der Verlesung der Schrift oder der Predigt des Bischofs diente. Dieses Podest, der Ambo, war oftmals unmittelbar mit den Altarschranken verbunden.
Allein der Predigt vorbehaltene Kanzeln finden sich erst seit dem späten Mittelalter. Die Predigerorden trugen zu ihrer Verbreitung bei. In den gotischen Kirchen wurden Kanzeln allgemein üblich. Der *Kanzelkorb* wird auf einem Sockel oder Pfeiler angebracht. Kanzeln werden an einem Mittelschiffspfeiler oder bei einschiffigen Kirchen an der Wand errichtet. Der Zugang erfolgt über eine Treppe. Die Kanzeln werden nicht nur mit kunstvollem Maßwerk, sondern auch mit reichem Figurenschmuck ausgestattet – so beispielsweise die Kanzel im Straßburger Münster oder die Kanzel im Stephansdom in Wien. In Barockkirchen werden Kanzeln als bewußtes Dekorationsstück in den gesamten Kirchenraum einbezogen. Das hat zwar räumliche Gründe, ist aber auch durch die katholische Wendung zur Predigt in Volksmission und Gegenreformation veranlaßt.
Die Reformation vollzog sich in den Gemeinden zunächst einmal als Predigtbewegung: Die Kanzel gewann dabei eine beherrschende Stellung im Kirchenraum. Der Prediger des Evangeliums sollte gut sichtbar und hörbar sein. Denn das Wort Gottes sollte von jedem Teilnehmer am Gottesdienst deutlich vernom-

men werden. Diese Stellung der Kanzel ist Symbol, Zeichen für die Sammlung der Gemeinde um das Wort Gottes und für die Verbindung durch die Predigt des Wortes Gottes.

2.2 Die Predigt als Grund der Gemeinde

In der grundlegenden lutherischen Bekenntnisschrift, dem Augsburgischen Bekenntnis von 1530, heißt es im 7. Artikel von der Kirche, sie sei

»die Versammlung aller Gläubigen, bei welchen das Evangelium rein gepredigt und die heiligen Sakramente lauts des Evangelii gereicht werden«.

Kirche ist also dort, wo Gottes Wort gepredigt und Taufe und Abendmahl so vollzogen werden, wie es im Evangelium geordnet ist. Durch das menschliche Wort der Predigt soll Gottes Wort laut werden. In einem reformierten Bekenntnis heißt es daher:
»Die Predigt des Wortes Gottes ist das Wort Gottes.«
Das ist eine gewagte Behauptung, ein fragwürdiger Spitzensatz, frag-würdig in dem Sinne, daß dieser Satz einer Nachfrage bedürftig und würdig ist. Das menschliche Wort ist doch an sich ein schwaches und gefährdetes Mittel. Das gilt schon für den Gebrauch des Wortes, der Sprache als Mittel zur Verständigung unter Menschen. Ein Wort kann zwar trösten, zurechtbringen, ermutigen, helfen. Es kann ein wahres Wort, *Wort der Wahrheit* sein. Aber Worte können auch dazu benutzt werden, Wahrheit zu verschleiern, Lüge zu verbreiten und Menschen irrezuleiten, sie zu manipulieren. Worte eignen sich vorzüglich als Mittel der Verführung und Propaganda.
Gefährdet wie jedes menschliche Wort, vielleicht sogar noch mehr gefährdet ist die Verkündigung des *Wortes Gottes.* Darum wird ein evangelischer Christ ein Reden auf der Kanzel, eine »Predigt« nicht schon deshalb für Gottes Wort halten, weil die Predigt an dieser Stelle, mit diesem Anspruch, Gottes Wort zu sein, vorgetragen wird. Vielmehr ist die Predigt nur dann Gottes Wort, wenn sie Predigt des *Evangeliums* ist. Das griechische

Wort »Evangelium« heißt »gute Botschaft«. Im christlichen Verständnis bezeichnet man als »Evangelium« dreierlei:
Einmal ist Evangelium die Heilszusage, die Botschaft von Jesus Christus. So heißt es am Anfang des Markusevangeliums vom Beginn des Wirkens Jesu, daß er das Evangelium Gottes predigte und sprach: »Die Zeit ist erfüllt, und das Reich Gottes ist herbeigekommen. Tut Buße und glaubt an das Evangelium« (Mk 1,15). Am Eingang des Römerbriefes bekennt der Apostel vom Evangelium, das er verkündigt, daß es die Kraft Gottes sei, die selig macht alle, die daran glauben (Römer 1,16). »Evangelium« ist also ursprünglich die Christusbotschaft als Heilszusage.
Sodann nennt man Evangelium die vier Schriften, die von Jesu von Nazaret Leben, Predigt, Leiden, Tod und Auferstehung Zeugnis geben. Die vier Evangelisten sind Matthäus, Markus, Lukas und Johannes.
Schließlich nennt man auch die gottesdienstliche Lesung aus einem der Evangelien ebenfalls Evangelium; daneben gibt es eine Epistellesung aus einem Apostelbrief des Neuen Testaments (nach griechisch Epistel = Brief).
Um eine *Predigt* des Evangeliums kann es sich nur dann handeln, wenn diese Gottes Wort den Menschen als *Verheißung* zuspricht. Verheißung ist das Wort aber nicht durch das Vermögen und die Vollmacht des Predigers, sondern allein kraft des Wirkens des Heiligen Geistes. Das Evangelium spricht den Menschen an. Es ist lebendiges Wort (viva vox), Wort, das *Leben* schenkt und Leben schafft. Weil es um den Lebensbezug des Evangeliums geht, bedarf dieses Wort der stets neuen *Vergegenwärtigung*, des Lautwerdens des Wortes Gottes in der Gemeinde. Im Regelfall kann man es daher nicht mit einer bloßen Textverlesung bewenden lassen. Vielmehr will das Evangelium Licht in das Leben bringen und damit offenbar werden lassen, wie Gott uns heute begegnet und was er heute von uns erwartet. Wo das Wort so als Evangelium und Verheißung zu Gehör kommt und vernommen wird, da sammelt und erleuchtet nach evangelischer Überzeugung der Heilige Geist die Gemeinde Christi. So hat es *Luther* in der Auslegung des 3. Glaubensartikels ausgesprochen: Die Kirche wird vom Heiligen Geist durch das Wort von Menschen – denn die Predi-

ger des Evangeliums sind Menschen – ins Leben gerufen und damit auch am Leben erhalten:

»Ich glaube, daß ich nicht aus eigener Vernunft noch Kraft an Jesus Christus, meinen Herrn glauben oder zu ihm kommen kann, sondern der heilige Geist hat mich durchs Evangelium berufen, mit seinen Gaben erleuchtet, im rechten Glauben geheiligt und erhalten, gleichwie er die ganze Christenheit auf Erden beruft, sammelt, erleuchtet, heiligt und bei Jesus Christus erhält im rechten einigen Glauben.«

Zur Erläuterung der Aussage, im Wort der Predigt spreche Gott zum Menschen, seien noch einige verdeutlichende Hinweise gegeben.

Zunächst ist hervorzuheben, daß Luther den Satz, die Predigt sei Gottes Wort, mit Hilfe der Überlegung erläutern konnte, Evangelium sei eigentlich das *mündliche* Wort, »ein freundliches gutes Geschrei von Christus«. Daß man Bücher habe schreiben müssen, sei schon ein Mangel an Geist gewesen. Gottes Wort ist also nicht einfach mit dem buchstäblichen, geschriebenen Bibelwort gleichzusetzen. Vielmehr kommt es darauf an, im Bibelwort das Evangelium, das mich jetzt und heute treffende Wort Gottes zu vernehmen.

Diese Einschätzung führt freilich zu einem hohen und stets gefährdeten Anspruch an die Predigt: Sie steht leicht in der Gefahr, das Wort des Predigers mit dem Wort Gottes, das kirchliche Wort mit der Verheißung des Geistes gleichzusetzen und zu verwechseln. Gottes Wort ist Wort der Wahrheit; es ist darum untrüglich, unfehlbar, heilig, irrtumsfrei. Die Verwechslung von Gottes Wort und Menschenwort in der Predigt führt dann zu jener *»Pastorenkirche«*, in der nur noch das Wort des Pastors gilt und in der allzuleicht die Meinungen von Predigern mit dem Wahrheitsanspruch des Wortes Gottes gleichgesetzt werden. Der Prediger selbst kann aber nicht Mittler des Evangeliums, sondern nur Zeuge des Evangeliums sein. In der Kanzel des Ulmer Münsters ist dies sinnbildlich dadurch dargestellt, daß im Schalldeckel nochmals eine Treppe zu einer zweiten Kanzel emporführt, die jedoch leer ist und bleibt – um daran zu erinnern, daß allein der Heilige Geist das Wort des Predigers zu Gottes Wort macht.

So gesehen ist die Predigt nicht völlig der Subjektivität des Predigers ausgeliefert. *Inhaltlich* ist die Predigt des Evangeliums Wort der *Gnade,* Zuspruch dessen, was Christus dem Glauben erworben hat und schenkt. Gottes Wort ist das, »was Christum treibet«. Die Botschaft von Christus ist jedoch nicht bloße Information, Mitteilung. Sie ist als Verheißung Einladung zum Glauben, »Wirkwort«. Nach evangelischer Überzeugung *wirkt* das Wort, was es sagt – nämlich Glauben und Heil. Man kann daher nicht nur auf die Kanzel als sichtbaren Ort der Predigt hinweisen, sondern muß dabei zugleich von jenem *unsichtbaren,* aber hörbaren Geschehen reden, das auf der Kanzel geschehen soll, von der Verkündigung des Evangeliums und davon, in welchem Sinne das Evangelium Grund der Kirche ist. Dabei darf man die innere und äußere Schwäche der Predigt nicht verschweigen. Die äußere Gefährdung der Predigt besteht darin, daß sie sich mit Belanglosigkeiten befaßt, Langeweile verbreitet und nicht zum Glauben ermutigt, sondern eher davon abschreckt und, statt Freude und Ermutigung Müdigkeit und Entmutigung vermittelt. Die größere, innere Gefährdung besteht darin, daß sie nicht bei ihrer Sache, der Botschaft des Evangeliums, bleibt, daß sie das Bibelwort daher nicht als Anleitung zum Glauben, sondern als Anlaß zur Bekräftigung eigener Anschauungen und Meinungen aufgreift und benutzt.

2.3 Die Predigt als Schriftauslegung

Die Predigt hat sich nach evangelischem Verständnis an der *Bibel* als schriftgemäß auszuweisen. Sie ist deshalb in aller Regel Auslegung eines Schriftwortes. Zum Zeichen dessen, daß die Kirche unter Gottes Wort steht, sollte in einer evangelischen Kirche *eine Bibel auf dem Altar liegen – nicht verschlossen, sondern aufgeschlagen,* nämlich als ein sichtbarer Hinweis darauf, daß das Maß, der Maßstab allen kirchlichen Redens und Handelns nach evangelischem Verständnis die Bibel als *Heilige* Schrift ist. Conrad Ferdinand Meyer hat Luther in einem Gedicht so charakterisiert:

»Er fühlt der Zeiten ungeheuren Bruch und fest umklammert er sein Bibelbuch.«

Wollte man einen evangelischen Pastor bildhaft darstellen, so würde ihn am ehesten die Bibel in der Hand als solchen kenntlich machen – während der katholische Priester wohl eher durch den Meßkelch zu kennzeichnen wäre. Die Predigt als Schriftauslegung setzt freilich *Bibelkenntnis* voraus, und zwar nicht nur beim Prediger, sondern auch beim Hörer. Hier tun sich heute allerdings Probleme auf: Die Bibelkenntnis schwindet; sie gehört nicht mehr selbstverständlich zur allgemeinen Bildung wie in den Jahrhunderten nach der Reformation. Damit schwindet aber auch die Möglichkeit für den Predigthörer, selbst zu prüfen, ob die Predigt dem Zeugnis der Schrift entspricht und gerecht wird. Der Predigthörer wird auf diese Weise stärker den Darlegungen des Fachmanns, des Theologen ausgeliefert. Er wird zum Laien. Als ein weiteres Problem kommt infolge der Massenkommunikationsmittel eine Überflutung mit Worten hinzu, eine Inflation des Redens, welche auch die Predigt in ihren Bann zu ziehen und zum bloßen Gerede werden zu lassen droht.

Gerade diese Erschwerung des Hörens auf das Schriftwort enthält jedoch auch eine Chance, die Chance des *neuen* Hörens auf die Schrift, auf das Zeugnis der Bibel. Die Reformation entbrannte als Streit um die rechte Schriftauslegung. Luther berief sich gegen Aussagen und Forderungen kirchlicher Autoritäten, des Lehramts auf die Schrift, darauf, daß die Schrift »durch sich selbst gewiß, durchsichtig, offenbar sei«, also sich selbst auslege. Die *Selbstauslegung der Schrift* war für ihn der Gegensatz zum Recht des kirchlichen *Lehramtes,* die Bibel verbindlich auszulegen.

Dieser Gegensatz hat freilich inzwischen seine Schärfe verloren. Denn evangelische Theologen und Christen sind darauf aufmerksam geworden, daß zwischen dem *Neuen Testament* als ursprünglichem Zeugnis von Gottes Handeln in Jesus Christus und der nachfolgenden kirchlichen *Überlieferung* kein völliger und absoluter Bruch besteht. Und auf katholischer Seite wurde ebenso deutlich, daß zwischen der Bibel als der *Ur-kunde* des Evangeliums und späterer kirchlicher Überlieferung doch Unterschiede bestehen. Dazu hat unbestreitbar die *historisch-kriti-*

sche Erforschung der Bibel (seit der Aufklärung) und die Einsicht in das geschichtliche Werden und die geschichtliche Bedingtheit der Bibel beigetragen. Die kritische Bibelforschung hat gezeigt, daß die Bibel nicht, wie der Koran im Islam, als ein vom Himmel herabgefallenes Buch zu verstehen ist. Die christliche Bibel besteht aus zwei Teilen: dem *Alten Testament* mit 39, dem *Neuen Testament* mit 27 Schriften. Die Schriften des Alten Testaments entstanden im Verlauf mehrerer Jahrhunderte, die neutestamentlichen Schriften sind während eines knappen Jahrhunderts niedergeschrieben worden. Historisch-kritische Schriftauslegung hat die sprachliche Eigenart, den historischen Ort, geistige und andere, historische und soziale Voraussetzungen dieser Schriften erhellt und ermöglicht dadurch ein besseres Verstehen der Bibel. An dieser Arbeit der Schriftauslegung haben evangelische und katholische Exegeten (d. h. Ausleger der Schrift) gleicherweise teil.
Die Schriftauslegung macht nun ihrerseits deutlich, daß die Schrift als Maßstab heutiger Predigt und christlichen Glaubens nicht einfach ein *gesetzlich* zu verstehender Text ist, sondern allein als Zeugnis von Christus, eben als *Evangelium* zu begreifen ist. Die Schrift ist nicht einfach »Kanon«, d. h. Maßstab, Richtschnur des Glaubens in ihrem wörtlichen Bestand, sondern sie ist kanonisch und apostolisch, weil und soweit

»der Glaube an Christus Sünde, Tod und Hölle überwindet und das Leben, Gerechtigkeit und Seligkeit gibt«.

So hat es Martin Luther in den Vorreden zu den einzelnen Schriften in seiner *Bibelübersetzung* ausgedrückt. Das reformatorische Verständnis der Schrift ist damals ja nicht durch eine Theorie über das rechte Verständnis der Schrift ausgebreitet worden, sondern durch Luthers Bibelübersetzung, die es jedem Christen ermöglichte, in der Muttersprache das Evangelium selbst zu lesen und zu studieren. Die Ermöglichung der regelmäßigen Bibellektüre durch jeden Christen und der selbständigen Bibelkenntnis ist nach reformatorischem Verständnis Folge und Verwirklichung des *allgemeinen Priestertums aller Gläubigen.* Der Christ kann Gott nicht nur begegnen im Gottesdienst, sondern auch im eigenen Umgang mit der Schrift, in der Versenkung in die Bibel unter Gebet, Meditation, und in der Anfechtung.

Luther hat die Wiederentdeckung des Evangeliums besonders anhand der *Rechtfertigungsbotschaft* des Apostels *Paulus* gewonnen und dargelegt, wobei er vor allem den *Römerbrief* heranzog. Der Reformator legt sein Verständnis des Evangeliums in einer Predigt folgendermaßen dar:

»Das Wort Evangelium ist griechisch und heißt auf deutsch eine fröhliche Botschaft. Denn darin wird die heilsame Lehre des Lebens durch göttliche Zusage verkündigt und die Gnade und Vergebung der Sünde angeboten. Deshalb gehören zum Evangelium nicht Werke; denn es ist nicht Gesetz, sondern allein Glaube; denn es ist einzig und allein die Zusage und das Angebot der göttlichen Gnade. Wer nun daran glaubt, der empfängt die Gnade und den Heiligen Geist. Dadurch wird dann das Herz fröhlich und lustig in Gott und tut alsdann das Gesetz freiwillig umsonst, ohne Furcht vor Strafe und ohne Anspruch auf Lohn; denn es hat an der Gnade Gottes überreichlich genug, wodurch dem Gesetz Genüge geschehen ist.«

Die Hochschätzung des Apostels Paulus hat in evangelischen Kirchen vielfach in bildhaften und figürlichen Darstellungen des Apostels ihren Ausdruck gefunden, während in der Alten Kirche und im Mittelalter solche Darstellungen und die Benennung von Kirchen nach Paulus als Schutzheiligen, als Patron, sehr selten waren. Üblich war allenfalls die gemeinsame Verehrung der beiden Gründer der christlichen Gemeinde in Rom, wobei Paulus als zweiter Gründer galt. So gibt es Kirchen, welche den beiden Schutzpatronen Peter und Paul geweiht waren, und ein seit 354 nachweisbares Patronatsfest, den Peter-und-Pauls-Tag (29. Juni). Jedoch die eigenständige Paulusdarstellung ist bis in die Gegenwart hinein ein Kennzeichen evangelischer Kirchen geblieben.

Gleichwohl ist die evangelische Theologie heute auch dazu aufgerufen, den Apostel Paulus als einen zweifellos besonders wichtigen Zeugen *neben* anderen Zeugen im Gesamtzeugnis der Heiligen Schrift zu hören. Er ist nicht der *einzige* Zeuge. Umgekehrt sollten sich katholische Theologen fragen, ob in der nachreformatorischen Zeit nicht die Stimme des Apostels Paulus in den Hintergrund gedrängt wurde, weil sich evangelische Kirche und Theologie betont auf ihn berufen haben. Dabei wird es entscheidend darauf ankommen, daß und wie die Bibel tatsächlich faktisch im Gottesdienst und im Leben der Kirche *gebraucht* wird. Erst der gottesdienstliche Gebrauch, der Umgang des Glaubens mit der Bibel macht den biblischen Kanon zur Heiligen Schrift. *Heilige Schrift* ist die Bibel nicht schon als historisches Dokument, als *Buchstabe,* sondern erst dann, wenn sie zu Gehör kommt und Glauben findet. Die Predigt, welche das Evangelium kundmacht und zum Glauben ruft, ist deshalb nach evangelischem Verständnis zur Vergegenwärtigung des Bibelwortes unerläßlich. Wenn jedoch die Bibel *durch die Gemeinde,* durch die Kirche dem einzelnen Glaubenden überliefert wird, steht sie nicht von vornherein im Gegensatz zu jeder kirchlichen *Tradition,* wie dies manchmal evangelischerseits empfunden wird. Der reformatorische Grundsatz »Allein die Heilige Schrift« besagt dann lediglich: Alle kirchliche Überlieferung muß sich an der Schrift als der *maßgeblichen* Tradition, dem Ursprung, der Quelle christlichen Glaubens messen lassen. Dabei kann der entscheidende Maßstab allein das Evangelium, die Botschaft von Jesus Christus sein. Die Bibel als solche ist noch nicht das Evangelium; sie enthält und bezeugt nur das Evangelium. Ein Buchstabenglaube wäre »Bibliolatrie« – so nannte Gotthold Ephraim Lessing (1729-1781) eine buchstabengläubige Bibelverehrung. Der gemeinsame Umgang mit der Schriftauslegung kann getrennte Christen und Kirchen deshalb auch zusammenführen. Dabei ist freilich noch eine Frage offen, nämlich die, ob es benennbare Hinweise auf das Evangelium als »Mitte« der Schrift gibt.

2.4 Das Bekenntnis als Anleitung zur Schriftauslegung

Gelegentlich wird in evangelischen Kirchen außer über Schriftworte auch über Grundaussagen des evangelischen Glaubens gepredigt, wie sie in den Bekenntnisschriften enthalten sind. Das grundlegende evangelische Bekenntnis ist das *Augsburgische Be-*

kenntnis, das im Jahre 1530 von den lutherisch gesinnten Reichsständen in Augsburg auf dem Reichstag Kaiser Karl V. überreicht und öffentlich verlesen wurde. Dieses Bekenntnis stellt in 21 Artikeln Glaube und Lehre der damaligen evangelischen Gemeinden dar. In 7 Artikeln werden danach »umstrittene Artikel über abgeschaffte Mißbräuche« behandelt; in ihnen geht es vor allem um die Meßfeier, die Ohrenbeichte, die Priesterehe, die Klostergelübde und die bischöfliche Vollmacht. Die Behauptung im Übergang vom 1. zum 2. Teil: »Uneinigkeit und Streit gibt es vor allem wegen einiger Traditionen und Mißbräuche« ist allerdings irreführend. Es sind eben nicht nur Mißbräuche und Mißstände im kirchlichen Leben gewesen, sondern zunächst einmal grundlegende Gegensätze im Glaubensverständnis, welche zur Reformation führten. Und die Übereinstimmung in den Hauptartikeln der Lehre, die Philipp *Melanchthon,* der Verfasser des Augsburgischen Bekenntnisses, als gegeben behauptete, war nur deshalb möglich, weil in einigen Aussagen der evangelische Standpunkt nicht eindeutig formuliert worden war und andere Differenzen, wie etwa hinsichtlich des Papsttums, mit Stillschweigen übergangen wurden.
Mit der römisch-katholischen Kirche teilt das Augsburger Bekenntnis die Aufnahme des altkirchlichen Dogmas, also der Lehrentscheidungen der Alten Kirche über die *Dreieinigkeit* (Trinität) auf dem Konzil zu *Nicäa* (325) und über die Einheit von Gott und Mensch in der Person *Jesu Christi* auf dem Konzil zu *Chalcedon* (451). Die Reformation versteht diese altkirchlichen Lehrentscheidungen – Dogma heißt Lehrentscheidung – freilich als Anleitung zur Schriftauslegung. Diese Lehrentscheidungen haben sich daher auch wiederum an der Schrift messen zu lassen. So verlangte es Luther:

»Gottes Wort soll Artikel des Glaubens setzen und sonst niemand, auch kein Engel vom Himmel.«

Gleichwohl ist es möglich, die Grundaussagen des christlichen Glaubens in Merksätzen zu fassen. Solche Merksätze finden sich bereits im Neuen Testament, beispielsweise in Gestalt des Bekenntnisses: »Herr ist Jesus Christus« (1 Kor 12,3). Die Festlegung des Glaubens in solchen Glaubensformeln oder Lehrsätzen kann freilich zum Mißverständnis führen, als ob solche Bekenntnissätze nicht nur Anleitung für das rechte Verstehen der Schrift und die rechte Predigt des Evangeliums sein könnten, sondern viel mehr bedeuten und beinhalten würden, nämlich als solche *das* Kennzeichen der wahren Kirche zu sein. Das wäre dann die Berufung auf einen bestehenden »Bekenntnisstand«, in dem Bekenntnis einfach mit dem Vorliegen einer Bekenntnis*schrift* gleichgesetzt wird. Wenn die katholische Kirche gelegentlich in Gefahr war, die wahre Kirche durch Strukturen des Rechts und der Ordnung garantiert sein zu lassen, so bestand für die lutherische Kirche die Gefahr, das »Bekenntnis«, die Lehrsätze der Bekenntnisschriften als das Kennzeichen der rechten Kirche schlechthin zu verstehen. Das Bekenntnis wird in solchem Fall auch vom Gottesdienst losgelöst. Insofern ist es ein Test, ein Prüfstein zur Wertung des Bekenntnisses seitens des Glaubens, inwieweit es im Gottesdienst verwendet werden kann. Im Gottesdienst benutzt werden beispielsweise aus Luthers *Kleinem Katechismus* die Erklärungen der Zehn Gebote oder des Apostolischen Glaubensbekenntnisses. Der *Große Katechismus* Luthers wendet sich an die Pfarrer und will diesen Anleitung zur Predigt und für den kirchlichen Unterricht geben. Die übrigen in den *lutherischen Bekenntnisschriften* enthaltenen Bekenntnisse richten sich dagegen vor allem an den Theologen. Die »Apologie« (1530-1531) verteidigt die Augsburgische Konfession gegen Einwände und Kritik der altgläubigen Theologen; sie ist ebenfalls von Melanchthon verfaßt. Der *Traktat* über die »Gewalt und Obrigkeit des Papstes« (1537) ergänzt das Augsburgische Bekenntnis, welches den Papst nicht erwähnt hatte. Luthers *»Schmalkaldische Artikel«* (1537) sollten als Verhandlungsgrundlage auf einem damals in Aussicht genommenen Konzil dienen. Und die nach vielen innerreformatorischen Verhandlungen 1577 zustandegekommene *Konkordienformel* sollte Lehrstreitigkeiten im Luthertum beilegen, die nach Luthers Tod (1546) entstanden sind. Diese Bekenntnisschriften des Luthertums sind im *Konkordienbuch* (1580) enthalten.

Für die *reformierte Kirche* gibt es keine dem lutherischen Konkordienbuch vergleichbare Bekenntnisschrift als Lehrzusammenfassung. Vielmehr gibt es lokal und sprachlich verschiedene Bekenntnisse. Die für die deutsche reformierte Kirche maßgebliche Bekenntnisschrift ist der *Heidelberger Katechismus* (1563). Dieser Katechismus grenzt sich schroffer als beispielsweise das Augsburgische Bekenntnis gegen die katholische Kirche und Lehre ab. So verurteilt der Heidelberger Katechismus (in Frage 80) die Messe als »vermaledeite Abgötterei«. Diese Abgrenzung hatte, wie gesagt, Folgen für die Gestaltung des Kirchenraums: Er soll bildlos, einfach sein. Und sie hatte Folgen vor allem für die Abendmahlslehre und Abendmahlspraxis. Darauf wird zurückzukommen sein.

Der *Katechismus* enthält diejenigen Hauptstücke christlichen Glaubens, die jeder Christ kennen soll. In *Luthers* Kleinem Katechismus sind dies drei Stücke: die Zehn Gebote, der Glaube (in Gestalt des Apostolischen Glaubensbekenntnisses) und das Vaterunser. Diese drei Stücke enthalten nach Luthers Meinung »schlicht und kurz fast alles, was einem Christen zu wissen not ist«. Der Unterricht im Katechismus ist ein Taufunterricht, welcher wegen der Säuglingstaufe nachträglich erteilt wird. In Luthers Katechismus fehlt das »Ave Maria«, das im Mittelalter zu den Grundbestandteilen christlicher Kenntnis gehörte; dazu ist später noch etwas zu sagen. Luther selbst sah im Katechismus »der ganzen heiligen Schrift kurzen Auszug und Abschrift«, die *»Laienbibel«*. Als »Laienbibel« ist die Kenntnis des Katechismus Voraussetzung evangelischer Predigt.

Luther gab ferner mit seinen Erklärungen den überlieferten Stücken – Zehn Gebote, Glaubensbekenntnis, Vaterunser – eine Ausrichtung auf die Heilsfrage, auf den persönlichen Heilsglauben, auf die Rechtfertigung. Dies tritt besonders in seiner Erklärung der drei Artikel des Apostolischen Glaubensbekenntnisses zutage, so beispielsweise beim 2. Artikel:

»Ich glaube, daß Jesus Christus … sei ***mein*** *Herr, der* ***mich*** *verloren und verdammten Menschen erlöst hat.«*

oder in der Erläuterung des 1. Gebotes im Großen Katechismus, wenn das persönliche Glauben und Vertrauen das Gottesverhältnis schlechthin schafft:

»Einen Gott haben, heißt also nichts anderes, als ihm von Herzen vertrauen und glauben.«

Glaube und Gott gehören zusammen. Die Predigt des Evangeliums, zu deren Verständnis der Katechismus, die Laienbibel, hinführen soll, zielt auf den persönlichen Glauben ab. Der Katechismus soll nicht einfach theologisches Wissen vermitteln, sondern das Vertrauen des Christen auf Gott begründen. Zugleich ist er nach evangelischem Verständnis Wegweiser zur Bibel, zur Heiligen Schrift, die der »Heilsbrunnen«, die Quelle des Glaubens ist.

3.
Der Taufstein

3.1 Der Ort des Taufsteins

Während in der frühen mittelalterlichen Kirche der Taufbrunnen oder das Taufbecken am westlichen Teil der Kirche nahe dem Eingang aufgestellt wurde oder eine eigene Taufkapelle bestand, wird in evangelischen Kirchen der Taufstein möglichst mit Kanzel und Altar zusammengestellt. Dadurch soll die enge Zusammengehörigkeit von Predigt, Taufe und Abendmahl sinnhaften Ausdruck finden und auch veranschaulichen, daß die Taufe in die Gemeinde, den Leib Christi, eingliedert.

3.2 Der Vollzug der Taufe

Die Taufe wird in gleicher Weise wie in anderen christlichen Kirchen vollzogen. Unter Nennung des dreieinigen Gottes wird der Täufling mit fließendem Wasser benetzt. Im Kleinen Katechismus antwortet Martin Luther auf die Frage »Was ist die Taufe?«:

»Die Taufe ist nicht allein schlicht Wasser, sondern sie ist das Wasser in Gottes Gebot gefaßt und mit Gottes Gebot verbunden.«

Das Zeichen des Wassers wird wirksam durch das Wort der Verheißung. Die Taufe wirkt Vergebung der Sünden und gliedert in die Kirche, den Leib Christi, ein. Luthers Antwort auf die Frage »Was gibt oder nützt die Taufe?« lautet:

»Sie wirkt Vergebung der Sünden, erlöst vom Tod und Teufel und gibt die ewige Seligkeit allen, die es glauben, wie die Worte und Verheißung Gottes lauten.«

In der Taufe wird der Mensch aufgenommen in die Gotteskindschaft. Von Natur ist der Mensch Sünder. Das drückt der – schwierige und mißverständliche – Begriff »Erbsünde«, im

Sinne von Ur-sünde, aus. Die Taufe ist einmalig und unwiederholbar. Man kann ihr sozusagen eine räumliche Dimension zumessen: Sie gliedert ein in den einen Leib Christi. Die biblischen Aussagen zur Wirksamkeit der Taufe für das Sein in Christus (Römer 6) und die Deutung der Taufe als unwiderrufliche Heilsgabe sind hier nicht zu erörtern. Weder in Tauflehre noch in Taufpraxis bestehen zwischen evangelischer und katholischer Kirche grundsätzliche Unterschiede. Die Taufe kann grundsätzlich jeder Christ, nicht nur der Priester oder Pfarrer spenden. Entscheidend ist allein, daß sie formgerecht vollzogen wird. Auch in der evangelischen Kirche ist es üblich, daß *Paten* Taufzeugen sind. Die Paten sollen das Hineinwachsen des Getauften in den Glauben und in das Leben der Kirche fördern und unterstützen.

3.3 Das Problem der Kindertaufe

In der Urkirche wurden erwachsene Heiden oder Juden Christen. Sie wurden also als Erwachsene getauft. Die Täuferbewegung (griechisch: *Baptisten*) lehnt seit dem 16. Jahrhundert die Unmündigentaufe ab. Karl *Barth,* ein namhafter evangelischer Theologe des 20. Jahrhunderts, fordert ebenfalls die Erwachsenentaufe. Begründet wird die Ablehnung der Säuglingstaufe mit der Erklärung, die Taufe sei ein *Bekenntnisakt* des Täuflings, mit dem er seinen Willen bekunde, der christlichen Gemeinde anzugehören, nachdem er zuvor unterrichtet wurde. Dem Bibelwort »Wer da glaubt und getauft wird, der wird selig« (Mk 16,16) suchte Luther dadurch gerecht zu werden, daß er einen unbewußten Glauben des Säuglings annahm oder anstelle des Glaubens des Täuflings den stellvertretenden Glauben der Paten treten ließ. Aber das sind beides problematische Hilfskonstruktionen.

Die Taufliturgie des Mittelalters, der Luthers Taufbüchlein von 1523 und 1526 folgte, ist noch von der Praxis der Erwachsenentaufe geprägt. Denn nur dann läßt sich die Frage an den Täufling verstehen: »Willst du getauft werden?«, die ein Säugling gar nicht selbst beantworten kann. Nach allgemeiner christlicher

Anschauung ist die Taufe eines Unmündigen nur dann zu vertreten, wenn *nach* der Taufe eine Unterweisung im christlichen Glauben stattfindet. Deswegen kann ein Verzicht auf die Taufe geboten sein, wenn vorhersehbar diese Unterweisung nicht folgen wird.
Ein *Zwang* zur Kindertaufe besteht außerdem nach evangelischer Lehre nicht. Denn Gottes Heil ist nicht davon abhängig, ob ein Mensch getauft ist. In der evangelischen Kirche hat deshalb die Erwachsenentaufe das gleiche Recht wie die Kindertaufe. Die Kindertaufe ist aber dennoch möglich und sinnvoll – auch als Säuglingstaufe –, weil kein Zeitpunkt eindeutig benannt werden kann, an dem aufgrund von Selbstbeobachtung jemals ein Mensch »reif« für den Glauben und die Gnade Gottes ist. In der Taufe wird das unbedingte *Ja* Gottes zum Menschen zugesagt und zugeeignet. Zugleich wird durch die Taufe das gesamte künftige Leben des Getauften unter die Verheißung der Herrschaft Christi und unter den Anspruch dieser Herrschaft gestellt. Das ganze Leben des Christen wird dadurch ein Sterben und Auferstehen mit Christus in der Kraft des Heiligen Geistes. Die Taufe wird für den Christen lebensbestimmend. Um dies zu verwirklichen, wird der Getaufte hineingenommen in die *Gemeinschaft* der Christen, in die Kirche. Die Kindertaufe ist weiterhin ein unübersehbares Zeichen dessen, daß Gott uns Menschen mit seiner *Gnade* immer schon *voraus* ist. Er ist Ursprung und Ziel menschlichen Lebens. Dies erkennen und bekennen wir als Christen im Glauben. Gott begegnet uns nicht nur so, daß er unseren Verstand, unser Wissen beansprucht. Er wendet sich dem ganzen Menschen zu – und nicht nur dem Verstand des Menschen.
Die schlichte Handlung des Taufens mit Wasser und die dabei erfolgende Übereignung des Täuflings an Gott durch die Nennung von Vater, Sohn und Geist setzt die allen Menschen zugesagte Verheißung der Gnade für den einzelnen Christen in Kraft und in Geltung. Darum kann sich ein Christ in Stunden der Anfechtung und des Zweifels auf seine Taufe berufen, wie dies Luther tat, wenn er sich in der Anfechtung mit der Gewißheit tröstete: »Ich bin getauft.«

4.
Der Altar

4.1 Der Altar als Tisch des Herrn

Der Altar (vom lateinischen alta ara, spätlateinisch »altare«) war von Haus aus die Opferstätte. Ein Opferplatz, etwa als Opferstein, aber auch als Opfertisch findet sich in den entwickelten Religionen, die einen Opferkult kennen. Auch Israel kannte den Altar als Stätte des Opfers.
Im Christentum wird das Abendmahl nach dem Apostel Paulus am *»Tisch des Herrn«* gefeiert. Mit der Ablehnung des Meßopfers, das der Priester vollzieht, und dem Verständnis des Abendmahls als Gemeindefeier wird für die evangelische Kirche der Altar zum Abendmahlstisch. Entsprechend den unterschiedlichen Auffassungen vom Abendmahl wird in lutherischen und reformierten Kirchen der Altar jedoch unterschiedlich bewertet und gestaltet.
Die *lutherischen* Kirchen schafften die Gottesdienste an Nebenaltären ab; denn es gibt grundsätzlich nur *einen* Altar in einer Kirche. Dieser Altar dient als Abendmahlstisch und auch als Ort der kirchlichen Amtshandlungen. Trotzdem wurden in lutherischen Kirchen aus Pietät die alten Altäre stehengelassen.
Radikaler beseitigten die *Reformierten* die Altäre: *Zwingli* veranlaßte 1525 in Zürich, daß die alten mittelalterlichen Altäre abgebrochen wurden. An deren Stelle trat ein nach der Predigt für das Abendmahl hereingetragener hölzerner Tisch. Später kehrten auch reformierte Kirchen (z. B. Basel 1580) zum steinernen, unbeweglichen Abendmahlstisch zurück. Nach dem Abbruch der Altäre blieb der Chorraum jedoch faktisch ohne liturgische Funktion.
In der verschiedenen Gestaltung des Altars drückt sich erkennbar der Unterschied im Verständnis des Abendmahls aus; die Unterschiede zwischen lutherischer und reformierter Abendmahlslehre sollen noch näher erläutert werden. Die Liturgiereform des 2. Vatikanischen Konzils hat auch für die katholische Kirche zu einer Neubesinnung auf den *Mahltisch* geführt: Kom-

muniziert wird freilich in der Regel an den Stufen des Altars, nicht am Tisch selbst. In manchen katholischen Kirchen findet sich an der Stirnwand des Chores der traditionelle, alte Tabernakelhochaltar, während am Eingang des Chorraumes ein schlichter Mahltisch aufgestellt wurde.

4.2 Das Abendmahl

Das Abendmahl, evangelisch auch gelegentlich »Herrenmahl« genannt, soll das Mahl der Gemeinschaft und Einheit der Christen sein. Aber gerade dieses Mahl der Gemeinschaft wurde bekanntlich zum Symbol der *Trennung* der Kirchen, zum Anlaß für Lehrstreitigkeiten und zum Grund erbitterter Gegnerschaft zwischen Christen. Nirgendwo tritt die Spaltung der Christenheit so deutlich zutage wie am Tisch des Herrn, wenn Christen nicht gemeinsam das Mahl Christi feiern können. Bereits der Apostel Paulus hatte im 1. Korintherbrief (Kap. 10,14ff; 11,23ff) zu beklagen, daß das Abendmahl Anlaß zu Streitigkeiten und Auseinandersetzungen in der Gemeinde zu Korinth gab. Heute empfiehlt es sich zunächst einmal, zwischen der Abendmahls-*lehre* und dem Vollzug, der *Feier* des Abendmahls zu unterscheiden. Eine Übereinstimmung in der Abendmahlslehre zeichnet sich unter den Kirchen vorerst nicht ab. Hingegen erfolgt gleichwohl eine Angleichung in Liturgie und praktischer Feier des Abendmahls. Zudem ist fraglich, ob die Kenntnis der korrekten Abendmahlslehre Voraussetzung und Vorbedingung für den Gang zum Tisch des Herrn ist. Entscheidend ist allein, daß die im letzten einfache und schlichte Grundaussage erfaßt ist. Wir wenden uns zunächst dieser Grundaussage zu, ehe wir auf die innerevangelischen Unterschiede im Abendmahlsverständnis zu sprechen kommen.
Was ist die *Grundaussage*? Das Abendmahl beruht auf der Einsetzung Jesu. Es hat also seinen Ursprung im *Leben Jesu*. So überliefert es der Apostel Paulus:

»Der Herr Jesus, in der Nacht, da er verraten ward, nahm er das Brot, dankte und brach's und sprach: Nehmet, esset, das ist mein Leib, der für euch gebrochen wird; solches tut zu meinem Ge-

dächtnis. Desselbigengleichen auch den Kelch nach dem Abendmahl und sprach: Dieser Kelch ist das neue Testament in meinem Blut; solches tut, so oft ihr's trinket, zu meinem Gedächtnis. Denn so oft ihr von diesem Brot esset und von diesem Kelch trinket, sollt ihr des Herrn Tod verkündigen, bis daß er kommt« (1 Kor 11,23-26).

Diese *Einsetzungsworte* des Abendmahls enthalten die Aufforderung zur Wiederholung der Feier. Das Abendmahl hat eine zeitliche Dimension: »bis daß der Herr kommt«. Es ist Wegzehrung des Glaubens, Lebens-Mittel der Christenheit für die Zeit zwischen der Auferstehung Christi und dem Jüngsten Tag.

Die historisch-kritische Exegese steht bei der Auslegung der in den Evangelien und bei Paulus in unterschiedlicher Fassung überlieferten Abendmahlstexte vor mancherlei Fragen und Problemen. Beispielsweise ist strittig, ob das letzte Mahl Jesu ein Passahmahl war, weil das Todesdatum Jesu nicht eindeutig feststeht, oder ob Jesus das Abendmahl bewußt eingesetzt und ob er seinen Tod im voraus als Sühnetod für die Welt gedeutet hat.

Doch lassen wir diese Streitfrage hier beiseite, welche die Theologen und Gelehrten so sehr beschäftigt, daß darüber das Grundverständnis des Abendmahls gelegentlich sogar aus dem Blick zu geraten droht. Unstrittig ist, daß die christliche Gemeinde nach Ostern die Gegenwart des erhöhten Herrn im Mahl gefeiert und bekannt hat. Unter der Gestalt von Brot und Wein wird der Herr gegenwärtig. Damit ist freilich die schwierige Frage gestellt, in welcher Weise *Christus in den Abendmahlsgaben, den Elementen* gegenwärtig ist. An dieser Stelle entstehen dann die späteren Lehrgegensätze. Weil Christus selbst im Abendmahl gegenwärtig ist – man spricht mit dem lateinischen Wort von der *Realpräsenz,* der *wirklichen* Gegenwart Christi –, ist das Herrenmahl die empfindlichste und zerbrechlichste Einrichtung der Christenheit. Das Zerbrechen der Kircheneinheit stellt sich deswegen dar und dokumentiert sich in der Aufhebung der Abendmahlsgemeinschaft. Das ist gerade in der Reformationszeit unübersehbar geworden.

Die *Reformatoren* lehnten das *mittelalterliche Verständnis* der Messe entschieden ab. Dabei gab es für sie vier Punkte des Anstoßes, vier Gründe der Ablehnung:

a) Der evangelische Christ empfängt nicht nur das Brot, die Hostie, sondern auch den *Kelch.* Die Reformatoren hielten den Kelchentzug für den Laien mit der biblischen Einsetzung des Abendmahls für unvereinbar. Die Sorge davor, daß dann, wenn der Kelch jedem Teilnehmer am Abendmahl gereicht wird, »Blut Christi« verschüttet werden könnte, hat zurückzutreten, wenn es um den Gehorsam gegen den Einsetzungsbefehl Christi geht.

b) Das Abendmahl soll Mahlfeier der *Gemeinde* sein. Darum bekämpfte die Reformation Privat- und Stillmessen, Meßfeiern ohne Kommunion der Gemeinde und Hostienverehrung außerhalb der Mahlfeier. Der junge Luther verstand das Abendmahl von der Gemeinschaft mit Christus und den Mitchristen aus, von der »communio« (lateinisch: Gemeinschaft) her. Dazu kam bei ihm die Ablehnung des Meßkanons: Die Einsetzungsworte sind nicht Wandlungsworte, die leise und lateinisch gesprochen werden müssen, sondern Verkündigung des Todes Christi, die laut, öffentlich und deutsch geschehen muß. Denn mit dem Abendmahl wird das im Kreuzestod Jesu Christi »ein für allemal« vollbrachte Heil dem Glaubenden zugesprochen und zugeeignet. Auch das Abendmahl ist also *Verkündigung,* wenn auch Verkündigung auf *besondere* Weise.

c) Völlig abgelehnt wird die Lehre vom *Meßopfer* als einer unblutigen Wiederholung des Kreuzesopfers Christi in der Meßfeier. Luther sieht im Meßopfer einen »gottlosen Mißbrauch« und entdeckt darin die Vorstellung, als ob die Messe »ein gutes Werk und ein Opfer« sei. In den Schmalkaldischen Artikeln verunglimpft Luther die Messe daher als »Drachenschwanz«, der »viel Ungeziefer und Geschmeiß mancher Abgötterei« erzeugt habe. Der Heidelberger Katechismus sagt zur Darbietung des Opfers in der Messe, diese sei »im Grunde nichts anderes, denn eine Verleugnung des einzigen Opfers und Leidens Jesu Christi und eine vermaledeite Abgötterei« (Frage 80).

d) Schließlich hängt mit dem Opfergedanken zusammen, daß nach katholischer Lehre nur der *geweihte Priester* bevollmächtigt ist, das Opfer zu vollziehen. Priesteramt und Eucharistie gehören demnach unauflösbar zusammen. Dieser unauflösbare Zusammenhang besteht hingegen nach evangelischer Überzeugung nicht. Im Notfall kann auch ein Christ, der nicht Pfarrer ist, mit Mitchristen das Abendmahl feiern. Kirchenrechtlich wird jedoch um der Ordnung willen auf die Sakramentsverwaltung durch den Pfarrer geachtet.

Die reformatorische Abgrenzung gegen die mittelalterliche Lehre und die ihr entsprechende Praxis der Mahlfeier fand als Lehrsatz, als »Dogma« des Mittelalters die Lehre von der *Wandlung* der Elemente Brot und Wein in Leib und Blut Christi (lateinisch: »Transsubstantiation«) vor. Diese Wandlungslehre hatte das Augenmerk ausschließlich auf die Gegenwart, die »Präsenz« Christi in den Elementen gelenkt. Die Gegenwart Christi wird nicht auf die Feier im Ganzen bezogen, sondern ganz auf die Elemente festgelegt. Diese Beschränkung auf die Gegenwart Christi in den Elementen ist aber eine Blickverengung. Heutige evangelische Theologie und Frömmigkeit sind dabei, diese Blickverengung zu überwinden und die Abendmahlsfeier insgesamt als Geschehen der wirklichen Gegenwart Christi, als »Realpräsenz« zu verstehen. Dabei wird diese Gegenwart Christi nach evangelischer Anschauung wirklich im Glauben, und sie ist durch das Wort zugesprochen.

Freilich hat eine einheitliche evangelische Auffassung darüber, *wie* Christus im Abendmahl gegenwärtig ist, keineswegs immer bestanden. Vielmehr entzündete sich im 16. Jahrhundert über diese Frage ein *innerevangelischer Streit. Luther* hatte, wie bereits erwähnt wurde, in Abgrenzung gegen die katholische Meßfeier das Abendmahl als Gemeinschaftsfeier (»Kommunion«) verstanden und die Mahlfeier als Verkündigungsgeschehen ausgelegt. In solcher Abgrenzung konnte ihm Ulrich *Zwingli* (1484-1531) in Zürich folgen. Jedoch verband Zwingli mit dem Verständnis des Abendmahls als Gemeinschaftsfeier darüber hinaus – unter dem Einfluß des Humanismus – idealistische Vorstellungen. Daher legte er die Worte »Das ist mein Leib« so aus, daß das »ist« (lateinisch: »est«) als bloßer Hinweis zu verstehen sei. Brot und Wein sind lediglich Zeichen, Symbole, welche über sich hinaus in den Himmel weisen. Das »Fleisch«, die Elemente sind nach ihm nichts nütze. Das Sakrament ist für ihn also nur ein Zeichen und Ritus, durch dessen Inanspruchnahme sich ein Christ als Kandidat und Streiter Christi bekennt. Durch die Sakramente wird dem Christen nichts *gegeben.* Das Brot bleibt unverändert. Das eigentliche Heilsgeschehen spielt sich vielmehr im Inneren des Menschen ab, in seinem geistlichen Genuß (der »Nießung«). Die Abendmahlselemente haben bloß zeichenhafte Bedeutung. Sie sind Symbole.

Gegen Zwinglis Deutung erhob *Luther* genauso heftig Einspruch wie zuvor gegen die mittelalterliche Meßopferlehre. Für Luther ist »in, mit und unter« Brot und Wein Christus wahrhaft gegenwärtig. Das »ist« (»est«) heißt nach ihm nicht »bedeutet«, sondern besagt, daß Christus wahrhaft und wirklich sakramental gegenwärtig ist: Wir sind als Christen im Abendmahl nicht auf eine ferne Transzendenz, auf den jenseitigen Gott verwiesen, sondern Christus wird uns in Brot und Wein auf *Erden* gegeben, als *leibliche* Stärkung des Glaubens. Luther trennte sich von Zwingli wegen dessen Abendmahlslehre, obwohl dies im 16. Jahrhundert eine politische Schwächung des Protestantismus zur Folge hatte. Für Luther ist das Abendmahl nicht nur ein Bekenntnisakt der Glaubenden. So erklärt er das »Sakrament des Altars« im Kleinen Katechismus folgendermaßen:

»Es ist der wahre Leib und Blut Jesu Christi unter dem Brot und Wein uns Christen zu essen und zu trinken von Christo selbst eingesetzt.«

Christus ist nach lutherischer Lehre *leibhaftig* in den Sakramenten gegenwärtig. Das in den Sakramenten gegebene Heil empfängt heilswirksam jedoch nur der Glaube. Wer den Worten »für euch gegeben und vergossen zur Vergebung der Sünden« glaubt, »der hat, was sie sagen und wie sie lauten, nämlich: Vergebung der Sünden«. Dies ist nach Luther der schlichte Sinn der Einsetzungsworte.

Die spätere *reformierte* Abendmahlslehre ist allerdings nicht Zwingli gefolgt, sondern dem Genfer Reformator Johannes *Calvin* (1509-1564). Für Calvin ist das Abendmahl nicht nur – wie für Zwingli – eine Bekenntnishandlung der Gemeinde, sondern Darreichung der himmlischen Gabe. Aber nur der Glaubende, in dem der Heilige Geist wirkt, empfängt die dargebotene Gabe.

Der Ungläubige empfängt nur Brot und Wein, aber nicht die sakramentale Gegenwart Christi.
Der mit viel Scharfsinn um das Abendmahl geführte Streit im 16. Jahrhundert ist der wesentliche Grund für die innerevangelische Teilung in eine lutherische und reformierte Kirche. Die Reformierten betonten die Transzendenz, die himmlische Gegenwart des auferstandenen Christus, während die Lutheraner die Herabkunft Christi auf Erden in den Abendmahlsgaben hervorheben. Bei der Abendmahlsfeier hielten sich die Reformierten außerdem streng an den biblischen Wortlaut und gebrauchten Brot, während die Lutheraner an der Hostie festhielten. Die Vermittlungsversuche zwischen Reformierten und Lutheranern blieben jahrhundertelang ohne Ergebnis. Erst in der Gegenwart führten die Auslegung der Abendmahlsworte durch die Exegese und neue Erfahrungen in der Feier des Abendmahls zu einer Überwindung des Gegensatzes zwischen Lutheranern und Reformierten. Die Frage, ob das »dies ist mein Leib« als »ist« (so Luther) oder als »bedeutet« (so Zwingli) zu verstehen sei, ist anhand des (vermutlich aramäischen) Urtextes gar nicht zu entscheiden. Eine Besinnung lediglich auf die *Substanz* der Abendmahlselemente verkürzt überdies den Blick. Es geht vielmehr um das Gesamtgeschehen des Abendmahls.
Verstärkt wurde das Bemühen um ein gemeinsames evangelisches Verständnis des Abendmahls durch die Gemeinschaft lutherischer und reformierter Christen im Kirchenkampf nach 1933.
Schließlich wurde nach langen Gesprächen über das Verständnis des neutestamentlichen Textes in den *Arnoldshainer Thesen* im Jahre 1957 niedergelegt, was heute reformierte und lutherische Lehre gleichermaßen ist. Diese Arnoldshainer Thesen begründeten folglich eine Abendmahlsgemeinschaft zwischen reformierten und lutherischen Gemeinden. Sie enthalten das, was nach evangelischer Auffassung »zum Verständnis von Wesen, Gabe und Empfang des Abendmahls unerläßlich ist«. Da diese Arnoldshainer Thesen aussagen, was evangelische Theologen heute als Glieder der einen apostolischen Kirche als entscheidenden Inhalt des biblischen Zeugnisses vom Abendmahl hören,

seien die wichtigsten Sätze daraus zitiert. Die Arnoldshainer Thesen sind eine von Theologen erarbeitete Lehraussage, welche die Kirchen angenommen haben.
Christus selbst hat das Abendmahl eingesetzt. Er lädt an seinen Tisch.

»Im Abendmahl handelt Jesus Christus unter dem, was die Kirche tut, selbst als der durch sein Wort im Heiligen Geist gegenwärtige Herr« (These 2,1).

Christus, dessen Heilstod im Abendmahl verkündet wird, *handelt* gegenwärtig im Herrenmahl. Er ist im Gesamtgeschehen des Abendmahls gegenwärtig.

»Die Worte, die unser Herr Jesus Christus beim Reichen des Brotes und des Kelches spricht, sagen uns, was er selbst in diesem Mahl allen, die hinzutreten, gibt: Er, der gekreuzigte und auferstandene Herr, läßt sich in seinem für alle in den Tod gegebenen Leib und seinem für alle vergossenen Blut durch sein verheißendes Wort mit Brot und Wein von uns nehmen und nimmt uns damit kraft des Heiligen Geistes in den Sieg seiner Herrschaft, auf daß wir im Glauben an seine Verheißung Vergebung der Süden, Leben und Seligkeit haben« (These 4).

Aus dieser gemeinsamen evangelischen Überzeugung ergeben sich Abgrenzungen:

»Darum wird das, was im Abendmahl geschieht, nicht angemessen beschrieben,
a) wenn man lehrt, Brot und Wein würden durch die Stiftungsworte des Herrn in eine übernatürliche Substanz verwandelt, so daß Brot und Wein aufhören, Brot und Wein zu sein« (diese Abgrenzung richtet sich gegen das mittelalterliche Transsubstantiationsdogma);
b) wenn man lehrt, im Abendmahl würde eine Wiederholung des Heilsgeschehens vollzogen;
c) wenn man lehrt, im Abendmahl würde ein naturhafter oder übernatürlicher Stoff dargereicht;
d) wenn man lehrt, es handle sich um einen Parallelismus von leiblichem und seelischem Essen als zwei voneinander getrennten Vorgängen;

e) wenn man lehrt, das leibliche Essen als solches mache selig, oder das Anteilbekommen am Leib und Blut Christi sei ein rein geistiger Vorgang« (These 5).

Die Arnoldshainer Thesen suchen das Geheimnis der Gegenwart Christi im Abendmahl zu bewahren und zu umschreiben. Dabei grenzen sie sich ab sowohl gegen Zwinglis Deutung des Abendmahls als bloße Zeichenhandlung wie gegen das mittelalterliche Transsubstantiationsdogma, gegen eine Wandlungslehre, welche eine Verwandlung der Substanz der Elemente vertritt. Die neu gewonnene innerevangelische Verständigung läßt nun auch auf eine Verständigung zwischen evangelischer und katholischer Lehre hoffen. Jedoch ist vor allzu raschen und kurzfristigen Erwartungen zu warnen. Es gibt noch eine Reihe offener und ungeklärter Fragen. Der Hinweis auf die Vergegenwärtigung Christi im gesamten Mahlgeschehen hat eine Nähe zur katholischen liturgischen Bewegung. Diese greift auf Vorstellungen der Alten Kirche zurück und sieht eine Vergegenwärtigung Christi und seines Erlösungswerkes, also die »Realpräsenz«, sich im Gesamtgeschehen der Eucharistie ereignen. Sie wird als *»Mysterientheologie«* bezeichnet – nach dem griechischen Wort Mysterion = Geheimnis –, weil sich das Geheimnis der Vergegenwärtigung Christi auf die gesamte Liturgie erstreckt. »Mysterientheologie« nennt man eine von den Benediktinern in Maria Laach ausgehende Bestrebung, unter Rückgriff auf antikes und frühchristliches Denken das Geheimnis der Gegenwart Christi und den Geheimnischarakter von Kirche und Sakramenten zu betonen. Diese Theologie wendet sich mit besonderem Nachdruck der gottesdienstlichen Feier zu und übte starken Einfluß auf die liturgische Bewegung im deutschen Katholizismus des 20. Jahrhunderts aus.
Noch völlig ungeklärt und offen ist bislang die Bedeutung des Opfergedankens. Die Reformatoren haben die Anschauung von der Messe als *Opfer* aufs schärfste und entschieden abgelehnt. Das ökumenische Gespräch über das neutestamentliche Verständnis des Opfers ist behutsam zu führen. *Evangelischerseits* wird man bedenken müssen, ob nicht in der Urchristenheit die Deutung des Todes Jesu mit Hilfe des Opfergedankens erfolgte,

also die Opfervorstellung an sich durchaus auch neutestamentlich ist und ob dann nicht auch die Vergegenwärtigung Christi im Abendmahl zugleich eine Vergegenwärtigung seines Opfers sein kann. *Katholischerseits* wird man bedenken müssen, ob das Abendmahl *mehr* sein kann als Gedächtnis und Zueignung des Kreuzesopfers Christi an die Glaubenden und was dann »Wiederholung« des Opfers Jesu besagt. In dieser Frage ist also noch eine Klärung erforderlich.
Mit der Frage des Opfers verbindet sich die Frage nach der *Vollmacht* zum Vollzug der Eucharistie, also nach der durch die Priesterweihe vermittelten *sakramentalen Vollmacht.* Im Verständnis des Abendmahls verknüpfen sich untrennbar Sakramentsverständnis und Amtsauffassung. Diese Frage der Amtsvollmacht ist später zu erörtern.
Man wird das evangelisch-katholische Gespräch über das Abendmahl nicht ohne *evangelische Selbstkritik* führen können. Die Ablehnung mittelalterlicher Mißbräuche und die Abneigung gegen alles Kultische hat bei vielen evangelischen Christen zu einer grundsätzlichen Fremdheit gegenüber dem Abendmahl geführt. Es gibt eine protestantische Frömmigkeit, der das Abendmahl (und alles Rituelle) nichts bedeutet. Überdies wird ein besseres Verstehen der unterschiedlichen Praxis und Lehre beim Abendmahl zunächst einmal auszugehen haben von der Feier des Abendmahls insgesamt. Denn die Abendmahlsfeier will den Menschen auch in seiner Leiblichkeit ansprechen, nicht nur in seinem Verstehen und Hören, sondern auch in seinem Fühlen und im unbewußten Erleben der Gemeinschaft mit Gott. In evangelischen Abendmahlsfeiern wird daher mit dem Psalmwort zur Kommunion eingeladen:

»Schmecket und sehet, wie freundlich der Herr ist. Wohl dem, der auf ihn traut« (Ps 34,9).

4.3 Die Amtshandlungen

Vor dem Altar finden in evangelischen, vor allem in lutherischen Kirchen auch die kirchlichen Handlungen statt, die sogenannten

Kasualien. »Kasualien« (von lateinisch: casus = Fall, Anlaß) sind gottesdienstliche Feiern, die aus besonderem Anlaß stattfinden. Die wichtigsten kirchlichen Handlungen sind Trauung, Konfirmation, Ordination, Amtseinführung. Auch die Bestattung ist eine kirchliche Handlung; sie wird im allgemeinen aber auf dem Friedhof stattfinden. Der Grund, warum die anderen Handlungen vor dem Altar vollzogen werden, ist der, daß der Altar *Ort des Segens* ist. In diesen Handlungen wird Gottes Segen erbeten und werden Gaben des Lebens in Dank und Fürbitte unter Gottes Verheißung gestellt. Das deutsche Wort »segnen« ist entlehnt vom lateinischen »(cruce) signare« = (mit dem Kreuz) zeichnen. Handauflegung, Kreuzzeichen und erhobene Hände des Pfarrers können nach evangelischer Anschauung sichtbares Zeichen des Segens und Zueignung der Verheißung Gottes sein. Drei kirchliche Handlungen seien kurz genannt und beschrieben:

4.3.1 Die kirchliche Trauung

Die Trauung ist nach evangelischem Verständnis ein Gottesdienst, in welchem das Brautpaar bezeugt, daß es seine Ehe unter Gottes Gebot und Verheißung stellen und darum den Ehebund schließen will, bis daß der Tod die Ehe scheidet. Die Eheleute bekunden damit auch, daß sie ihre Ehe nach Gottes Wort und als Glieder der christlichen Gemeinde führen wollen. In diesem Gottesdienst wird der Segen Gottes für die Ehe erbeten.
Die Trauung war stets abhängig vom *Eheverständnis.* Das Eheverständnis der evangelischen Kirche ist von dem der katholischen Kirche in einigen Punkten verschieden. Es ist zunächst angebracht, daran zu erinnern, daß erst im 16. Jahrhundert, also erst im Reformationszeitalter die Trauung in den *Kirchenraum* verlegt wurde. Bis dahin war die häusliche Trauung üblich. Die katholische Lehre hat die kirchliche Trauung erst im Konzil von Trient (1563) zwingend vorgeschrieben und dabei auch die Ehelehre im einzelnen festgelegt: Die kirchliche Trauung ist die feierliche und öffentliche Bekanntgabe der Eheschließung. Sie erfolgt vor dem Priester durch die Brautleute, welche ihren Willen zur Ehe öffentlich durch die Erklärung des Willens zur Ehe, den

sogenannten *Ehekonsens* bekunden. Die Mitwirkung des Priesters besteht in der Bestätigung des Ehekonsens und in der Segnung des Ehebundes. Die katholische Lehre zählt die Ehe zu den Sakramenten. Daraus folgt der Anspruch, daß die kirchliche Trauung vor dem Priester – und nicht nur die staatliche Eheschließung – für katholische Christen verpflichtend ist. Luther dagegen nannte die Ehe ein *»weltlich Ding«.*

Das unterschiedliche Verständnis von Ehe kann im Alltag in konfessionsverschiedenen Ehen zu Belastungen führen, etwa bei der religiösen Kindererziehung. Diese Belastungen haben freilich ihre Ursachen weniger im verschiedenen geistlichen Verständnis von Ehe als vielmehr in den Vorschriften des Kirchenrechts. Jedoch das *Grundverständnis* von Ehe ist dasselbe bei evangelischen und katholischen Christen. Gemeinsam ist die Überzeugung, daß Christen nur eine Ehe auf Lebenszeit schließen können. Die Ehe ist kein jederzeit kündbarer Vertrag. Sie ist Lebensgemeinschaft. Als unauflösliche Lebensgemeinschaft hat sie nämlich Gottes Schöpferwille gewollt. Die Ehe ist somit »gute« Ordnung der Schöpfung. Die katholische Kirche beruft sich bei einer Ehe unter Christen darüber hinaus auf Eph 5,22ff und nennt aufgrund dieser Bibelstelle die christliche Ehe ein Sakrament, nämlich »Zeichen des Heils und Hilfe zum Heil«. Daraus ergibt sich eine Zuständigkeit der Kirche für die Ordnung der Ehe.

Evangelische Sicht der Ehe bestreitet nun keineswegs, daß der Ehestand ein heiliger, ja der »allerheiligste«, ein »göttlicher, seliger Stand« sei. Im Gegenteil: Luther hat die Ehe hoch gerühmt und den ehelosen Stand des Priesters oder Mönchs abgelehnt. Der Ehestand hat nämlich »Gottes Wort für sich und ist nicht von Menschen erdichtet oder gestiftet«. Aber der Ehestand ist nicht als solcher ein heiliger Stand. Heilig wird er durch den Gebrauch, den Christen von ihm machen. Die Aussage, die Ehe sei ein »weltlich Ding«, meint daher nicht, die Ehe habe mit dem Glauben an Christus nichts zu tun. Für Luther sind »weltlich« Ding und »heiliger« Stand kein Widerspruch. Auch weltliche Dinge können von Gott gestiftet sein. Luther geht es darum, das Eherecht seiner Zeit aus der kirchlichen Gesetzgebung und Gerichtsbarkeit herauszunehmen: Für Eherecht und Ehescheidung sollte nicht der Bischof, sondern die staatliche Obrigkeit zuständig sein. Nach evangelischem Verständnis ist folglich die *rechtliche Ordnung* der Ehe Sache des staatlichen Rechts, das sich freilich nicht in Widerspruch zum christlichen Grundverständnis der Ehe als einem auf Lebenszeit eingegangenen Bund von Mann und Frau setzen darf. Diese rechtliche Ordnung der Ehe christlich zu gestalten ist hingegen die Aufgabe beider Eheleute.

Im Alltag spielt die unterschiedliche, vor allem in rechtlicher Hinsicht unterschiedliche Auffassung von Ehe im allgemeinen kaum eine Rolle. Sie tritt jedoch zutage im Fall der *Ehescheidung* und der Wiedertrauung Geschiedener. Auch evangelischer Glaube ist davon überzeugt, daß eine Ehe unlöslich sein soll: »Was Gott zusammengefügt hat, das soll der Mensch nicht scheiden« (Mt 19,6). Im Unterschied zum katholischen Eherecht verschließt evangelischer Glaube jedoch nicht die Augen vor der Macht der Sünde, aufgrund derer Ehen faktisch scheitern und Menschen ihr Treueversprechen nicht halten können. Dabei ist die Schuld am Scheitern einer Ehe oft individuell schwer namhaft zu machen. Scheitert eine Ehe, so ist dies Schuld vor Gott, die der Vergebung bedarf. Aber Schuld vor Gott ist nicht durch das öffentliche Recht einzuklagen. Aus dieser Einsicht heraus kommt die evangelische Kirche zur Überzeugung, daß die staatliche Rechtsordnung eine Scheidung zulassen muß und daß prinzipiell auch eine kirchliche Trauung Geschiedener nicht ausgeschlossen sein kann. Darin ist evangelische Lehre im Einklang mit den orthodoxen Kirchen. Bei der Trauung Geschiedener spielen seelsorgerliche Gesichtspunkte eine entscheidende Rolle. Die grundsätzliche Einschätzung der Ehe wird davon nicht berührt.

Wenn die evangelische Kirche es ablehnt, die Ehe zu den Sakramenten zu zählen, so hat dies zwei Gründe: Einmal ist die Berufung auf Eph 5 und damit die biblische Begründung nach evangelischer Schriftauslegung nicht überzeugend. In Eph 5 ist die Ehe als Gemeinschaft von Mann und Frau nur ein Bild für das »Geheimnis« der Gemeinschaft von Christus und der Kirche. Zum anderen sieht das evangelische Verständnis der Ehe in deren Bezeichnung als Sakrament eine kirchliche Zuständigkeit für die Rechtsordnung der Ehe begründet, die sie so nicht für sachgerecht hält.

4.3.2 Die Konfirmation

Der Konfirmationsgottesdienst ist der Abschluß der kirchlichen Unterweisung. Die Konfirmation wird auch »Einsegnung« genannt. Denn jedem Konfirmanden wird unter Handauflegung Gottes Segen zugesprochen, und er erhält bei der Konfirmation ein Wort aus der Heiligen Schrift als *»Denkspruch«* mit auf den Lebensweg. In Verbindung mit der Konfirmation findet im allgemeinen auch der erste Abendmahlsgang statt. Vergleichbar ist der Konfirmation auf katholischer Seite also sowohl das Sakrament der Firmung als auch die Erstkommunion. Das Wort Konfirmation stammt von demselben lateinischen Wort wie Firmung, nämlich vom Verb »firmare«, befestigen und stärken, ab. Die Firmung ist nach katholischer Lehre Vollendung der Taufe, Sakrament der Mündigkeit. Nach evangelischer Anschauung ist die Konfirmation kein Sakrament, weil diese kirchliche Handlung nicht eine Einsetzung von Christus selbst nachweisen kann und weil das Sakrament der Taufe keiner Ergänzung und Vollendung bedarf. Vielmehr ist das ganze Christenleben ein »Hineinkriechen in die Taufe«. Der Konfirmationsgottesdienst schließt den Konfirmationsunterricht ab; dieser ist der wegen der Kindertaufe nachgeholte Taufunterricht. Im Alter von 14 Jahren werden konfirmierte evangelische Christen nicht nur zum Abendmahl, sondern auch zum Patenamt zugelassen. Die »Einsegnung« unter Handauflegung ist Zeichen der Bitte um den Heiligen Geist.

Seit geraumer Zeit wird in der evangelischen Kirche an Konfirmation und Konfirmationsunterricht mancherlei Kritik laut, vor allem aufgrund pädagogischer Überlegungen, aber auch mit theologischen Argumenten. Die Konfirmation fällt nämlich in die Zeit der Pubertät; sie wird überdies oftmals mißverstanden als Entlassung aus dem kirchlichen Unterricht (und damit aus der Kirche) statt als Eintritt in den Stand des mündigen Christen. Darum wird mit guten Gründen vorgeschlagen, die Konfirmation als einen Schritt, ein hervortretendes Ereignis im gesamten »konfirmierenden Handeln der Kirche« zu bewerten. Die Konfirmation ist dann in die Erziehungs-, Bildungs- und Seelsorgeaufgabe der Kirche überhaupt einzubeziehen. Gerade ein Konfirmationsgottesdienst, welcher Glauben vermittelt und in das Hören des Wortes einübt, könnte den Sinn kirchlicher Handlungen und des Gottesdienstes als solchen besonders eindrücklich zur Darstellung bringen.

4.3.3 Ordination und Amtseinführung

Die Berufung zum Predigtamt, die Ordination, und die Einführung in ein bestimmtes Pfarramt erfolgen ebenfalls in einem Gottesdienst. In diesem Gottesdienst wird ein Auftrag, das Predigtamt, übertragen oder in ein Amt, in ein Pfarramt eingeführt. Ordination und Amtsübertragung (lateinisch: Investitur = Einweisung in ein Amt) sind freilich keine sakramentale Weihe. Deshalb ist die Ordination auch kein Sakrament, sondern eine kirchliche Handlung. Auf den Unterschied im Amtsverständnis ist später nochmals zurückzukommen. Hier besteht ein tiefgreifender Unterschied zwischen den Konfessionen. Weil die Ordination kein Sakrament ist, muß sie auch nicht von einem in der apostolischen Sukzession (= Rechtsnachfolge) stehenden Bischof vollzogen werden.

Die katholische Kirche kennt insgesamt sieben Sakramente. Die evangelische Kirche hingegen nennt nur Taufe und Abendmahl »Sakramente«. Trauung, Konfirmation und Ordination sind dem Sakrament der Ehe, der Firmung und der Priesterweihe entsprechende kirchliche Handlungen, haben jedoch nicht den Charakter von Sakramenten. Zwei weitere Sakramente der katholischen Kirche wurden bislang noch nicht genannt: Die »letzte Ölung« oder Krankensalbung und das Bußsakrament.

Der Ritus der *Krankensalbung* ist nach evangelischem Verständnis ebenfalls kein Sakrament, weil die Aufforderung des Jakobusbriefes (5,15), Kranke unter Gebet zu salben, ein Aufruf zur Seelsorge am Kranken und Sterbenden ist, aber kein von Christus selbst eingesetztes Sakrament darstellt. Solche Seelsorge wird evangelisch durch Fürbitte, das Zeichen der Handauflegung und die Feier des Abendmahls mit dem Kranken geübt.

Schwieriger zu erklären ist, warum die *Buße* nach evangelischem Verständnis kein Sakrament ist. Der Grund ist zunächst der, daß die Buße nicht wie Taufe und Abendmahl ein sichtbares Zeichen, ein Element wie Wasser oder Brot und Wein hat. Der Losspruch, die Absolution erfolgt durchs Wort. Dazu kommt, daß der auslösende Anlaß der Reformation ein Mißbrauch der Buße, nämlich der Ablaßhandel war. Luther hat daher in der ersten Ablaßthese 1517 das Wort Jesu »Tut Buße« (Mt 4,17) so ausgelegt,

»daß das ganze Leben des Gläubigen nichts als eine Buße sein soll«.

Ferner ist nach evangelischem Verständnis die Vollmacht zur Absolution, das Vergebungswort nicht dem Priester vorbehalten. Von der Amtsvollmacht des Pfarrers ist auch die Gültigkeit der Sakramente nicht abhängig. Luther warnt:

»Ja, ich sage weiter und warne, daß ja niemand einem Priester als einem Priester heimlich beichte, sondern als einem gemeinen Bruder und Christen.«

Und in den Schmalkaldischen Artikeln wird gegen die mittelalterliche Bußlehre erklärt, die Absolution könne auch im gegenseitigen Gespräch und in der wechselseitigen Tröstung von Christen, von Gläubigen, erteilt werden. Dennoch hat die Reformation die Beichte nicht abgeschafft. Die Augsburgische Konfession erklärt ausdrücklich:
»In unseren Kirchen ist die Beichte nicht abgeschafft« (Art. 25). Sie hat lediglich den Zwang zur Ohrenbeichte aufgehoben. Der Beichtstuhl ist erst Ende des 17. Jahrhunderts aus evangelischen Kirchen entfernt worden. Seitdem galt für evangelische Christen die Privatbeichte als solche als »papistisch«. Beichte und Buße werden daher in die Abendmahlsliturgie hineingenommen. Dadurch bekommt freilich die Abendmahlsfeier oftmals den düsteren Charakter einer Bußfeier. Die persönliche Beichte ist darüber in der evangelischen Kirche weithin in Vergessenheit geraten. Die Bedeutung von Beichte, Buße und persönlich zugesprochener Vergebung, der Zusage der Absolution wird in der evangelischen Kirche erst allmählich und zögernd wieder anerkannt. Freilich wird auch diese Wiederentdeckung eines seelsorgerlichen Geschehens und Handelns kaum dazu führen, die Buße als Sakrament anzuerkennen und die Absolution – als richterliches Handeln – allein dem bevollmächtigten Priester vorzubehalten.

4.4 Gegensätze im Sakramentsverständnis zwischen evangelischer und katholischer Kirche?

Wie ja bereits sichtbar geworden ist, gibt es zwischen evangelischen und katholischen Christen in der Bewertung der Sakramente mancherlei Vorurteile und Mißverständnisse. Die evangelische Kirche wird manchmal als *»Kirche des Wortes«*, die katholische Kirche als *»Kirche des Sakraments«* bezeichnet. Dies ist, und das zeigt der ganze vorherige Abschnitt, nicht ganz unzutreffend. Einiges spricht dafür. Nun ist freilich bereits das Wort *»Sakrament«* mit mancherlei Verstehensproblemen behaftet. Das lateinische Wort »sacramentum« bedeutet ursprünglich: feierliche Verpflichtung. Mit ihm wird das griechische Wort Mysterion, Geheimnis, übersetzt, das die unter der Schweigepflicht stehende heilige Handlung bezeichnet, also eine »Arkandisziplin«, d. h. Geheimhaltung gegenüber Nichtchristen voraussetzt. In der Urkirche war die Teilnahme am Abendmahl allein Christen vorbehalten.

Erst im Laufe eines langen theologischen Prozesses wurde in der westlichen Christenheit eine Sakraments*lehre* entfaltet. Diese ist hier nicht darzustellen. Vielmehr ist zwischen evangelischen und katholischen Theologen bis heute immer wieder die Frage erörtert worden, was denn das *Gnadenmittel* sei: Ist das Wort das Gnadenmittel oder ist das sakramentale Handeln der Kirche das Gnadenmittel schlechthin? Einigkeit dürfte darin bestehen, daß Taufe und Abendmahl »Wegzeichen« für den Glauben sind. Aber wie empfängt der Glaube, der nach Luther der »rechte Gottesdienst« ist, die Gnade? Darüber herrscht keine Einigkeit. Vergröbert kann man das Problem so kennzeichnen, daß von evangelischer Seite der katholischen Kirche der Vorwurf gemacht wird, sie übe im Vollzug der Sakramente Magie (im äußersten Fall: Zauberei) aus. Dabei besteht der Anlaß des Vorwurfes darin, daß nach katholischer Überzeugung der gläubige und korrekte Vollzug des sichtbaren Ritus das verheißene Heil verbürge. Die katholische Kirche kennt darum genaue Vorschriften für die richtige und gültige Spendung der Sakramente. Wohingegen der katholische Vorwurf gegen die evangelische Betonung des Wortes lautet, hier werde nur in Gedanken etwas für wahr gehalten, während in der Wirklichkeit nichts geschehe, also der Einwand erhoben wird, es gehe nur um menschliche Vorstellungen und Worte, aber nicht um ein Handeln, ein Wirken *Gottes.*

Wie ist solchen gegenseitigen Einwänden zu begegnen? Die Einwände sind nämlich deshalb von Gewicht, weil man sich hierdurch gegenseitig abspricht, wirklich und wahrhaftig Kirche zu sein. In der Reformationszeit hatten Luther und Calvin Kritik an der Meßopferlehre als »Werkerei« geübt, die durch menschliches Handeln Heil erwirken wolle. Damals lautete die evangelische Parole: Wort und Glaube gegen Werk und Wirken. Heute wird der Gegensatz auf die Formel gebracht: Wort und Glaube auf evangelischer Seite, Kirche und Amt auf katholischer Seite. Man wird über solche bloßen Gegensätze nur hinausgelangen können, wenn man zweierlei bedenkt:

Einmal könnte die Besinnung auf Taufe und Abendmahl als Realsymbole des Heils und Wortzeichen für den Glauben über den Gegensatz hinausführen, als wären die Sakramente bloße »Zeichen« ohne Heilsinhalt oder aber Heilsmittel, die unabhängig von Wort und Glauben wirken.

Viel wichtiger ist aber das andere: Die gelebte Frömmigkeit im eigenen Umgang mit den Lebens-Mitteln des Glaubens und die Achtung der sakramentalen Praxis der Christen anderer Konfessionen könnten im gelebten Glauben eine Annäherung bewirken, welche der theologischen Klärung und Verständigung bereits voraus ist. Die am Altar dem Glaubenden angebotenen Gaben des Segens und die Mitteilung der Wegzeichen des Glaubens sind Einladungen zum persönlichen Gebrauch der Sakramente.

Nach dieser ausführlichen Erörterung der am Altar gereichten Sakramente ist noch ein weiterer Hinweis anzuschließen: Zu den Merkmalen, die dem Betrachter eines Altars auffallen mögen, gehören die »Antependien«, d. h. die Behänge an der Vorderseite des Altars, die im Verlauf des Kirchenjahres in ihren Farben und ihrer Symbolik wechseln und auf diese Weise den Bezug von sonntäglichem Gottesdienst mit dem menschlichen Leben im Jahresablauf veranschaulichen können. Daher führt uns die Betrachtung des Altars nun noch zur Frage nach dem evangelischen Verständnis des Kirchenjahrs.

4.5 Kirchenjahr und Feiertage

Das Wort »Kirchenjahr« hat die lutherische Orthodoxie geprägt. Die Reformation hat den das Kirchenjahr einteilenden Osterfestkreis und Weihnachtsfestkreis unverändert übernommen. Dagegen sind im Gefolge der Reformation die Marienfeste und Martyrerfeste abgeschafft worden. Mittelpunkt der kirchlichen Feste ist ausschließlich Jesus Christus. Ein besonderes Gewicht erhielt der Karfreitag. »Kar« ist vom altgermanischen Wort kara = Wehklage abgeleitet. Der Karfreitag ist dem Gedächtnis der Passion Jesu gewidmet. Luthers Theologie ist in ihrem Kern Kreuzestheologie.

Gottes Handeln geschieht in der Ohnmacht des Kreuzes und Leidens Christi. Gottes Gaben und Wohltaten sind »unter dem Kreuz verborgen«, das heißt: »unter Unglück und Plagen«. Anfechtung ist darum das Zeichen des Christseins. Luther lehrte: »Das Kreuz allein ist unsere Theologie.« Diese mit Nachdruck eingeschärfte Begründung christlichen Glaubens auf das Kreuz prägt evangelische Frömmigkeit und gibt dem Karfreitag seine Eigenart als Tag der Einkehr, Buße und Versöhnung mit Gott.

Seit dem 17. Jahrhundert hat sich weiterhin der 31. Oktober, das Datum des Thesenanschlages Luthers im Jahre 1517, als Gedenktag der Reformation eingebürgert. Heute wird der Reformationstag allgemein an dem diesem Datum folgenden Sonntag begangen. Das Reformationsfest ist Anlaß zu evangelischer Selbstbesinnung und Selbstprüfung.

Außerdem ist eine Eigentümlichkeit im reformatorischen Kirchenjahr ein jährlicher Buß- und Bettag. Bußtage wurden früher von der Landesobrigkeit angeordnet, zumeist aus besonderen Anlässen, etwa Pest, Hungersnot, Krieg. Durch einen Bußtag sollte eine Landesnot abgewendet werden. Seit der Mitte des 19. Jahrhunderts wurden die zu ganz unterschiedlichen Terminen üblichen Landesbußtage einheitlich auf den Mittwoch vor dem letzten Sonntag im Kirchenjahr gesetzt. Der Bußtag im November ist in Deutschland in überwiegend evangelischen Gebieten gesetzlicher Feiertag. 1995 wurde der Bußtag als gesetzlicher Feiertag in den meisten Bundesländern abgeschafft, um dadurch die Pflegeversicherung zu finanzieren. Der ursprüngliche Landesbußtag setzte eine enge Verbindung von Staat und Kirche voraus. Das ganze Volk sollte für seine Sünden Buße tun. Im 20. Jahrhundert erfuhr der Bußtag weithin einen Sinnverlust, der mit der Entleerung des Bußverständnisses und der weithin verlorengegangenen Erkenntnis von Sünde überhaupt zusammenhängt.

Das Kirchenjahr will alle Christen dazu anleiten, der »großen Taten Gottes« zu gedenken, im Rhythmus der Zeit Christi Gegenwart zu verkündigen und die Gemeinde durch die Zeiten zu führen. Zeit und Raum werden so in den Dienst der Gegenwart Gottes genommen.

5.
Die Orgel

Die Reformation fand den Brauch gottesdienstlichen Orgelspiels bereits vor. Orgeln gibt es nicht erst seit der Reformation. Im evangelischen Gottesdienst fiel der Orgel die Begleitung des Gemeindegesangs als wichtigste Aufgabe zu, da die Gemeinde grundsätzlich Träger des Gottesdienstes ist. Der Organist trug eine hohe Verantwortung für den evangelischen Choral. Soweit irgend möglich besitzen evangelische Kirchen eine Orgel. Sie gehört sozusagen zum Inventar. Ein Höhepunkt in der Kunst des Orgelbaus ist zur Zeit Johann Sebastian Bachs erreicht worden, vor allem durch die Orgeln, die in Mitteldeutschland und im Elsaß von den Brüdern *Gottfried und Andreas Silbermann* errichtet wurden. In den zwanziger Jahren unseres Jahrhunderts prägte sich eine Rückbesinnung auf die künstlerische Bedeutung der Orgel und eine Neubelebung des Orgelbaus aus; zu den Wegbereitern dieser »Orgelbewegung« zählt *Albert Schweitzer,* der neben seinen bekannten theologischen und philosophischen Schriften zur Leben-Jesu-Forschung und zum Grundsatz »Ehrfurcht vor dem Leben« auch musiktheoretische Werke über Bach und über Fragen des Orgelbaus verfaßt hat.
Die Orgel ist Anlaß, den Ablauf eines evangelischen Gottesdienstes kurz vorzustellen und auf das evangelische Kirchenlied hinzuweisen.

5.1 Der evangelische Gottesdienst

Martin Luther hat gelegentlich gesagt, das größte und vornehmste Stück des Gottesdienstes sei es, Gottes Wort zu predigen und zu lernen. In einem Kirchengebäude und Gottesdienst soll nichts anderes geschehen, als »daß unser lieber Herr selbst mit uns rede durch sein heiliges Wort und wir wiederum mit ihm reden durch Gebet und Lobgesang«. Das Verständnis des Wortes

als der Grundlage der Kirche hatte die Absage an das Meßopfer zur Folge; davon war schon die Rede. Der evangelische Gottesdienst ist daher in seinem Kern Predigtgottesdienst.
Wenn nun freilich ein evangelischer oder katholischer Christ an verschiedenen Orten, etwa in Württemberg, in Bayern oder im Rheinland, einen evangelischen Gottesdienst besucht, so kann es geschehen, daß er den Gottesdienst in zwei ganz verschiedenen Formen erlebt. Er kann an einem fast liturgiefreien reinen Predigtgottesdienst teilnehmen, aber auch an einem liturgisch reicheren Gottesdienst, in dem einem katholischen Christen viele Stücke aus der Meßliturgie vertraut sind.
Der *reine Predigtgottesdienst* ist vor allem in *reformierten* Landeskirchen üblich. Er findet sich aber auch in der württembergischen Landeskirche, welche in ihrer Lehre immer ausgeprägt lutherisch war. Aber seit der Reformation übernahm sie den oberdeutschen Predigtgottesdienst als Sonntagsgottesdienst. Zu erklären ist die Entstehung eines reinen Predigtgottesdienstes bereits aus der vorreformatorischen, spätmittelalterlichen Entwicklung. Schon vor der Reformation hatte sich in den Städten der Predigtgottesdienst von der Messe gelöst. Es gab neben den Meßpriestern in den Städten *Prädikanten* (d. h. Prediger). Diese Prediger hatten im Gegensatz zu vielen Meßpriestern eine gründliche theologische Ausbildung. Sie waren infolge ihres Studiums an den Universitäten auch aufgeschlossener für die geistigen Bewegungen der Zeit. Vor allem in den Städten wurden die Prädikanten darum Träger der Reformation. Der Predigtgottesdienst, in welchem die Predigt lediglich durch Lieder, Gebete und Vaterunser umrahmt wurde, wurde so in Süddeutschland – mit Ausnahme von Bayern – *der* evangelische Gottesdienst. Das Abendmahl gliederte man als eigene Feier dem Predigtgottesdienst an.
Die Züricher Reformation *Zwinglis* war aufgrund von Zwinglis Abendmahlslehre und seiner radikalen Absage an alle nichtbiblischen Elemente kompromißlos in der Verneinung des mittelalterlichen Gottesdienstes: Bilder und Heiligenverehrung wurden entschieden abgelehnt; liturgische Gesänge und Gewänder wurden abgeschafft. Das Abendmahl wird nicht mehr sonntäglich, sondern nur noch viermal im Jahr angeboten. Statt der Hostie

wird dem Kommunikanten ein Bissen vom ungesäuerten Brot gebrochen und dargereicht. In Zürich wurde sogar der Gemeindegesang abgeschafft und die Orgel 1527 als papistisches Instrument zerstört (dabei war Zwingli selbst musikalisch begabt). In dieser Radikalität folgten weder Basel noch Genf dem Züricher Vorbild. Nach Zwinglis Tod wird in Zürich der Gemeindegesang wieder eingeführt. Dagegen blieb bis ins 19. Jahrhundert aus reformierten Kirchen die Orgel verbannt. *Calvin* ist in Genf dem Züricher Beispiel nicht in allem gefolgt. Aber da Calvin nie Priester war, wie Luther, hatte er keinen besonderen Bezug zur Meßtradition und deren Liturgie.

Dieser reine Predigtgottesdienst erhob den Anspruch, alle »katholischen« Stücke aus dem Gottesdienst völlig entfernt zu haben und zur schlichten biblischen Urform zurückgekehrt zu sein. Denn der neutestamentliche Gottesdienst sei unkultisch, nur Versammlung um das Wort gewesen. Dieser strengen Auffassung zufolge hat noch Luther zuviel Zugeständnisse an die liturgische Tradition der mittelalterlichen Kirche gemacht.

Nun ist zu dieser entschiedenen Sicht eines reinen Predigtgottesdienstes als biblisch freilich ein doppeltes zu bemerken:

Einmal wissen wir historisch sehr wenig über die liturgische Gestalt des Gottesdienstes der Urchristenheit. Hier kann man weithin nur Vermutungen anstellen.

Zum anderen wird man mit dieser reformierten Sicht der Eucharistie, dem Herrenmahl, in der Urkirche kaum gerecht. Der reine Predigtgottesdienst läßt sich auch leichter moralischen und pädagogischen Zwecken dienstbar und nutzbar machen als ein stärker liturgisch geordneter Gottesdienst. Der Gottesdienst ist dann nämlich nicht in erster Linie Feier, sondern Einübung einer Lehre, Belehrung. Solche Verneinung jeglichen kultischen und liturgischen Elements entspricht aber nicht notwendig evangelischem Gottesdienstverständnis schlechthin, sondern sie ist eine reformierte Besonderheit.

Anders als in Süddeutschland und in der Schweiz ging die Erneuerung des Gottesdienstes in *Wittenberg* vor sich. Nach tumultuarischen Anfängen während Luthers Abwesenheit infolge der Reichsacht – er war als Geächteter 1521 auf der Wartburg –, in der viele ähnliche Maßnahmen und Schritte wie in Zürich er-

folgten, nahm sich *Luther* 1523 selbst der Gottesdienstreform an. Ihm kamen viele der liturgischen Änderungen zu plötzlich; sie konnten für die Gemeindeglieder zur Gewissensbelastung führen. Er knüpfte behutsam an die Meßliturgie an, die er im Sinne des reformatorisch verstandenen Evangeliums umgestaltete. Dabei betrafen die Änderungen vor allem die Liturgie der Messe, den sogenannten *Meßkanon,* d. h. das unveränderte Kernstück (= Kanon) der lateinischen Messe. Die Einsetzungsworte wurden aus dem Gebet gelöst und als Verkündigung der Gemeinde zugesprochen. Diese Änderung in der Liturgie fiel freilich der Gemeinde kaum auf, weil der Priester diese Stücke immer lateinisch gesprochen hatte. An die Stelle der lateinischen Stücke traten die deutsch vorgetragenen Einsetzungsworte. Durch die Änderung wurde die lateinische Messe zur evangelischen Abendmahlsfeier (hier hat die Liturgiereform des 2. Vatikanischen Konzils, die vielleicht die wichtigste Reform des Konzils ist, einem evangelischen Anliegen entsprochen, nämlich der Feier des Gottesdienstes in der Volkssprache und der Einbeziehung der Gemeinschaft). Diese spontane Änderung des Meßformulars forderte zu neuen Formularen, »Agenden« (lateinisch: »agenda« = »das, was getan werden muß«, nämlich: als Gottesdienstordnung) heraus. Die Predigt wird dabei in die überlieferte Liturgie eingebaut. 1526 legte Luther in der »Deutschen Messe« eine Verdeutschung der ganzen Messe in gekürzter und gereinigter Form vor.
Nach der Liturgie der »Deutschen Messe« wurden die Einsetzungsworte als Verheißungsworte verkündet. Die Vergegenwärtigung (griechisch: Anamnese = das Gedächtnis) des Kreuzesopfers und der Wiederkunft Christi wird jedoch nicht in Worten vollzogen, sondern ereignet sich im Gesamtgeschehen des Abendmahls. Neu war im 16. Jahrhundert, daß eine Reihe liturgischer Stücke auf den deutschen Volksgesang der Gemeinde übertragen wurde. Diese Beteiligung der Gemeinde an der Liturgie ist eine Folgerung aus dem allgemeinen Priestertum aller Gläubigen. Von der Bedeutung des allgemeinen Priestertums für das Verständnis von geistlichem Amt und rechtlicher Ordnung der Kirche ist später noch gesondert zu reden.
Die lutherische Messe enthält folgende Stücke:

Das Eingangslied (lateinisch: Introitus) ist ein Gemeindelied.
Es folgt als Anfangsgebet das dreimalige Kyrie eleison, »Herr erbarme dich«,
sodann das Eingangsgebet,
die Lesung aus einem neutestamentlichen Brief (Epistellesung, gesungen),
das Lied des Sonntags (Wochenlied, auch »Graduallied«, gesungen anstelle des Psalmgesangs in der katholischen Messe, der auch »Graduale« genannt wurde. »Graduale« kommt von gradus = Stufen, weil der Gesang auf den Stufen des Lesepultes erfolgte).
Es schließen sich an: Die Verlesung des Evangeliums (gesungen) und das Glaubensbekenntnis, in Form des gemeinsam gesungenen Lutherliedes: »Wir glauben all an einen Gott.«
Nach der Predigt folgen Vaterunser, Vermahnung derer, die zum Abendmahl gehen wollen, die Einsetzungsworte, das Emporheben von Hostie und Kelch (Elevation), die Kommunion, das Dankgebet und der (aaronitische) Segen.
Der im Alten Testament (4. Mose 6,24) Aaron und seinen Nachkommen anvertraute Segen lautet:

»Der Herr segne dich und behüte dich; der Herr lasse sein Angesicht leuchten über dir und sei dir gnädig; der Herr hebe sein Angesicht über dich und gebe dir Frieden.«

Vieles davon wird katholischen Christen vertraut sein. In der Reformationszeit trat der Unterschied von katholischem und evangelischem Gottesdienst auch keineswegs so deutlich zutage. Luther hat vielmehr beibehalten, was von der lateinischen Messe ihm evangelisch annehmbar erschien. Neben der deutschen Messe wollte er für die Lateinschüler sogar eine lateinische Fassung eines evangelischen Meßformulares beibehalten. Darin zeigt sich sein Bemühen, in der Überlieferung und Kontinuität der im Evangelium gegründeten Kirche aller Zeiten zu bleiben und sich deren Gottesdienst und liturgischer Überlieferung verpflichtet zu wissen.
Luther hat freilich die gottesdienstliche Ordnung von Wittenberg nicht für andere evangelische Kirchen, andere Ortskirchen verpflichtend gemacht. Im Gebrauch von Ritus, Kultus und Zeremonien sollte Freiheit herrschen und sollten örtliche Gepflo-

genheiten und Bedürfnisse berücksichtigt werden. Der 7. Artikel des Augsburgischen Bekenntnisses erklärt ausdrücklich, zur wahren Einheit der Kirche sei es nicht erforderlich, daß überall dieselben Zeremonien, gottesdienstlichen Gebräuche befolgt werden. Entscheidend ist allein die Übereinstimmung in der Predigt des Evangeliums und in der Verwaltung von Taufe und Abendmahl.

Die Freiheit im Gebrauch gottesdienstlicher Ordnung hatte allerdings unterschiedliche Folgen: Es stellte sich im Verlauf der Zeit ein Wildwuchs einerseits, eine Verkümmerung des Liturgischen andererseits ein. Die Verfallsgeschichte des lutherischen Gottesdienstes ist hier nicht im einzelnen zu beschreiben. Erst im 19. Jahrhundert erfolgte eine Rückbesinnung auf die reformatorische Sicht; den Anstoß zu dieser Rückbesinnung gab ein Laie, nämlich der preußische König Friedrich Wilhelm III. (1770-1840). Ein von Luther her gedeuteter Gottesdienst konnte insbesondere leicht der Volkserziehung, also einer pädagogisch-didaktischen Wertung und Wirkung ausgeliefert werden. Der Ansatz zu dieser Einschätzung findet sich schon bei Luther selbst, wenn er den Gottesdienst eine Veranstaltung zur *Erziehung der Unmündigen* nennt. Der Gottesdienst soll zum Glauben erziehen. An sich wäre solche Erziehung Aufgabe des Hausvaters, der seine Hausgenossen zum Glauben anzuhalten hat. Der öffentliche Gottesdienst hätte dann – so Luther – nur die Aufgabe, »für den Haufen«, also für die Ungebildeten, Christi Namen zu verkündigen.

Aufgrund solcher Anschauungen haben sich in der evangelischen Kirche besonders fromme Menschen (etwa im Pietismus), aber auch Gebildete vom Sonntagsgottesdienst ferngehalten. Sie meinten, selbst und selbständig den Glauben einüben zu können. In Württemberg hat der schwäbische Pietismus, eine im 18. Jahrhundert entstandene Frömmigkeits- und Erweckungsbewegung, neben dem Gottesdienst eigene »Stunden«, nämlich Bibelstunden, eingerichtet, in denen keine Liturgie, sondern nur Schriftauslegung, Gebet, Gesang üblich sind. Eine Begründung dafür findet sich bereits bei Luther, der meinte, wenn diejenigen, die »mit Ernst Christen sein wollten«, zusammenkämen, genügten ganz einfache gottesdienstliche Formen:

»Hier bedürfte es nicht vielen und großen Singens. Hier könnte man auch eine kurze feine Weise mit der Taufe und Sakrament (= Abendmahl) halten und alles aufs Wort und Gebet und die Liebe richten.«

Von daher erklärt sich, daß vielfach alles Zeremonielle und Kultische als unevangelisch gilt. Die Beteiligung der Gemeinde am Gottesdienst – eine der wesentlichen reformatorischen Errungenschaften! – wird durch die Vorstellung wieder entwertet, man könne auch *ohne* die Teilnahme am öffentlichen, allgemeinen Gottesdienst Christ sein. Mit dieser Distanz zum öffentlichen Gottesdienst als Feier verbindet sich leicht eine sehr zurückhaltende Einstellung zur Kunst als einer Weise, Gott zu loben und zu verherrlichen. Der Gottesdienst wird vernünftig, nüchtern, von Erwägungen der Zweckmäßigkeit und des erzieherischen Nutzens bestimmt (dies gilt nicht nur für die Aufklärungszeit, in der man beispielsweise an Ostern über die Gefahr des Lebendigbegrabenwerdens und am ersten Weihnachtsfeiertag über die Abhärtung der Hirten, verbunden mit einer Warnung vor dem Gebrauch der Pelzmützen, predigte).
Ergänzen wir den Hinweis auf die beiden ausführlich dargestellten evangelischen Gottesdienstformen noch durch eine knappe historische Erinnerung: Im 19. Jahrhundert entstanden »unierte« Kirchen, d. h. Kirchen, in denen eine *Union,* eine Vereinigung reformierter und lutherischer Gemeinden in einer unierten Landeskirche stattfand. Der bekannteste theologische Wegbereiter des Unionsgedankens war der Berliner Theologieprofessor *Friedrich Daniel Ernst Schleiermacher* (1768-1834), den man wegen seiner Bedeutung für die Theologiegeschichte auch den »Kirchenvater« des 19. Jahrhunderts nennt.
Heute sind die Landeskirchen z. B. von Hessen, Rheinland und Westfalen unierte Kirchen. Die meisten unierten Kirchen liegen auf dem ehemaligen Territorium Preußens. Denn in Preußen hat der bereits erwähnte *König Friedrich Wilhelm III.* Anstoß genommen an der Uneinheitlichkeit des evangelischen Gottesdienstes in seinem nach dem Wiener Kongreß (1815) stark erweiterten Königreich. Die Vielfalt gebräuchlicher Agenden und Liturgien widerstrebte seinem militärischen Ordnungssinn. Er

meinte nämlich, was beim Militär die Parade sei, sei im Gottesdienst die Liturgie. Außerdem war das Königshaus reformiert, die Mehrheit der Untertanen lutherischen Bekenntnisses. König und Untertanen konnten daher nicht gemeinsam Abendmahl feiern; deswegen betrieb der König mit Nachdruck die Union. Im Dienste der Union sollte die Reform des Gottesdienstes, der Agende stehen. Schließlich hatte der König selbst große liturgische Interessen. Er betrieb eigene liturgiegeschichtliche Forschungen. Im Gegensatz zum aufgeklärten Verständnis des Gottesdienstes, wonach dieser der Belehrung und Erbauung dienen sollte, wollte er das kultische Moment einbeziehen. Während eines Englandaufenthaltes (1814) beeindruckte ihn die Feierlichkeit des anglikanischen Gottesdienstes. In seinen liturgischen Vorschlägen wollte der König bewußt auf »Vater Luther recurrieren«. Da der preußische König zugleich auch Leiter der evangelischen Landeskirche in Preußen war, also die Rechte eines *Landesbischofs* wahrnahm, konnte er nach geltendem Kirchenrecht eine Agende vorlegen. Diese Agende hat er seit 1822 eingeführt, nach einem langen Agendenstreit und heftigem Widerstand. Dabei bediente er sich auch staatlicher Zwangsmittel und Gunstbeweise. Man spottete daher, die Agende sei auf »Adlers Flügeln« eingeführt worden, nämlich den Flügeln des roten Adlerordens, der vom König an Geistliche verliehen wurde, die sich für die Einführung der Agende einsetzten. Das Interesse eines Laien für den Gottesdienst entspricht – von der Weise der Einführung der Agende abgesehen – freilich dem evangelischen Verständnis des allgemeinen Priestertums der Christen.
Inhaltlich lehnt sich diese *(unierte) Liturgie* eng an Luthers »Deutsche Messe« an. Liturgische Gesänge, Kruzifix und Kerzen wurden durch sie wieder eingeführt. Der härteste Widerstand kam deshalb begreiflicherweise von reformierter Seite. Im 19. Jahrhundert und im 20. Jahrhundert kam es nach dieser königlichen Gottesdienstreform, auf welche die heutige unierte Liturgie zurückgeht, auch in der evangelischen Kirche zu *liturgischen Bewegungen.* Von diesen Bewegungen, die vor allem altkirchliches, vormittelalterliches liturgisches Gut aufnahmen, wie von mancherlei neueren Versuchen, zu »Gottesdiensten in neuer Gestalt« zu finden, ist hier nicht zu reden.

Einem katholischen Christen wird die Vielfalt und Uneinheitlichkeit, manchmal auch die Experimentierfreude im evangelischen Bereich auffallen. Ich habe angedeutet, daß dies nach meinem Urteil sowohl einen Vorzug wie eine Schwäche bedeutet: Einerseits bleibt der Gottesdienst dadurch *lebendig,* daß die Botschaft des Evangeliums und die Antwort der Gemeinde im Wandel der Zeiten je neu Gestalt gewinnen kann und Gestalt gewinnen muß. Dadurch wird der Zusammenhang zum alltäglichen Leben gewahrt, dessen »Unterbrechung« der liturgische Gottesdienst gerade ist und sein soll. Der liturgische Gottesdienst unterbricht nämlich elementar den weltlichen Lebenszusammenhang, wenn und indem er Jesus Christus und den in seinem Opfertod und seiner Auferstehung dem Menschen zugewendeten Gott gegenwärtig macht. Das Licht der Erlösung in der Welt aufscheinen zu lassen und Gott dafür zu preisen und zu danken ist der Sinn des Gottesdienstes. Ein Gottesdienst, der nur den alltäglichen Lebenszusammenhang zeitweilig unterbrechen würde, von dem aus aber nichts in den Alltag ausstrahlt, wäre kein Gottesdienst. Andererseits kann die Frage, was der *Gottesdienst für den Alltag* bedeutet, die gottesdienstliche Feier als solche auch entwerten. Der Gottesdienst wird dann ihm fremden Zwecken, etwa der Durchsetzung moralischer Werte und Ziele untergeordnet. Die Besinnung auf das liturgische Erbe der gesamten Christenheit und die Offenheit für andere ökumenische Erfahrungen können ein Gegengewicht zur Verzweckung des Gottesdienstes sein. Die Gefahr besteht ja in allen Kirchen, daß der Gottesdienst unter die »Tyrannei der Ethik« gebeugt wird. Im Gottesdienst soll aber nicht, wie im ethischen Handeln, in erster Linie der Mensch dem Mitmenschen dienen, sondern Gott dient dem Menschen und der Mensch dient und antwortet Gott mit Gebet, Lobpreis und Dank – nicht zuletzt im Bekenntnis und mit dem Lob des Kirchenliedes.

5.2 Das evangelische Kirchenlied

Einen eigenen Beitrag zur Liturgie hat die evangelische Christenheit im Kirchenlied, im Choral geleistet. Choral wurde zunächst der einstimmige Chorgesang genannt. Im evangelischen Gottesdienst trat an die Stelle des Chorgesanges weithin das Gemeindelied. Grundlegend für das evangelische Gesangbuch ist das Wittenberger »Geistliche Gesangbüchlein« von 1524, für das Luther eine Gesangbuchvorrede schrieb und für dessen 32 deutsche und 5 lateinische Lieder wohl der Torgauer Kantor *Johann Walther* (1496-1570) musikalisch verantwortlich war. Das Gemeindelied wurde von der Orgel begleitet. Für die Orgelbegleitung des Gemeindegesangs entstanden im 17. Jahrhundert Choralbücher. Die Orgelbegleitung des Gemeindegesangs wird variiert im Choralvorspiel oder in der mehrstimmigen Bearbeitung des Orgelchorals. Johann Sebastian Bachs musikalisches Werk ist hervorgegangen aus dem gottesdienstlichen Singen der Gemeinde.

Das Kirchenlied hat in besonderer Weise evangelischem Glauben und evangelischer Frömmigkeit Ausdruck gegeben. Luther schätzte die Musik hoch, weil sie für ihn einen natürlichen Stellenwert in der Schöpfung hatte. Anders als in der reformierten Kirche spielte darum die Musik im lutherischen Gottesdienst eine zentrale Rolle. In Luthers Tradition sah sich später der Leipziger Thomaskantor Johann Sebastian Bach. Martin Luther verfaßte selbst eine Reihe Kirchenlieder, beispielsweise:

»Vom Himmel hoch, da komm ich her.«
»Nun bitten wir den Heiligen Geist um den rechten Glauben aller meist.«
»Nun freut euch, lieben Christeng'mein.«

Er brachte ferner das Glaubensbekenntnis (wir glauben all an einen Gott) und das Vaterunser (Vater unser im Himmelreich) in Liedform. Der auf Psalm 46 fußende Choral »Ein feste Burg ist unser Gott« wurde zum Kennzeichen und Träger der Reformation. Friedrich Engels nannte dieses Lied deshalb die Marseillaise der Reformation«.

Der Gründer von Herrnhut *Nikolaus Ludwig Graf von Zinzendorf* dichtete, oft spontan während der Predigt, zahlreiche Lieder. Bekannt davon ist »Jesu, geh voran, auf der Lebensbahn«.

Von *Gerhard Tersteegen* (1697-1769) stammt »Gott ist gegenwärtig«. Als Beispiel evangelischer Kirchenlieddichtung sei ferner *Paul Gerhardt* (1607-1676) erwähnt. Paul Gerhardts Lieder sind längst ökumenisches Gemeingut geworden und haben ihren Platz nicht nur im evangelischen, sondern auch im katholischen Gesangbuch. In Bekenntnisfragen war Paul Gerhardt ein strenger Lutheraner, ein »Orthodoxer«, der wegen seines strengen Festhaltens am lutherischen Bekenntnis vom reformierten Kurfürsten aus dem Berliner Pfarramt entlassen wurde. Gerade dieser so entschiedene Vertreter lutherischer Lehre hat in seinen Liedern freilich die Erfahrung der *Angst* aufgenommen – er lebte in der Zeit des Dreißigjährigen Krieges! – und diese gerade nicht überspielt. Die Erfahrung der Angst wird durch die Zusage des Heils überwunden. Daher hat er die Angst im »Vertrauenslied« verarbeitet: »Wenn mir am allerbängsten wird um das Herze sein, so reiß mich aus den Ängsten kraft deiner Angst und Pein« (aus dem Passionslied »O Haupt voll Blut und Wunden«). Bekannt als Vertrauenslied ist auch das Lied »Befiehl du deine Wege und was dein Herze kränkt, der allertreusten Pflege des, der den Himmel lenkt!«. Eine Auslegung von Römer 8, 31-39 gibt das Lied: »Ist Gott für mich, so trete gleich alles wider mich; so oft ich ruf und bete, weicht alles hinter mich!« Ausdruck der reformatorischen Kreuzestheologie spricht aus den Passionsliedern »Ein Lämmlein geht und trägt die Schuld der Welt und ihrer Kinder« und »O Haupt voll Blut und Wunden, voll Schmerz und voller Hohn«. Beinahe ein Volkslied wurde das Lied »Geh aus mein Herz und suche Freud in dieser lieben Sommerzeit an deines Gottes Gaben«. Paul Gerhardt hat zum gesamten Kirchenjahr, zu den Tages- und Jahreszeiten und zu den besonderen Anlässen des Lebens Lieder aufgrund gelebter Frömmigkeit gedichtet. Dieses Liedgut, erwachsen aus dem Umgang mit der Bibel und aus dem Gebet, ist eine Frucht evangelischen Wortverständnisses und evangelischen Gottesdienstes. In den deutschen evangelischen Landeskirchen wurde in den 90er Jahren ein neues Evangelisches Gesangbuch eingeführt. Neben modernen Liedern, Gesängen und Songs enthält es auch Anleitung für die eigene Andacht und Erbauung, Psalmgebete und wichtige Bekenntnisse der Kirche (Luthers Kleiner Katechismus, den reformierten Heidelberger Katechismus von 1563 im Auszug, Die Theologische Erklärung der Bekenntnissynode von Barmen

1934). Der spezifische Beitrag des evangelischen Glaubens zur allgemeinen und religiösen Kultur besteht weniger in der bildenden Kunst als in der Musik. Dafür steht vor allem das einzigartige Werk des Leipziger Thomaskantors *Johann Sebastian Bach* (1685-1750), dessen Kantaten, Motetten, Oratorien sowie Johannes- und Matthäuspassion und Orgelwerke heute nicht nur im Gottesdienst, sondern auch in Konzerten aufgeführt werden. Die Kantate hat Bach als eigene geschlossene musikalische Form – mit Rezitativen, Arien, Choral- und Chorsätzen unter Zugrundelegung eines biblischen Textes – überhaupt erst ausgebildet. Die Ausstrahlungskraft von Bachs Musik wird beispielhaft daran deutlich, daß der Philosoph Friedrich Nietzsche nach einer Aufführung der Matthäuspassion äußern konnte: »Wer das Christentum völlig verlernt hat, der lernt es hier wirklich wie ein Evangelium.« Neben Bach sind an evangelischen Komponisten noch zu nennen: *Heinrich Schütz* (1585-1672), der vornehmlich Luthers schlichte Bibelprosa vertonte, und *Georg Philipp Telemann* (1681-1767). Musikkennern der Gegenwart mag etwa der Name von *Ernst Pepping* als eines zeitgenössischen Komponisten kirchenmusikalischer Werke vertraut sein.

Musikalische Ausdeutung kann am ehesten und besten dem reformatorischen Wort zum Ausdruck verhelfen und die Herzensfrömmigkeit und Innerlichkeit des Glaubens spürbar werden lassen. Dennoch ist – über die evangelische Kirchenmusik hinaus – auch das evangelische Verständnis bildhafter Kunst eigens zu bedenken.

6.
Bilder

Von der bildlichen Ausschmückung evangelischer Kirchen war schon beiläufig die Rede. Es wurde schon erwähnt, daß die reformierten Kirchen auf jeglichen Bildschmuck verzichten. Sie berufen sich für solchen Verzicht auf das Bilderverbot des Alten Testaments. Auf die Frage: »Mögen aber nicht die Bilder, als der Laien Bücher, in den Kirchen geduldet werden?« gibt der Heidelberger Katechismus (in Frage 98) zur Antwort:

»Nein; denn wir sollen nicht weiser sein als Gott, welcher seine Christenheit nicht durch stumme Götzen, sondern durch die lebendige Predigt seines Wortes unterwiesen haben will.«

Die Frage, ob die Urchristenheit in den ersten Jahrhunderten Bilder kannte, ist freilich schwer zu beantworten. Denn öffentliche Kirchengebäude gab es damals noch nicht; einiges spricht aber dafür, daß in den ersten Jahrhunderten vor allem Symbole, Zeichen üblich waren, in denen christliches Bekenntnis und christlicher Glaube sich ausdrückten und darstellten.
Die folgenden Hinweise zur Ausstattung von Kirchen mit Bildern betreffen also nur lutherische oder vom lutherischen Glauben beeinflußte evangelische Kirchen.

6.1 Das Kruzifix

Die plastische oder gemalte Darstellung des am Kreuz hängenden Christus (lateinisch: crucifixus: »der an das Kreuz Geheftete«) ist gemeinchristlich. Von der romanischen Plastik wird der am Kreuz triumphierende Christus dargestellt: Als Sieger wird er mit der Krone auf dem Haupt wiedergegeben. In der gotischen Kunst tritt dagegen der *leidende Christus* immer stärker in den Vordergrund. Den leidenden Christus kennzeichnet die Dornenkrone. In der Spätgotik wird der Gekreuzigte zum *Schmerzensmann,* dessen geschundener und mit Wundmalen

bedeckter Körper die Spuren der Marter und Qual an sich trägt.
Diese spätmittelalterlichen Darstellungen des Gekreuzigten konnte lutherische Frömmigkeit ihrerseits aufnehmen. Nach evangelischem Verständnis ist der *Karfreitag*, die Erinnerung an Leiden und Sterben Christi, im Kirchenjahr besonders ausgezeichnet. Für Luther ist die Kreuzestheologie der Inbegriff seiner Theologie, seines Glaubensverständnisses. Dabei beruft er sich auf den Apostel Paulus (1 Kor 1-3), der nichts anderes kennen will als Jesus Christus, den Gekreuzigten. Nur in der Verborgenheit und Unbegreiflichkeit des Kreuzes gibt sich nach Paulus und Luther Gott zu erkennen. Der Gekreuzigte ist der Herr der Glaubenden. Christi Reich ist in der Welt verborgen unter dem Kreuz. Die *Theologie des Kreuzes* (»theologia crucis«) ist für Luther der Widerspruch zur Theologie der Herrlichkeit (»theologia gloriae«), welche Gottes Allmacht vorweisen will und nach welcher die Kirche jetzt schon teilhat am Triumph Gottes über die Gewalten dieser Welt.
Das Kreuz ist das Kennzeichen wahrer Theologie. Der Kruzifixus erinnert daran und ruft die Glaubenden dazu auf, unter dem Kreuz zu bleiben. Reformierter Überzeugung entspricht allein das Symbol des Kreuzes, ohne den Körper (corpus) des Gekreuzigten. Ein Urteil des Bundesverfassungsgerichts im Sommer 1995, welches das Anbringen von Kruzifixen in den Unterrichtsräumen der staatlichen Pflichtschule, wie dies in Bayern aufgrund der Volksschulordnung angeordnet ist, für einen Verstoß gegen die Religionsfreiheit erklärte, hat eine öffentliche Debatte um Sinn und Gehalt des Kruzifixes ausgelöst: Ist das Kreuz nur ein Kulturgut des christlichen Abendlandes, das als solches von jedermann hinzunehmen ist, oder ist es der spezifische Inhalt des christlichen Glaubens, der nicht jedem im staatlichen Bereich zugemutet und aufgedrängt werden darf und darum nur in der Kirche seinen berechtigten Ort hat? Der Streit, ob das Kreuz ein allgemeines Symbol christlicher Kulturtradition oder allein der Ausdruck der individuellen Glaubensüberzeugung ist, und wieweit deshalb das Kruzifix auch im staatlichen und nicht nur im kirchlichen Raum seinen Platz hat, nötigt also dazu, über die *theologische* Bedeutung des Kreuzes erneut nachzudenken

– und nicht nur über die kulturelle Tradition – und das Verhältnis von Glaube und Öffentlichkeit grundsätzlich zu bedenken. In manchen evangelischen Kirchen (beispielsweise in streng reformierten Gemeinden) wird zudem eine bildhafte Darstellung des Gekreuzigten abgelehnt unter Berufung auf das alttestamentliche Bilderverbot.

6.2 Bildmotive

Luther hat gegen die Bilderstürmer in Wittenberg die Bilder als Zeichen, Hinweise und Zeugnisse für den einfachen Glauben gelten lassen und darum an ihnen festgehalten. Das Bild selbst ist zwar nicht wirkmächtig. Es ist vielmehr nur Erinnerungshilfe und Anleitung für den Glauben. Zwingli und Calvin haben dagegen die Bilder gänzlich aus den Kirchen entfernt, um die Mißstände mittelalterlichen Bilderkultes und mittelalterlicher Bilderverehrung radikal zu beseitigen. Diese psychologisch- pädagogische Absicht erweist sich freilich wiederum als psychologisch-pädagogischer Mangel. Es ist zwar richtig, einem Mißbrauch der Bilderverehrung zu wehren. Aber der grundsätzliche Verzicht auf das Bild führt zur Unanschaulichkeit und zum Wirklichkeitsverlust des Glaubens. Luthers Umgang mit den Bildern war darum weise. Auch das *Bild* kann zum Glauben einladen.
Luthers Freund und Wittenberger Mitbürger *Lukas Cranach* der Ältere (1472-1553) hat Luthers Glaubensaussagen in Altarbilder umgesetzt. Er hat die Formensprache der Kunst zur Darstellung des reformatorisch verstandenen Evangeliums verwandt. Er hat damit ein Vorbild gegeben: Entscheidend ist, daß nur biblische Themen und Motive ausgewählt werden. Als weithin üblich hat sich in lutherischen Kirchen die Darstellung folgender *Themen* eingebürgert: Im *Unterteil* des Altarbildes, der Predella (d. h. Altarstaffel), wird das Abendmahl dargestellt. Das *Hauptfeld* enthält die Kreuzigung; seitlich werden Gethsemane und Ostern abgebildet. Die Rückseite bildet das Jüngste Gericht ab. Einen eigenen Grundtypus der Bildkomposition hat Cranach mit der Gegenüberstellung von Sündenfall, Vertreibung aus dem Paradies, Gericht über den Sünder und Gesetz-

gebung des Moses einerseits, Erlösung durch Christi Menschwerdung, Taufe, Kreuzestod und Auferstehung andererseits geschaffen (es ist dies die präzise Übersetzung von Luthers Unterscheidung von *Gesetz* und *Evangelium* in eine bildhafte Darstellung des Gegensatzes von Sünde und von Erlösung).
Dem Ort verpflichtet ist das *Wittenberger Altarbild*, das von Lukas Cranachs Sohn, Lukas Cranach dem Jüngeren (1515-1586), geschaffen wurde. In der Predella wird die Predigt durch Luther, in der Mitte des Hauptfeldes die Austeilung des Abendmahls mit den Reformatoren, in den Seitenteilen die Taufe durch Melanchthon und die Beichte durch den Ortspfarrer Wittenbergs Bugenhagen abgebildet. Die Rückseite bildet im Mittelteil Christus als Sieger, in den Seitenteilen Isaaks Opferung und die Aufrichtung der Ehernen Schlange durch Moses ab. Beide alttestamentlichen Motive gelten als Vorausdarstellungen des Kreuzestodes Christi. Mit der Wahl der Bildmotive wird der Anspruch erhoben, daß die evangelische Kirche echte Kirche ist, weil sie für ihr Handeln eine ausschließlich biblische Begründung hat. Die lutherischen Altäre und Wandbilder stellen *biblische Themen* dar. Sie wollen auf ihre Weise Christusverkündigung sein, wie dies Paul Gerhardt dichterisch im Liedvers bittet: »Erscheine mir zum Schilde, zum Trost in meinem Tod, und laß mich sein dein Bilde in deiner Kreuzesnot.«
Entschieden abgelehnt werden allerdings *Gnadenbilder*, von denen die mittelalterliche Volksfrömmigkeit Gebetserhörungen und Heilungen erwartete. Besonders die Marienfrömmigkeit kennt und verehrt, zum Teil bis heute, wundertätige Bilder der Gottesmutter, zu denen Wallfahrten veranstaltet werden.

6.3 Maria

In der Beseitigung von *Marienbildern* äußert sich die reformatorische Ablehnung der von der Volksfrömmigkeit gepflegten Bilderverehrung am schärfsten. In der Tat unterscheiden sich evangelische und katholische Kirche unübersehbar an der Stellung zum Marienbild und damit in der Wertung Marias selbst. In evangelischen Kirchen finden sich keine Marienbilder und Ma-

rienstatuen, es sei denn sie standen dort schon in vorreformatorischer Zeit. Auch in der praktischen Verehrung Marias und zum Teil auch in ihrer theologischen Wertung unterscheiden sich evangelische und katholische Frömmigkeit und Glaubenshaltung. Um es mit einem Schlagwort zu sagen: Während katholische Marienverehrung Maria als »Himmelskönigin«, »Fürsprecherin«, »Mittlerin« in den Himmel erhebt, hat evangelischer Glaube sie in einen Abstellraum, in die Rumpelkammer, den Keller verbannt. Evangelischer Glaube beruft sich dabei auf das »Allein Jesus Christus«, wenn er alles Reden von Maria als Mittlerin und Miterlöserin verneint. Die katholischen Mariendogmen (Unbefleckte Empfängnis Marias, 1854, und leibliche Aufnahme Marias in den Himmel, 1950) sind nach evangelischer Auffassung zudem nicht biblisch begründet. Sie widersprechen dem Grundsatz, daß alle wichtigen Glaubensaussagen »allein« der Heiligen Schrift zu entnehmen seien. Evangelische Theologie nimmt außerdem Anstoß an katholischen Aussagen, wonach Maria die Mutter der Glaubenden sei, die Gnade zuspricht und spendet und von der her auf die ganze Welt und auf alle Völker »Gnade, Erlösung und Frieden« ausstrahlt. Sie sieht zudem in solchen Bezeichnungen Marias ein Abbild, eine Beschreibung der Aufgabe der Kirche und ihrer Gnadenvermittlung, der weder evangelisches Kirchenverständnis noch evangelische Sicht Marias zustimmen kann.
Die Marienverehrung der Volksfrömmigkeit und die päpstliche Verkündigung marianischer Dogmen haben seit der Reformation evangelische und katholische Kirche getrennt. Wie läßt sich hier überhaupt eine *Verständigung* erreichen? Katholische Frömmigkeit und Lehre sollte sich prüfen, ob sie sich auf gutem biblischem Grund befindet, wenn sie Maria so in den Himmel erhebt und die Erwartung an sie richtet, sie sei die Gnadenmittlerin. Evangelische Frömmigkeit und Lehre sollte sich ihrerseits prüfen, ob es biblisch richtig und theologisch begründet ist, wenn sie Maria so völlig aus dem kirchlichen und christlichen Bewußtsein verdrängt. Beide, evangelische und katholische Christen, könnten dabei vielleicht auch von der Wiederentdeckung Marias als des Typus des weiblichen Christen, d. h. von an den Erfahrungen der Frau orientierter Frömmigkeit lernen.

Ein Arbeitskreis der *Vereinigten Lutherischen Kirche Deutschlands* hat 1982 in einer Stellungnahme »Maria. Evangelische Fragen und Gesichtspunkte. Eine Einladung zum Gespräch« Ansätze, aber auch Unterschiede und Gegensätze für ein ökumenisches Gespräch benannt. In der evangelischen Kirche wurde Maria zu Unrecht vergessen. Sie ist nicht nur katholisch. Sie ist *auch evangelisch.* Maria, die Mutter Jesu, steht Jesus näher als seine nächsten Jünger. Das Neue Testament zeichnet diese Nähe in wahrer Menschlichkeit; es verschweigt freilich nicht Marias Abstand zu Jesus. Maria hat ihren Platz im Offenbarungsgeschehen: Sie verkörpert in ihrer Haltung als »Magd des Herrn« (Lk 1,38) den *Glauben.* Dieses neutestamentliche Marienbild von Maria als Jesu geschichtlicher Mutter hat auch die Reformation keineswegs in Frage gestellt. *Martin Luther,* der der Marienverehrung seiner Zeit kritisch gegenüberstand, hat in der Auslegung des *Magnifikat* (»Magnificat« heißt lateinisch: »sie rühmt« – das Eingangswort von Marias Lobgesang nach Lukas 1,46-55) im Jahre 1521 Maria als beispielhafte Hörerin des Wortes und gehorsames »Werkzeug« Gottes gedeutet. Das Magnifikat fand auch in die evangelische Kirchenmusik Eingang: Eine besonders kunstvoll ausgestaltete Vertonung des Magnifikat stammt von Johann Sebastian Bach. Ferner haben evangelische Gemeinden oftmals nach Maria benannte Kirchen übernommen und benutzt, z. B. die Marienkirche in Lübeck, an der dann der bekannte Organist Dietrich Buxtehude (1637-1707) gewirkt hat. Biblisches Zeugnis und das Marienlob der Reformation, bei gleichzeitiger Bekämpfung von Auswüchsen und Mißbräuchen der Marienverehrung, bieten einen Anknüpfungspunkt für ein neues Gespräch heute. Dieses Gespräch müßte freilich einerseits Auswüchse üppig wuchernder Marienverehrung und Marienlehre auf katholischer Seite, wie sie im Laufe der Jahrhunderte emporschossen, zurückschneiden, andererseits die darauf reagierende Abneigung auf evangelischer Seite überwinden, welche für Maria überhaupt keinen Platz in der Auslegung des Glaubens sieht. Maria hat zwar keine Würde aus sich selbst. Aber das heißt nicht, daß sie überhaupt keine Würde hat. Der Weg der Verständigung zwischen den Kirchen führt wohl auch weniger über eine Annäherung in der theologischen Lehre, in der »Mariologie«, als über die *Meditation,* das Bedenken derjenigen Stellen im Neuen Testament, in denen Maria erwähnt wird. In Auslegung und Predigt können und sollten gerade diese Stellen bedacht werden. Maria wird dadurch, wie andere biblische Gestalten, Vorbild des Glaubens, Beispiel gelebter christlicher Existenz und des Wirkens göttlicher Gnade sowie Zeichen der Barmherzigkeit Gottes. Das Evangelium, die frohe Botschaft von Jesus Christus nimmt nämlich Gestalt an im Leben und in der Menschlichkeit von Glaubenden. Das wird gerade an Maria, der Mutter Jesu Christi erkennbar.

7.
Amtsträger

Nimmt ein nicht-evangelischer Christ an einem evangelischen Gottesdienst teil, so sieht er den *Pfarrer* im Talar predigen und die Liturgie feiern. Der *Talar* – ein aus dem Lateinischen stammendes Wort – ist ein langes schwarzes Obergewand: Es war ursprünglich die Amtstracht des Gelehrten zur Zeit der Reformation. In der Reformationszeit ersetzte der Talar die liturgischen Gewänder. Vielfach wird der evangelische Gottesdienst heute auch von einer *Pastorin* im Talar gehalten. Nach dem evangelischen Verständnis können nämlich kirchliche Ämter gleicherweise von Männern wie auch Frauen ausgeübt werden.
Die Frage des *kirchlichen Amtes* und die damit verbundenen Fragen der Rechtsordnung der Kirche zählen zu den schwierigsten und dornenvollsten Themen im ökumenischen Gespräch. Gelänge eine Verständigung darüber, so wäre wohl der entscheidende ökumenische Durchbruch und Fortschritt gelungen. Nach katholischer Lehre kann nur der geweihte Priester gültig die Sakramente der Eucharistie, der Buße, der Ehe und der Krankensalbung verwalten. Priesterweihe und Firmung wiederum kann gültig nur ein Bischof spenden. Lediglich die Taufe ist unabhängig von der Weihevollmacht des Spenders gültig. Die Konsekration in der Meßfeier ist dem geweihten Priester vorbehalten; die Austeilung der konsekrierten Hostien in der Kommunion kann auch ein dazu beauftragter Laie vornehmen. Die Verwaltung des Ehesakraments ist in der Regel Sache des Priesters; aber auch ein Diakon kann zur Assistenz bei der Spendung des Ehesakraments beauftragt werden. In Grenzfällen ist sogar eine priesterlose Eheschließung möglich.
Zum Priester geweiht werden kann nur ein *Mann.* Die Priesterweihe verleiht eine besondere Prägung und Amtsvollmacht. Evangelisches Amtsverständnis kennt dagegen *keine* besondere *Amtsgnade.* Die Ausübung eines Amtes ist ein *Dienst;* das Amt erlischt darum mit dem Ende des Auftrages, des Dienstes.

7.1 Öffentliches Predigtamt und allgemeines Priestertum

Für dieses Verständnis des Amtes beruft sich die evangelische Kirche auf das Neue Testament. Martin Luther sagt:

»Alle Christen sind wahrhaftig geistlichen Standes und ist unter ihnen kein Unterschied denn des Amtes halben.«

Er bezieht sich dabei auf den Apostel Paulus (1 Kor 12,12ff) und auf 1 Petr 2,9:

»Ihr (Christen) seid das auserwählte Geschlecht, das königliche Priestertum, das heilige Volk, das Volk des Eigentums, daß ihr verkündigen sollt die Tugenden des, der euch berufen hat von der Finsternis zu seinem wunderbaren Licht.«

Daraus schließt Luther:

»Darum ist das Bischofsweihen nichts anderes als wenn man anstatt der ganzen Versammlung einen aus dem Haufe nähme, die alle gleiche Gewalt haben, und ihm beföhle, diese Gewalt für die andern auszurichten.«

Er begründet dies damit:

»Denn was aus der Taufe gekrochen ist, das mag sich rühmen, daß es schon zu Priestern, Bischof und Papst geweiht sei, obwohl es nicht einem jedem ziemt, solches Amt zu üben.«

Die *Taufe* ist die Voraussetzung für die Übernahme eines kirchlichen Amtes. Sodann beauftragt die *Gemeinde* den dazu Befähigten und Berufenen mit solchem Amt. Wird jemand der Auftrag entzogen, erlischt das Amt:

»Darum soll ein Priesterstand nichts anderes sein in der Christenheit als ein Amtmann: Weil er am Amt ist, geht er vor: Wo er abgesetzt ist, ist er ein Bauer oder Bürger wie die anderen. «

Das Amt wird hier *»funktional«*, von dem her, was es wirkt, gesehen. Zum öffentlichen Wirken im Predigtamt und in der Verwaltung der Sakramente bedarf es freilich einer *Beauftragung* (lateinisch: Vokation). Die Ordination ist Berufung zum Amt.

»Es soll und kann im Grunde die Weihe nichts anderes sein (soll es recht zugehen), denn ein Beruf oder Befehl des Pfarramtes oder Predigtamtes« (Martin Luther).

Bevollmächtigt ist ein Pfarrer solange, als sein Amtsauftrag besteht. Diesen Auftrag kann ihm nicht nur ein Bischof, sondern auch die Gemeinde erteilen, indem sie ihn zum öffentlichen Predigtamt beruft; Voraussetzung der Berufung ist die Eignung. In der Ausübung des Amtes sind die Prediger jedoch nicht Vertreter der Gemeinde. Die Gemeinde beruft zwar. Aber der Prediger des Evangeliums ist seinem Auftrag verpflichtet und »repräsentiert« Christus; er vertritt ihn in der Verkündigung des Evangeliums. Der Prediger ist *Diener Christi* und nur in diesem Dienst auch Diener der Gemeinde. Der Prediger soll Bote, Mund Jesu Christi sein, aufgrund von Jesu Zusage an seine Jünger: »Wer euch hört, der hört mich« (Lukas 10,16).
Darüber, ob dieses evangelische Verständnis des kirchlichen Amtes dem Neuen Testament gemäß ist, wird heute in der Exegese des Neuen Testaments, der Schriftauslegung zwischen den Kirchen diskutiert. Dabei besteht weitgehend Übereinstimmung darüber, daß die evangelische Sicht Anhalt beim Apostel Paulus hat, an seiner Beschreibung der mannigfaltigen Gnadengaben (griechisch: »Charismen«) innerhalb der Gemeinde, dem Leib Christi (1 Kor 12-14). Dies ist hier nicht weiter zu erörtern und zu belegen. Nach evangelischer Anschauung kommt jedenfalls alles darauf an, daß das Amt dem Evangelium gemäß ausgeübt wird, den »Dienst der Versöhnung« (2 Kor 5,20) vollzieht und die Amtsinhaber gute Haushalter, Verwalter der mancherlei Gnade Gottes sind (1 Petr 4,10). Einen besonderen geistlichen *Stand* schafft jedoch die Ordination zum Pfarrer und die Berufung (Vokation) ins Predigtamt nicht.

7.2 Kirchenleitung

Das Wort Kirchenleitung hat heute das altertümliche Wort »Kirchenregiment« der Reformationszeit abgelöst. Vom *»Kirchenregiment«* spricht beispielsweise das Augsburgische Bekenntnis

(Art. 14 und 28). Nimmt man das allgemeine Priestertum aller Gläubigen ernst, so kann die Kirchenleitung nicht nur Sache der Pfarrer und Theologen sein. Vielmehr sind grundsätzlich auch Laien an ihr zu beteiligen. Die Frage der rechten Kirchenleitung wurde für die evangelische Kirche in Deutschland jedoch erst im 20. Jahrhundert eine brennende und dringende Frage. Bis dahin überließ man die rechtliche Ordnung, die Verwaltung, die äußere Leitung der evangelischen Landeskirchen dem Landesherrn, sofern dieser evangelisch war, während die geistliche Leitung mit Wort und Sakrament durch das Predigtamt, die Pastoren geschah. Bei der äußeren Leitung, also Gesetzgebung und Finanzierung durch den Landesherrn, spielten freilich nicht immer nur geistliche Erwägungen und kirchliche Erfordernisse eine Rolle. Daher gab es bereits im 19. Jahrhundert eine Bewegung, welche die Gemeinden und Gemeindeglieder an der Kirchenleitung zu beteiligen trachtete. Dazu sollten kirchenleitende Befugnisse auf örtlicher Ebene an *Presbyterien,* Kirchengemeinderäte, auf überörtlicher Ebene an *Synoden* auch rechtlich übertragen werden. Evangelischem Kirchenverständnis entspricht am besten eine presbyterialsynodale Ordnung der Kirche: Die Ortsgemeinde *(Parochie)* soll von einem Kirchenvorstand geleitet werden, dem Pfarrer und aus der Gemeinde gewählte Presbyter oder »Kirchenälteste« angehören. Kirchenkreise und Landeskirchen haben als Leitungsgremien eine gewählte Synode. Die Synodalen werden entweder in Urwahlen von den Kirchengliedern gewählt (so in Württemberg) oder von den Presbyterien und Kreissynoden in mittelbarer Wahl entsandt (so im Rheinland). Dabei sind Laien und Pfarrer jeweils nach einem festgelegten Zahlenschlüssel vertreten. In die Zuständigkeit der landeskirchlichen Synoden fallen die Verabschiedung des Haushaltsplanes, die Wahl des kirchenleitenden Geistlichen, des Bischofs, die Gesetzgebung und die Beratung kirchlicher Angelegenheiten. Der Synodale, soweit er nicht Pfarrer ist, nimmt das allgemeine Priestertum wahr. Es gibt dabei Mischformen bischöflicher und synodaler Kirchenleitung. Aber ein allein dem Bischof vorbehaltenes Leitungsrecht, ohne synodale Mitwirkung, kennt das evangelische Kirchenrecht seit der Reformation nicht.

7.2.1 Das Bischofsamt

An der Spitze lutherischer Kirchen steht seit dem 20. Jahrhundert (nach 1918) wieder ein Bischof, ein *Landesbischof.* In unierten Kirchen führt der leitende Geistliche die Bezeichnung *Kirchenpräsident* oder *Präses,* um den Unterschied zum katholischen Bischofsamt deutlich zu machen (Reformierten Leitungsgremien steht ein *Moderator* vor). Ein evangelischer Bischof repräsentiert in der Öffentlichkeit die Kirche und übt vor allem durch seine Predigten, seine Äußerungen und seine ganze Tätigkeit einen gewichtigen Einfluß auf die Gemeinden und die Öffentlichkeit aus.
Ein Unterschied in der praktischen Bedeutung für die Gemeinden besteht, verglichen mit dem Amt eines katholischen Bischofs, kaum. Dagegen besteht ein Unterschied im *kirchenrechtlichen* Verständnis: Nach katholischer Überzeugung hat ein Bischof infolge seiner Bischofsweihe eine größere Vollmacht als ein Pfarrer. Nach evangelischer Überzeugung jedoch ist auch ein Bischof Prediger des Evangeliums – ebenso wie jeder andere Pfarrer, wenn auch in einem besonderen, hervorgehobenen Amt. Nach katholischer Lehre sind die Bischöfe Amtsnachfolger der Apostel: Die Bischöfe sind »sichtbares Prinzip und Fundament der Einheit« (2. Vatikanisches Konzil, Kirchenkonstitution). Sie sind dies, weil sie in einer historisch gesicherten Nachfolge der Apostel stehen (der sogenannten *»Apostolischen Sukzession«*). Auch die evangelische Kirche sieht Prediger und Bischöfe in der Nachfolge der Apostel. Es ist dies freilich für sie nicht eine historisch nachweisbare Kontinuität, sondern die Nachfolge in Verkündigung, Lehre und Glaube der Apostel. Das Bischofsamt ist nach evangelischer Überzeugung als solches nicht göttlichen Rechts, so daß eine Kirche ohne Bischof gar nicht Kirche wäre. Das Bischofsamt hat sich vielmehr lediglich in der Geschichte als gute und sinnvolle Einrichtung bewährt.

7.2.2 Evangelische Stellung zum Papst

Die beim Bischofsamt bereits angeklungene grundsätzlich andere Sicht erhält ihre Zuspitzung, wenn es um das Amt des Papstes geht. Heute wird freilich ein evangelischer Christ den Papst nicht guten Gewissens als »Antichristen« bezeichnen, wie dies etwa Martin Luther ausgiebig getan hat. Dazu ist auch bei evangelischen Christen die Achtung vor Amt und Person der Päpste in der Gegenwart zu groß. Aber das Papstamt ist wohl der größte Stein auf dem Weg zur Einheit der Kirchen, aus evangelischer Sicht. Ließe sich dieser Stein beseitigen, würden wohl auch die weiteren Unterschiede im Amtsverständnis als solche nicht länger kirchentrennend sein. Es seien jetzt und hier nur die Einwände gegen das Amt des Papstes aufgezählt: Die evangelische Ablehnung richtet sich gegen die Rechtsstellung des Papstes. Die Zuerkennung einer letztentscheidenden Lehrgewalt und vor allem der *Unfehlbarkeit* päpstlicher Lehrentscheidungen, wie sie das 1. Vatikanische Konzil 1870 definiert hat, ist mit dem evangelischen Verständnis der Autorität des Wortes unvereinbar. 1520 erfolgte die Kirchenspaltung letztlich in der Auseinandersetzung um das Papsttum; Luther bestritt, daß das Papsttum auf göttlicher Einsetzung beruht. Mit der Bestreitung des *göttlichen* Rechtes des Papsttums werden zugleich die darauf gegründeten kirchlichen Rechtsansprüche abgelehnt. Die Unterordnung unter das Papsttum ist nicht heilsnotwendig – also nicht für das Heil wesentlich. Hingegen mag man den Papst als Symbol und Zeichen christlicher Einheit aufgrund menschlicher Übereinkunft gelten lassen. In diesem Sinne hat *Melanchthon* bereits in Schmalkalden (1537) in einer eigenhändigen Zusatzerklärung bekundet, er persönlich halte vom Papst,

»so er das Evangelium wollte zulassen, daß ihm um des Friedens und allgemeiner Einigkeit willen diejenigen Christen, die unter ihm sind und künftig unter ihm sein möchten, seine Superiorität (Hoheit) über die Bischöfe, die er nach menschlichem Recht hat, auch von uns (d. h. den Evangelischen!) zuzulassen und zu geben sei«.

Die Ablehnung richtet sich somit nicht gegen die geistliche Autorität und das seelsorgerliche Wirken des Papstes, sondern betrifft das Verständnis der Kirche als einer Rechtsgemeinschaft und den Anspruch des päpstlichen Lehramtes. Die Frage nach der Bedeutung des *Rechts* in der Kirche und für die Kirche ist eine seit langem und heute erneut erörterte Grundsatzfrage der Kirche – und zwar nicht nur bei evangelischen Christen.

7.2.3 Theologie und Kirchenleitung nach evangelischem Verständnis

Da die evangelische Kirche kein unfehlbares kirchliches Lehramt kennt, gestaltet sich folgerichtig auch das Verhältnis von wissenschaftlicher Theologie und Kirche für ihr Selbstverständnis und in der kirchenrechtlichen Ordnung anders als in der katholischen Kirche und deren Kirchenrecht. Gewiß ist auch evangelische Theologie auf die Kirche bezogen, der konkreten evangelischen Kirche verpflichtet und auf vielfache Weise mit ihr verbunden: Theologieprofessoren nehmen kirchliche Prüfungen ab, arbeiten in Ausschüssen und Gremien ihrer Landeskirche mit und haben Sitz und Stimme in Synoden. Daher ist es falsch, anzunehmen, zwischen theologischer Wissenschaft und Kirchenleitung bestehe in der evangelischen Kirche ein erkennbarer Gegensatz. Wenn es jedoch zu Konflikten kommt, wie beispielsweise in der katholischen Kirche um die Lehrbefugnis für den Tübinger Theologieprofessor Hans Küng, dann gibt es in der evangelischen Kirche keine kirchliche Instanz, die eine Letztentscheidung treffen könnte. Theologie und Kirchenleitung können nur gemeinsam sich bemühen, ein Einverständnis darüber zu erzielen, auf welchem Wege der Wahrheit des Evangeliums am besten näherzukommen ist. Evangelische Theologie ist daher auch rechtlich sichtbar auf mehr Freiheit gestellt, mit dem Risiko des Irrtums. Wegen der Überzeugung, daß Theologen und kirchliche Amtsträger in derselben Weise unter dem Anspruch der Autorität der Wahrheit Gottes stehen und zur Suche nach dieser Wahrheit anleiten sollen, hat die Theologie oftmals die Geschichte der evangelischen Kirche stark beeinflußt. Die einzelne Regelung der Rechtsbeziehungen von theologischen Fakultäten und Kirchenleitungen ist nur die Folge einer theologischen Grundentscheidung, wonach die Theologie zwar nicht gegenüber dem Evangelium frei ist, aber in hohem Maße unabhängig von direkter kirchlicher Leitung. In den Kirchen der Reformation stand das Amt des theologischen Lehrers lange Zeit in hohem Ansehen – manche meinen sogar, in zu hohem Ansehen.

7.3 Einheit und Vielfalt

Die von uns beschriebene Auseinandersetzung um die Einschätzung der Ämter in der Kirche ist bei näherer Betrachtung keineswegs nur eine Frage der Organisation. Wäre sie nur dies, so wäre wohl eine Verständigung zwischen den Kirchen nicht so schwierig – auch wenn man das Gewicht von geschichtlicher Überlieferung und Tradition an sich nicht geringschätzen sollte. Vielmehr ist strittig, ob die geistliche Einheit der Christen – gemäß Jesu Bitte, »daß sie alle eins seien« (Joh 17,11: »ut omnes unum sint«) – durch die *rechtliche Ordnung* der Kirche sicherzustellen ist.

Nach evangelischer Anschauung ist die rechtliche Ordnung der Kirche menschliche Ordnung, die der Verkündigung des Evangeliums zu dienen hat. Die Kirche ist also nicht nur unsichtbar, Gemeinschaft im Geist. Für das Zusammenleben in der Gemeinde gilt die Mahnung des Apostels Paulus an die Christen in Korinth: »Lasset alles ehrbar und ordentlich zugehen« (1 Kor 14,40). Der Apostel Paulus begründet diese Mahnung damit: »Gott ist nicht ein Gott der Unordnung« (1 Kor 14,33). Er fährt dann freilich nicht fort: »sondern ein Gott der Ordnung« – vielmehr heißt es beim Apostel Paulus: »ein Gott des Friedens«. Das *Kirchenrecht* hat in der Gemeinde sonach eine friedenstiftende und gemeinschaftsfördernde Aufgabe. Diese Aufgabe wird am besten erreicht, wenn eine breite *Mitbeteiligung* in den kirchenleitenden Gremien erfolgt und möglichst viele Christen aktiviert werden können. Das trifft sich mit Vorstellungen der Partizipation in der Demokratie.

Die Kehrseite, das Risiko solcher vielfältigen Beteiligung, ist freilich die Gefahr der Zersplitterung. Unter einem einheitlichen einzigen Kirchenrecht können unterschiedliche Gruppen, Kräfte und Interessen eher zusammengehalten werden. Wer sich dadurch nicht zusammenhalten läßt, stellt sich außerhalb der Kirche oder wird von ihr abgestoßen, aus der Gemeinschaft ausgestoßen, »exkommuniziert«. Nach evangelischer Überzeugung allerdings soll kirchliche Gewalt ohne weltliche Gewalt, nur mit dem Worte (*»sine vi humana, sed verbo«,* Augsburgisches Bekenntnis Artikel 28) ausgeübt werden. Versagt dieses geistliche Wirken des Wortes, so kann in der Tat eine Vielfalt, ein »Pluralismus« kirchlicher Gemeinschaften und Meinungen die Folge sein. Die Vielfältigkeit, der Pluralismus evangelischen Kirchentums, wird einem katholischen Christen sicherlich auffallen. An einigen Stellen wurde schon auf Unterschiede innerhalb der evangelischen Kirche, beispielsweise zwischen Lutheranern und Unierten, eingegangen. Neben den *Landeskirchen,* welche den Diözesen, dem Bereich eines katholischen Bistums entsprechen, gibt es *Freikirchen,* welche als eigene Gemeinschaften – und zwar als Kirchen – entweder auf einen Artikel der Lehre besonderen Wert legen (so beispielsweise die *Baptisten,* welche die Kindertaufe ablehnen) oder im Widerspruch zum Staatskirchentum sich gebildet haben (so ursprünglich die *Methodisten*). Landeskirchen und Freikirchen verstehen sich beide gleicherweise als *evangelische* Kirche. Anders als in der katholischen Kirche, in welcher beispielsweise die *Orden* ein eigenes Anliegen pflegen oder eine eigene Ordnung innerhalb der Kirche haben, ist freilich nach evangelischer Anschauuung eine gemeinsame kirchliche Organisation und Rechtsordnung nicht unerläßliche Voraussetzung kirchlicher Gemeinschaft.

Überdies verlaufen in vielen, auch grundsätzlichen Fragen, tiefgehende Meinungsunterschiede und Gegensätze nicht mehr zwischen den Kirchen, sondern quer durch die Kirchen. Der Maßstab, an dem alles kirchliche Handeln zu messen ist, ist auch kein rechtlicher Maßstab, sondern ist das Evangelium, die Verkündigung Jesu Christi. So hat es im Kirchenkampf die *Barmer Theologische Erklärung* (1934) in ihrer dritten These ausgesprochen. Diese dritte These verwahrt sich gegen eine politische Überfremdung der christlichen Kirche, sei dies infolge des Eindringens einer unchristlichen oder gar anti-christlichen Ideologie in die Kirche – damals war dies der Nationalsozialismus –, oder sei dies infolge einer rechtlichen Gleichschaltung der Ordnung der Kirche durch den Staat.

»Die christliche Gemeinde ist die Gemeinde von Brüdern, in der Jesus Christus in Wort und Sakrament durch den Heiligen Geist als der Herr gegenwärtig handelt. Sie hat mit ihrem Glauben wie mit ihrem Gehorsam, mit ihrer Botschaft wie mit ihrer Ordnung mitten in der Welt der Sünde als die Kirche der begnadigten Sünder zu bezeugen, daß sie allein sein Eigentum ist, allein von seinem Trost und seiner Weisung in Erwartung seiner Erscheinung lebt und leben möchte. Wir verwerfen die falsche Lehre, als dürfe die Kirche die Gestalt ihrer Botschaft und ihrer Ordnung ihrem Belieben oder dem Wechsel der jeweils herrschenden weltanschaulichen und politischen Überzeugung überlassen.«

Die Kirche ist demzufolge in ihrer Gestalt und in ihrer Ordnung nach evangelischer Überzeugung nicht schlechthin frei. Es gibt durchaus Richtpunkte für die rechtliche Gestaltung von Kirche: Aufgabe der Kirche ist der Dienst an Wort und Sakrament. Um diesen Dienst ausüben zu können, bedarf die Kirche des Heiligen Geistes. Der Heilige Geist wirkt aber durch die äußeren Mittel Wort und Sakrament. Und er bindet an Jesus Christus, den Ursprung des Evangeliums, der Frohen Botschaft. *Jesus Christus* ist der *Herr* der Kirche. Er ist das Haupt seines Leibes, der Gemeinde, welche Leib Christi ist. *Von* diesem Herrn kann die Kirche nicht frei werden. *Unter* diesem Herrn ist sie frei – gerade auch als Gemeinschaft der begnadigten Sünder, welche vom Evangelium freigesprochen sind. *In* dieser Gemeinschaft herrscht *Gleichheit,* ist die Kirche »Gemeinde von Brüdern«. In der Gemeinschaft von Christen kann es zwar verschiedene Aufgaben und Dienste, Fähigkeiten und Pflichten geben. Aber alle sind in dieser Gemeinschaft *gleichwertig.* So sagt es dann die vierte Barmer These:

»Die verschiedenen Ämter in der Kirche begründen keine Herrschaft der einen über die anderen, sondern die Ausübung des der ganzen Gemeinde anvertrauten und befohlenen Dienstes.«

Die *Ordnung der Ämter* und die gesamte kirchliche Organisation sollte diese Gemeinschaft und Gleichheit von »Geschwistern« in der einen Familie Gottes zeigen. Dies ist, nach evangelischer Überzeugung, dem Willen Jesu gemäß, der seinen Jüngern sagte:

»Einer ist euer Meister, Christus; ihr aber seid alle Brüder« (Mt 23,8).

8.
Fürbitte und Fürsorge

In jedem Gottesdienst wird an den Mitmenschen besonders gedacht. Das Wort Kollekte (lateinisch: »Sammlung«) bringt dies in seinem Doppelsinn zum Ausdruck. Kollekte nennt man einmal die Sammlung des Geldes im Gottesdienst. Kollektengebet heißt von alters her jedoch auch das Sammelgebet, in welchem Gedanken und Fürbitten »gesammelt« werden. Der christliche Gottesdienst ist kein Selbstzweck. In ihm werden die Nöte und Sorgen der *Welt,* aber auch der Dank für Geglücktes vor Gott gebracht. Im Gottesdienst tritt die christliche Gemeinde vor Gott *für* die Welt ein. Dies ist gemeinchristlich Übung und Sitte.

8.1 Gebet und Leiden als Kennzeichen der Kirche

Bei der Darlegung des evangelischen Verständnisses von Kirche wurden schon einmal die *äußeren Kennzeichen* von Kirche erwähnt. Auf diese Kennzeichen ist jetzt nochmals zurückzukommen, wenn wir den Übergang vom evangelischen Verständnis der Kirche zur evangelischen Deutung von Welt erörtern. Denn diese Kennzeichen beschreiben das Kirchesein *in* der Welt. Martin Luther hat einmal sieben Hauptstücke aufgezählt, anhand deren sich die verborgene Wirklichkeit der Kirche in der Welt aufzeigen läßt: Das heilige Gotteswort, das Sakrament der Taufe, das Sakrament des Altars, das Schlüsselamt der Sündenvergebung, die Berufung in kirchliche Ämter, das öffentliche Gebet des christlichen Volkes und das »Heiligtum des Kreuzes«. Von den meisten dieser Merkmale war bereits die Rede. Auf zwei Kennzeichen ist nochmals hinzuweisen: Das Gebet und das Leiden sind zwei wichtige und unverzichtbare Hauptstücke des Kircheseins, die nicht mit Stillschweigen zu übergehen sind. Das *Gebet,* das für alles Beten Vorbild und Maßstab ist, ist das Gebet des Herrn, das *Vaterunser.* An diesem Gebet kann die Christenheit lernen, ihre Wünsche und Erwartungen, Bitte und Dank ins richtige Verhältnis zu setzen. *Über* Gott reden, *von* Gott reden kann ein Christ nur, wenn er zuerst *zu* Gott spricht und *mit* Gott redet. Das Gebet ist das Reden des Herzens mit Gott in Dank und Anbetung, in Bitte und Fürbitte. Das Gebet befreit jedoch nicht vom *Leiden.* In der Nachfolge ihres Herrn widerfährt der Christenheit Unglück und Verfolgung, mancherlei Übel und Anfechtung. Das Heiligtum des Kreuzes ist darum nicht ein Merkmal, das die Ferne von Christen zu ihrem Herrn kennzeichnet, sondern vielmehr Zeichen der Nähe, weil Ausdruck *gelebter Nachfolge.* Solches Leiden soll die Christenheit gewiß nicht mutwillig suchen. Aber sie darf ihm auch nicht ausweichen. Um dem Leiden anderer in der Welt zu begegnen, ist die Christenheit ferner dazu aufgerufen, Diakonie zu üben.

8.2 Diakonie als Lebensäußerung der Kirche

In heutigen evangelischen Stellungnahmen werden oftmals Diakonie und Mission »Wesens- und Lebensäußerungen der Kirche« genannt. Diakonie ist der Dienst der helfenden Liebe. Diakonie heißt Dienst. Die katholische Kirche (und die ostkirchliche Orthodoxie) kennt den Diakonat als niederen Grad der Priesterweihe. In der evangelischen Kirche wurde dieses Amt als eigene Weihestufe in der Reformationszeit beseitigt. Ein Grund war die grundsätzliche Ablehnung der Priesterweihe. Als weiterer Grund kam die Absage an das Mönchtum und infolgedessen an die durch Mönche geübte Armen- und Krankenfürsorge hinzu. Erst im 19. Jahrhundert kam es zu einer Wiederherstellung kirchlicher Diakonie und damit der Ämter des Diakons und der Diakonisse.

8.2.1 Die reformatorische Ablehnung des Mönchtums

Martin Luther selbst war bekanntlich Mönch. Die Absage an das Mönchtum in der Reformation hatte verschiedene Gründe. Im späten Mittelalter gab es bereits einen Niedergang des Klosterlebens. Infolge des Verfalls der Klosterzucht waren die zahlreichen Mönche zu einer Landplage geworden. Luther hat sodann entschieden der Erwartung widersprochen, als würde durch die Ableistung des Mönch*gelübdes* ein besonderes Verdienst bei Gott erworben. Er hat darüber hinaus die Zulässigkeit von Gelübden überhaupt bezweifelt und gemeint, die Mönchsgelübde würden gegen Röm 14,23 verstoßen: »Was nicht aus Glauben geht, das ist Sünde.« Ferner ist der Stand des Mönches kein besonders geheiligter Stand, da *jeder* Getaufte schon im Stand des wahren Christen ist. Der Ort des Dienstes des Christen ist die Aufgabe an der Welt, ist der *Beruf* in der Welt. Weltflucht und asketische Weltverneinung, wie sie das Mönchtum für Luther verkörperte, waren mit der Bewertung der Welt als Ort des Dienstes für ihn unvereinbar. Das »beschauliche« Leben, die Kontemplation verlor, gemessen an diesem Berufsethos, jeglichen Wert. Die Folge der Absage an das Mönchtum war in evangelischen Gebieten die Aufhebung der Klöster. Dazu kam die Beseitigung des *Zölibats,* der Verpflichtung der Priester zur Ehelosigkeit. Als Gegenbild zum Mönch und zum Priester bildete sich das evangelische *Pfarrhaus* heraus, eine Lebensform, die in der Gegenwart in starkem Wandel begriffen ist. Luthers eigene Familie wurde vielfach zum Beispiel evangelischen Lebens im Pfarrhaus.

Erst im 20. Jahrhundert erfolgt im Protestantismus eine Wiederentdeckung und Erneuerung von Bruderschaften und Kommunitäten, eines gemeinsamen Lebens in der Christusnachfolge. Die bekannteste dieser ökumenischen Glaubens-, Lebens- und Dienstgemeinschaften ist *Taizé* in Burgund. In solchen Bruderschaften, die sich als Stätten verbindlichen geistlichen Lebens und als Modelle gelebter Bruderschaft verstehen, wird heute auch Diakonie geübt.

8.2.2 Die Organisation der Diakonie

Im 19. Jahrhundert entstand eine evangelische Diakonie, herausgefordert durch das Massenelend und die Massenarmut des beginnenden Industriezeitalters. In der Reformationszeit herrschte allgemein die Überzeugung, Armenfürsorge sei eine staatliche Aufgabe, also Verpflichtung der christlichen *Obrigkeit.* Eine besondere kirchliche Aufgabe wurde darin nicht ge-

sehen. Der Staat ist für das Wohl aller Bürger zuständig. Er trägt soziale Verantwortung. Jedoch im 19. Jahrhundert wandelte sich die evangelische Sichtweise: Angesichts des Elends in der ersten Hälfte des 19. Jahrhunderts und des Versagens der Gesellschaft gegenüber dem Proletariat schlossen evangelische Christen sich zu Vereinen zusammen. Die Diakonie organisierte sich also vereinsmäßig neben der Kirche, freilich mit der Unterstützung vieler Pfarrer und kirchlich Tätiger. Das war auch durch das landesherrliche Kirchenregiment mitbedingt. Es entstand zunächst das Berufsbild der *Diakonisse.* Diakonissen wurden für erzieherische, pflegerische und seelsorgerliche Aufgaben ausgebildet. Im 19. Jahrhundert war dies ein Schritt der Frauenemanzipation! Die männliche Entsprechung zur Diakonie, der Diakon, fällt in der Öffentlichkeit weniger auf. Die Diakonisse ist unverheiratet. Im Amt der Diakonisse erschloß sich im 19. Jahrhundert ein kirchliches Berufsfeld für Frauen außerhalb der Familie. Daher stammt auch die Diakonissentracht, die im 19. Jahrhundert an der Kleidung der Bürgersfrau ihr Vorbild hatte.
Die Diakonie wird *»Innere Mission«* genannt. *Johann Hinrich Wichern* (1808-1881), eine der wichtigsten Gestalten und der eigentliche Begründer evangelischer Diakonie, nennt »Innere Mission«

»die freie Liebesarbeit des heilserfüllten Volkes zur Verwirklichung der christlichen und sozialen Wiedergeburt des heillosen Volkes«.

Innere Mission soll also zugleich Liebestätigkeit und Wiedergewinnung vom christlichen Glauben Entfremdeter für den Glauben und die kirchliche Gemeinschaft sein. Über Arbeitsformen und Gestaltwandel der Diakonie ist hier nicht weiter zu reden. Im 19. Jahrhundert entstand die Diakonie als unabhängiges kirchliches *Werk* neben der Staatskirche. Diakonie ist eine Gestalt des Zeugnisses des Evangeliums und vollzieht sich im Wort und in der Tat als ganzheitlicher Dienst am Menschen. Die katholische Entsprechung zum »Diakonischen Werk« ist die *Caritas.* Unabhängig von ihrer Organisationsform ist aber unzweifelhaft Diakonie eine Aufgabe der *ganzen* Kirche. Daß diese

Aufgabe heute angesichts der Nöte der Welt und der Veränderung der Gesellschaft sich vor große Probleme und Schwierigkeiten gestellt sieht, ist aber nicht Anlaß zur Entmutigung, sondern Herausforderung und Ermutigung zu neuen Versuchen des Dienens. Die heutigen Aufgaben der Diakonie sind vielfältig. Neben der Arbeit in Kindergärten, Alteneinrichtungen, der Jugend- und Sozialhilfe hat unter anderem die Betreuung von Ausländern und Asylsuchenden, eine umfassende Beratungstätigkeit (Familien-, Erziehungs-, Schwangerschaftskonfliktberatung) und vor allem die Entwicklungshilfe an Umfang zugenommen. 1958 wurde vom Diakonischen Werk die Aktion »Brot für die Welt« gegründet, die eng mit den katholischen Aktionen »Misereor« und »Adveniat« zusammenarbeitet. Die Diakonie ist heute eng in das Geflecht wohlfahrtsstaatlicher Fürsorge und Finanzierung eingebunden. Die Veränderungen des Sozialsystems und des Sozialstaats wirken sich daher auch auf diakonische Aktivitäten aus. Die Abhängigkeit von öffentlichen finanziellen Mitteln und staatlichen rechtlichen Vorgaben läßt insofern auf neue Weise nach der Besonderheit und dem Profil kirchlicher Diakonie fragen. Ursprünglich getragen wurde die Diakonie von persönlichen Initiativen. Die Verstaatlichung von Hilfe, Fürsorge und Daseinsvorsorge im modernen Sozialstaat nötigt zur Besinnung auf das Verhältnis Glaube und Liebe, von Seelsorge und Wohlfahrtspflege am Ende des 20. Jahrhunderts.

8.3 Mission als Lebensäußerung der Kirche

Mission heißt Sendung. Es mag überraschen, daß die Frage, ob Mission eine Lebensäußerung der Kirche sei, überhaupt gestellt werden muß. Denn seit Ostern ist doch der Kirche aufgetragen, allen Völkern und Menschen das Evangelium zu verkünden. So verlangt es der Missionsbefehl in Mt 28,18-20:

»Gehet hin und macht zu Jüngern alle Völker: Taufet sie auf den Namen des Vaters und des Sohnes und des Heiligen Geistes und lehret sie halten alles, was ich euch befohlen habe. Und siehe ich bin bei euch alle Tage bis an der Welt Ende.«

Von daher stammt übrigens die Wendung »Matthäi am letzten«, unter Berufung auf Luthers Satz »Da unser Herr Jesus spricht Matthäi am Letzten ... «. Das Wort »Ende« ist der Anknüpfungspunkt für die Redensart. Luther selbst hat freilich damals aus dem Missionsbefehl keine weiteren Folgerungen gezogen. Sein Anliegen war die Erneuerung, die Reformation der bestehenden Kirche. Dabei gingen er und die ihm zunächst darin folgende Kirche und Theologie des Luthertums davon aus, daß die Welt das Evangelium schon durch die Apostel gehört habe. Die Entdeckung der »Neuen Welt« Amerikas wurde daher kein Anlaß zur Mission. Anders als die katholische Weltkirche, welche stets Mission betrieb – wenn auch auf sehr unterschiedliche Weise –, blieb das Luthertum in den Grenzen der Landeskirchen. Erst im 18. und 19. Jahrhundert wandte sich vor allem der *Pietismus* der Mission zu. Der Pietismus (abgeleitet vom Wort pietas = Frömmigkeit) war eine Frömmigkeitsbewegung, die auf persönliche Praxis, das Tun einer »Praxis pietatis« Wert legte. Ihr ging es um die Rettung der Seelen, um Bekehrung der Ungläubigen und Heiden zum christlichen Glauben. Neben der diakonischen und missionarischen Aufgabe im eigenen Lande sandte der Pietismus (zunächst von Halle und Herrnhut aus) auch Missionare in fremde Länder. Diese Mission wurde jedoch nicht von der Kirche, sondern von Vereinen, den Missionsgesellschaften getragen.
Der Reichsgraf *Nikolaus Ludwig von Zinzendorf* (und Pottendorf) (1700-1760) nahm 1722 auf seinem Gut Herrnhut eine mährische Exulantengemeinde auf. Diese mährischen evangelischen Christen wurden aus dem Habsburgerreich vertrieben und brachten ihre auf Johannes Hus (1369-1415, in Konstanz auf dem Konzil verurteilt und als Ketzer verbrannt) sich berufende »Brüderunität« in das lutherische Sachsen nach Herrnhut. Zinzendorf, von der Liebe zu Christus überwältigt und die Gemeinschaft aller Christen suchend, begann in seiner »Brüdergemeinde« mit vielfältigen missionarischen und ökumenischen Aktivitäten. In Herrnhut suchte er in der »Bürgergemeinde« christliche Bruderschaft (»Philadelphia«) zu verwirklichen und ein vorbildliches religiöses und soziales Gemeinwesen zu gestalten und – was nicht gelang – die Spaltung der Konfessionskir-

chen zu überwinden. Seit 1730 (1983 im 253. Jahrgang) gibt die Brüdergemeinde ein »Losungsbüchlein« mit biblischen Sprüchen und einem Liedvers für jeden Tag heraus, das vielen evangelischen Christen zur täglichen Erbauung dient. Diese Bibelworte sollen als Tagesparole die Bewährung des Christenlebens begleiten. Außer der Herrnhuter Mission, vor allem einer vorbildlichen Indianermission in Nordamerika, gab es andere vom Pietismus getragene Missionstätigkeit in Übersee.

Im 19. Jahrhundert war die Mission allerdings vielfach in den Kolonialismus verflochten und wurde zur Ausbreitung abendländischer Kultur benutzt. Das wird ihr nicht ohne Grund heute vorgeworfen. Ein geflügeltes Wort lautet daher: Früher hatte die Mission Probleme, heute ist sie sich selbst zum Problem geworden. Nun ist hier freilich nicht von Problemen und von der Geschichte evangelischer Mission zu berichten. Vielmehr geht es um die Rückwirkung der Mission auf das Selbstverständnis von Kirche. Solche Rückwirkung zeigt sich in mehrfacher Hinsicht: Einmal wird in der Mission die Kirchenspaltung besonders unmittelbar erfahrbar. Wenn man Mission die »eine Kirche Jesu Christi in Bewegung« nennt, dann wird die Frage nach der *Einheit* und *Gemeinschaft* dringlich und wichtig. Der *ökumenische Rat der Kirchen* in Genf verdankt seine Entstehung den Missionskonferenzen, in denen nach der einen Kirche angesichts der Vielzahl der Missionsgesellschaften und Konfessionen gefragt wurde. Die Mission ist das Feld, auf dem ökumenische Zusammenarbeit ihre Bewährungsprobe zu bestehen hat. Gegensätze aus dem Abendland in die Missionsländer zu tragen, beeinträchtigt die Glaubwürdigkeit des Zeugnisses der Kirche. Im Horizont der Mission fällt auf Gegensätze und Unterschiede unter den Kirchen, wie sie in der Geschichte entstanden sind, ein neues Licht.

Zum anderen kann Mission am Armutsgefälle zwischen Industrienationen und Entwicklungsländern nicht vorbeisehen. Armut und Not bedrängen sie. Mission und *Entwicklungshilfe* stehen daher in einem engen Zusammenhang. Es gibt sogar Stimmen, die einen Verzicht auf Mission zugunsten der Entwicklungshilfe fordern: Für einen Verhungernden sei Brot wichtiger als bloß ein Wort. Solche Stimmen geben zum Nachdenken An-

laß. Sie fordern westliche Christen und Kirchen heraus, nicht nur zur Unterstützung der Armen, sondern zum Überdenken des eigenen *Lebensstils.* Dazu gehört beispielsweise auch der Aufwand der Kirche in Organisation und Bauten.
Und drittens stellt sich durch die Mission die Aufgabe der Einwurzelung des Evangeliums in andere Kulturen, der *Anpassung* an die Lebensweise und sogar an religiös geprägte nichtchristliche Sitte. Kulturelle, politische, wirtschaftliche Gegensätze können Anlaß zu Spannungen zwischen »alten«, missionierenden europäischen Kirchen und »jungen« Kirchen in der Dritten Welt werden. Solche Spannungen zeigen sich in allen Konfessionen. Sie können belasten. Aber wichtiger ist etwas anderes: An der Ausbreitung des Evangeliums in anderen Ländern, Kulturen, Völkern zeigt sich, daß Kirche lebt. Leben bedeutet zugleich Wandlung. Die Lebensformen der jungen Kirchen sind gewiß gelegentlich denen der alten, europäischen Kirchen fremd. Aber solche Wandlungen können Anstoß zur Erneuerung des eigenen kirchlichen Lebens werden. Die Fragen der Mission können uns aufmerksam machen auf eigene geschichtliche und kulturelle Bedingtheiten, auf nichttheologische Faktoren in der eigenen gewohnten kirchlichen Umwelt. Für europäische Christen kann das »Fremde« deshalb nicht nur in Gestalt der anderen Konfession, der anderen Kirche, sondern auch in Begegnung mit einer *fremden Lebenswelt* sichtbar werden. Ob eine Kirche ihre Sendung, ihre »Mission« annimmt, erweist sich daher auch daran, inwieweit sie bereit und fähig ist, sich den Wandlungen der *eigenen* Gesellschaft und der Herausforderung durch *fremde* Kulturen zu stellen. Das Evangelium, das sich an alle Völker richtet, öffnet dadurch den Blick für die Nöte der Welt wie für die Aufgaben der Zeit.
Die Stelle im Gottesdienst, an der diese Nöte und Aufgaben aufgenommen und vor Gott gebracht werden, sind das Fürbittengebet und die Spenden, Kollekten für Kirchen und andere Christen, auch in fremden Ländern.

9.
Das Gemeindezentrum

Wenn man sich am Gebäude als Zeichen der Kirche orientiert, so muß man die neueren Überlegungen zur Bedeutung eines Zentrums der Gemeinde zur Kenntnis nehmen.
Neuere evangelische Kirchen sind häufig bewußt als Teil eines Gemeindezentrums angelegt: Neben dem Kirchenraum, welcher der »Sammlung« dient, sind nach dieser durchaus zutreffenden Sicht weitere Räume erforderlich, in denen die Zurüstung und *Sendung* für das Leben in der Welt erfolgen soll. In manchen evangelischen Kirchengemeinden übersteigt die Zahl der an Gemeindeveranstaltungen teilnehmenden Gemeindeglieder auch die durchschnittliche Zahl der Teilnehmer am sonntäglichen Gottesdienst. Gelegentlich wird aus finanziellen Gründen sogar auf den Bau eines besonderen Kirchenraumes in einem Gemeindezentrum verzichtet. Statt dessen wird ein Mehrzweckraum am Sonntag zum Versammlungsraum für den Gottesdienst umgestaltet. Es gibt auch die Anschauung, wonach im *»säkularisierten«*, d. h. »verweltlichten« Zeitalter besondere *sakrale,* d. h. heilige, allein dem Gottesdienst vorbehaltene Räume und Gebäude überholt seien. Der Verzicht auf den Bau eines besonderen gottesdienstlichen Raumes in einem Gemeindezentrum kann Ausdruck einer geistigen Haltung sein.
Diese geistige Haltung ist freilich nicht erst in jüngster Zeit entstanden und ausgeprägt worden.

9.1 Protestantismus

Bislang wurde stets von der evangelischen »Kirche« gesprochen und das Wort »Protestantismus« weitgehend vermieden. Dies ist bewußt geschehen: Evangelisch, dem Evangelium entsprechend, ist die Selbstbezeichnung *evangelische Kirche*: Die Kirche verweist dabei auf ihren Grund und ihren Maßstab, das Evangelium Jesu Christ. *Protestantismus* hingegen ist ein umfassenderer Begriff, nämlich eine Sammelbezeichnung für alle diejenigen christlichen Kirchen und Gemeinschaften, die auf die Reformation im 16. Jahrhundert zurückgehen. Das Wort Protestantismus war von Haus aus eine *politische* Bezeichnung. Es ist abgeleitet von der *Protestation,* der Rechtsverwahrung, dem Einspruch, den 1529 auf dem Reichstag zu Speyer die evangelischen Stände gegen den Reichstagsabschied Kaiser Karls V. einlegten. Die evangelischen Stände erhoben mit diesem Einspruch, mit der »Protestation« Widerspruch gegen den Beschluß der Reichstagsmehrheit, wonach im Deutschen Reich jede kirchliche Reformation untersagt sei. Sie nutzten dazu das Rechtsmittel der Protestation, des Einspruchs, und erklärten: »In Sachen Gottes Ehre und der Seelen Seligkeit belangend« müsse »ein jeglicher für sich selbst vor Gott stehen und Rechenschaft geben«. Ein »Protestant« ist ursprünglich jemand, der Protest einlegt. In diesem Sinne ist das Wort auch vielfach verstanden worden: Protestantismus ist der Protest, die Absage an Fehlentwicklungen und Mißbräuche der katholischen Kirche, des »Papismus« (»Papist« war eine abschätzige Bezeichnung für Anhänger des Papsttums). Vorbehalte gegen Liturgie, Sakramente, Hierarchie werden deswegen zum Kennzeichen des Protestantismus. Dabei bleibt diese antikatholische Einstellung oftmals auch dann erhalten, wenn der Bezug zur eigenen Kirche sich lockert. Protestantismus wird daher im allgemeinen Sprachgebrauch auch zu einer Bezeichnung für eine nichtkirchliche Glaubens- und Lebenshaltung, eine antikatholische Einstellung. Diese Haltung protestantischer Lebensanschauung wird dadurch erleichtert, daß evangelischer Glaube keine »Sonntagspflicht«, keine Verpflichtung des Christen zum regelmäßigen sonntäglichen Gottesdienstbesuch kennt. Zwar hat Martin Luther das dritte Gebot: »Du sollst den Feiertag heiligen« folgendermaßen erläutert:

»Wir sollen Gott fürchten und lieben, daß wir die Predigt und sein Wort nicht verachten, sondern dasselbe heilig halten, gerne hören und lernen.«

Aber mit der Ablehnung von Zwang und Rechtsgewalt in der Kirche fiel auch die *Sonntagspflicht:* Der Gottesdienstbesuch sollte Angebot, nicht Zwang sein. Da man jedoch das Heil und

den Glauben nach evangelischer Überzeugung zudem auch ohne kirchliche Vermittlung erlangen kann, war *Entkirchlichung* eine Folge der protestantischen Einstellung. Diese wird freilich noch verstärkt durch die alle Kirchen beeinflussenden Faktoren wie Industrialisierung, Verstädterung, gesellschaftliche Veränderungen, Aufklärung, neuzeitliche Religionskritik und anderes mehr. In geschlossenen ländlichen evangelischen Gebieten – nicht nur in Deutschland –, in denen die evangelischen Christen die Mehrheit haben, gibt es nach wie vor eine *Volkskirche*. Der schillernde und in sich mehrdeutige Begriff der Volkskirche besagt in diesem Fall, daß kirchliche Sitten und Bräuche im Volk üblich sind und man sich als Mitglied von Volk und Gesellschaft zur Kirche hielt.
Es wurde bereits erkennbar, daß unter »Protestantismus« vor allem eine persönliche Lebenshaltung, ein Lebensstil zu verstehen ist; dies soll nun noch näher erläutert werden.

9.2 Protestantischer Lebensstil

Die Frage, ob es erkennbare Unterschiede im Verhaltensstil und in der Einstellung zwischen Katholiken und Protestanten gibt, hat die Sozialwissenschaftler immer wieder beschäftigt. Ihre Frage ist: Gibt es eine *konfessionelle Kultur?* Eine solche Kultur müßte sich vor allem im alltäglichen Verhalten, in der Ethik ausprägen. Bekannt ist, daß der Begründer der deutschen Religionssoziologie *Max Weber* (1864-1920) zu Jahrhundertbeginn die Anschauung vertreten hat, der Kapitalismus sei aus dem Calvinismus hervorgegangen. Max Weber war protestantischer Herkunft; er bezeichnete sich selbst allerdings als »religiös unmusikalisch«. Seine These, die eine Fülle von Streitschriften hervorgerufen hat, ist historisch äußerst umstritten. Hier freilich interessiert nicht, ob sie historisch richtig und haltbar ist, sondern, was sie sachlich aussagt. Nach Max Webers Deutung konnten die Industrialisierung und der Kapitalismus, ein Gewinnstreben um des Gewinnes, des Profits willen, nur in einer vom protestantischen Geist geprägten Kultur entstehen. Industriearbeit setzt nämlich eine bewußte, systematische Lebensführung und

eine Rationalisierung des Arbeitsvollzugs voraus, und zwar bei Unternehmern wie bei Arbeitnehmern. Max Weber spricht hier von *»innerweltlicher Askese«:* Kennzeichen solcher bewußten Lebensführung sind Selbstzucht, methodische Disziplin, Konsumverzicht, Verzicht auf Luxus, harte Arbeit, bewußte Ausnutzung der Zeit (keine Zeitvergeudung), Selbstkontrolle. Wie konnte eine solche Lebenshaltung entstehen, die uns ja in anderen Kulturen in dieser Form nicht begegnet? Max Weber erklärt die Herkunft dieser Lebenshaltung aus dem calvinistischen *Erwählungsglauben.* Nach calvinistischer Lehre erwählt Gott den Menschen bedingungslos und er verwirft genauso bedingungslos. Der Mensch kann daher seiner Erwählung nicht gewiß sein. Aber es gibt Hinweise auf das Erwähltsein im irdischen Leben, wenn man im Berufsleben vorankommt und sich bewährt. Sparsamkeit, Arbeitseifer, rastlose Tätigkeit tragen zu solchem Erfolg bei. Eine solche Haltung, die auf Luxus verzichtet, führt zumeist zu Gewinn, zur Kapitalvermehrung. Fällt der religiöse Antrieb weg, so bleibt nur noch die Orientierung an Erwerb und Gewinn übrig. Wirtschaftliche Verhaltensweisen wurzeln in menschlichen Grundeinstellungen. Solche Grundeinstellungen sind jedoch vielfach religiös geprägt und vermittelt.
Die Kapitalismusthese von Max Weber sollte hier nur als Beispiel zur Veranschaulichung der religiösen Prägung von menschlicher Lebenseinstellung stehen. Als einige Kennzeichen eines protestantischen Lebensstils seien nur benannt: Leistungs- und Erfolgsorientierung führen zu einer verstärkten wirtschaftlichen und gesellschaftlichen *Aktivität*. Dazu kommt eine Kompromißlosigkeit, mit der vielfach Protestanten der eigenen Selbstverwirklichung nachgehen. Man spricht hier von einem protestantischen *Individualismus,* einer Zurückhaltung gegenüber der Gemeinschaft. Diese ist zweifellos dadurch mitbedingt, daß nach evangelischer Überzeugung jeder Christ *selbst* glauben muß und dabei die *kirchliche* Heilsvermittlung zurücktritt. Die Verbindung mit der Kirche ist bei evangelischen Christen im allgemeinen schwächer entwickelt als bei Katholiken. Das hängt auch mit der religiösen Erziehung in der Jugend zusammen. Die kirchliche Autorität tritt zurück. Eine Folge ist, daß überhaupt die Ausrichtung an Normen, Handlungsregeln bei vielen Prote-

stanten (und namhaften evangelischen Theologen) als *Gesetzlichkeit,* »Kasuistik«, d. h. rechtliche, sittliche Regelung von Einzelfällen verdächtig ist. Eine Eigenschaft evangelischer Ethik ist ihre Kärglichkeit, eine Dürftigkeit bei inhaltlichen Aussagen.
Gerade diese Dürftigkeit des überlieferten Ethos macht freilich evangelische Christen offener und beweglicher, auf neue Situationen einzugehen, sich gesellschaftlichen und geistigen Veränderungen zu stellen. Daraus erklärt sich vermutlich die besonders hohe Anzahl protestantischer Wissenschaftler und Führungskräfte, verglichen mit ihrem Anteil an der Gesamtzahl der Bevölkerung. Das protestantische Ethos schafft einen handlungsaktiveren Menschentyp. (Daß diese Offenheit für Veränderungen freilich ihren Preis hat, sei nicht übersehen: Der äußeren Unruhe und Rastlosigkeit entspricht eine seelische Unrast, eine psychische Instabilität, die sich in Lebensangst, Unsicherheit und Nichtigkeitsgefühlen im Falle des Versagens niederschlägt.)
Derartige Beobachtungen, die ergänzt und vertieft werden müßten, lassen sich letztlich nur begreifen, wenn man auf ihre ursprüngliche Wurzel zurückgeht, nämlich das *reformatorische Berufsethos* und die Verwerfung jeder *»Werkgerechtigkeit«*. Das Heil wird nach evangelischer Lehre dem Menschen »allein im Glauben«, »allein aus Gnaden« zuteil. Fromme, gute Werke tragen dazu gar nichts bei. Es gibt vor Gott kein Verdienst. Werke sind zwar geboten, aber nicht dazu, um durch sie vor Gott und von Gott Heil zu erwerben, sondern allein dazu, um mit ihnen dem Nächsten, dem Mitmenschen zu nützen. Der Ort des Dienstes am Nächsten ist ausschließlich der weltliche Beruf.
In der Ablehnung des Mönchtums, der Verwerfung von frommen Leistungen wie Wallfahrten, Andachten, Rosenkranzgebet und in einer Absage an jede besondere Prachtentfaltung im Kultus wird die Abgrenzung zur katholischen Kirche vollzogen. Auf diese Weise entstand die protestantische Nüchternheit, die nicht nur den Kultus prägt, sondern auch auf den Alltag übergreift.
Luther hat bei seiner Absage an gute, fromme Werke sich damals gegen den Vorwurf zu verwahren gehabt, daß er die Menschen zu sittlicher Passivität, zur Unmoral, zu einem untätigen Leben verleite, weil das Streben nach Verdienst bei Gott als Hand-

lungsantrieb wegfalle. In Wirklichkeit ist jedoch etwas ganz anderes eingetreten. Die Verkündigung der Rechtfertigung aus Glauben hat keineswegs allgemein zur Untätigkeit geführt. Vielmehr wurden die Protestanten rastlos werktätig – während manchmal heute der Anschein entsteht, als würden Katholiken zwar die Rechtfertigung durch Werke lehren, aber praktisch den Glauben leben, ohne auf die eigenen Werke zu sehen. Es entstand ein psychologisch verständlicher, aber so gar nicht beabsichtigter Ausgleich, eine Kompensation: Das Verdrängte drängt wieder ans Licht. Der aktive protestantische Menschentyp ist sowohl Verwirklichung eines reformatorischen Grundgedankens – der Verneinung der Werkgerechtigkeit – als auch dessen vereinseitigte Darstellung: Der »Gottesdienst« wird hier ganz in den *Alltag der Welt* verlagert. In der Praxis des Lebens soll der Christ Gott dienen. Er dient Gott dann in der Welt, in der »Profanität«. Luther hat in der Absage an den Stand der Mönche gefordert:

»Wir sollen mit fröhlichem Gewissen in unserem Beruf bleiben und wissen, daß durch solche Werke mehr ausgerichtet ist, als wenn jemand alle Klöster gestiftet und alle Ordensregeln gehalten hätte; und selbst wenn es die allergeringste Hausarbeit ist.«

Wenn diese Lebenshaltung, die Verwurzelung in Glauben und Wort Gottes, verlorengeht, so bleibt als Sinn des Lebens allein noch rastlose Berufstätigkeit und Arbeit übrig. Der Verzicht auf das Beschauliche, Meditative und die Strenge protestantischen Berufsernstes und unbedingter Pflichttreue haben oftmals eine verbissene, freudlose Einstellung zum Leben, ein Streben nach Leistung und beruflichem Erfolg und Selbstfindung zur Kehrseite und Folge.

9.3 Verweltlichung

Bei der Beschreibung eines protestantischen Lebensstils wurde bereits die Frage der Verweltlichung, der *Säkularisierung* religiöser Haltungen und Erscheinungen, angesprochen und berührt:

Die deutsche Reformation Luthers war wegen ihrer Einwurzelung im Leben des Volkes in besonderer Weise säkularisationsfähig: Luther bekämpfte nämlich einerseits die Verweltlichung der mittelalterlichen Kirche, suchte aber andererseits den Glauben ins weltliche Leben zu ziehen und der Welt ihr eigenes Recht zu lassen. Dies bewirkte in der Folgezeit eine Durchdringung weltlicher Sitte und Kultur mit verborgener geistlicher Substanz. Für diese wechselseitige Durchdringung von geistlicher und weltlicher Kultur gibt es ein Wort, das keine andere Sprache kennt und das entsprechend auch nicht übersetzbar ist: »Weltfrömmigkeit«. Eine solche Symbiose, das Zusammenleben von Weltlichkeit und Frömmigkeit eröffnet eine Chance, enthält aber auch eine Gefährdung. Die Welt ist der Ort des Glaubens. Der Glaube sprengt das Gehäuse der Kirchenmauern und tritt mitten ins irdische Leben. Die Welt – die Kultur, der Zeitgeist, oder auch der Staat, die politische Macht – haben es damit freilich auch leichter, sich des evangelischen Glaubens zu bemächtigen und ihn in den Dienst anderer, fremder Zwecke zu stellen. Der Vorgang der »Verweltlichung« ist darum in sich selbst nicht eindeutig.

Die Erfahrung der Verweltlichung trifft heute alle Kirchen im Abendland gleicherweise. Die reformatorische Ausrichtung der Werke des Christen am Nutzen des Mitmenschen und die Ermittlung dieses Nutzens mit Hilfe des Berufsgedankens ist *ein* solches Eingehen des Christlichen in die Welt. Der Vorgang der Säkularisierung, der Verweltlichung, ist vielfach umstritten, aber kaum aufzuhalten. Man kann ihn allenfalls beeinflussen. Der vorkonziliare Katholizismus hat sich weitgehend diesem Vorgang zu verschließen gesucht, freilich um den Preis einer Absperrung gegenüber der neuzeitlichen Welt und Gesellschaft. Evangelischer Glaube und evangelische Kirche haben sich bereits früher und stärker einer säkularen Welt geöffnet. Diese Öffnung zur Welt hin, die notwendig, unvermeidlich und für den christlichen Glauben sinnvoll ist, wird sich freilich daran messen lassen müssen, worauf der Apostel Paulus hingewiesen hat: Der Christ lebt *in* der Welt, aber nicht *von* der Welt. Diese Spannung zwischen *Leben in der Welt,* aber nicht Leben *nach* den Normen und Maßstäben der »Welt« ist im Glauben auszuhalten und festzuhalten. Sonst droht die Gefahr der Weltflucht auf der einen, der Weltsucht auf der anderen Seite. Das Evangelium ist nicht nur Aufforderung zum Handeln. Es ist kein Programm zur Weltgestaltung. Es ist Einladung Gottes an den Menschen in der Welt. Die Kirche hat deswegen zu unterscheiden, zu lernen und zu lehren zwischen Evangelium und Welt, zwischen Glaube und Weltgestaltung, zwischen Heiligem und Profanem (Weltlichem). Im Licht dieser Unterscheidung ist auch die Frage nach dem Sinn des liturgischen Gottesdienstes und des sakralen Kirchenbaus nochmals zu überdenken. Es ist dies vor allem eine Anfrage an die evangelische Kirche (und Theologie), ob Gottes Andersartigkeit, Weltüberlegenheit, Transzendenz und Heiligkeit nicht auch in Gottesdienst und Kirchenbau anschaulich werden müssen. Die Folgen der Verweltlichung sind der evangelischen Kirche vor allem nach der Vereinigung Deutschlands 1989/90 intensiv und schmerzhaft bewußt geworden. 1969 lösten sich die acht evangelischen Landeskirchen in der DDR von der Evangelischen Kirche in Deutschland (EKD). Die EKD nahm diesen Austritt damals hin. Nach der »Wende« im Herbst 1989 wurde zwar die rechtliche Einheit der EKD im Februar 1991 wiederhergestellt. Die jahrzehntelange Trennung hat aber tiefe Spuren hinterlassen. Die evangelischen Kirchen in der DDR erlitten einen starken Mitgliederschwund. Mindestens 70 % der Bevölkerung in den neuen Bundesländern gehören keiner Kirche mehr an. Die Kenntnis christlicher Glaubensaussagen und Tradition ist weithin verlorengegangen. Die »Kirche im Sozialismus« war in eine Randstellung gedrängt worden. Die staatliche Unterdrückung von Kirchen und Christen hat zudem ein tiefsitzendes Mißtrauen gegen die enge Verbindung von Kirche und Staat hinterlassen. Die Ablehnung des staatlichen Kirchensteuereinzugs, der Militärseelsorge und des Religionsunterrichts in staatlichen Schulen (statt der innerkirchlichen Christenlehre) stößt auf erhebliche Vorbehalte. Im Streit zwischen Kirche und Politik um die Einführung des Religionsunterrichts an staatlichen Schulen im Bundesland Brandenburg wird die von der Ideologie des Marxismus-Leninismus bewirkte Säkularisierung öffentlich sichtbar. Die Distanzierung vieler Christen gegenüber dem Staat und die allgemeine Verbreitung der Säkularisierung, der Verweltlichung, in den neuen Bundesländern verbindet sich außerdem mit einer anwachsenden Kirchenaustrittsbewegung in den alten Bundesländern seit den 80er und den 90er Jahren. Die Gründe und Motive zum Kirchenaustritt sind im Einzelfall sicherlich sehr verschieden. Insgesamt sind sie freilich Anzeichen eines Verlustes an Beziehungen zur Kirche, innerer Loslösung, kurzum einer Säkularisierung der Austretenden. Angesichts eines derartigen Beziehungsverlustes sind persönliche Begegnungen, etwa mit Hilfe von Besuchsdiensten, und Erwachsenenbildung besonders wichtig. Nur über den unmittelbaren Kontakt ist ein erneuter Zugang zum christlichen Glauben zu vermitteln. Manchmal waren auch politische Äußerungen und Stellungnahmen Anlaß für den Kirchenaustritt. Das Politische ist nämlich in besonderer Weise Einfallstor für eine Verweltlichung der Kirche.

9.4 Politischer Gottesdienst

Beim protestantischen Lebensstil wurde auf die Wendung des evangelischen Ethos zur Welt aufmerksam gemacht. Diese schlägt sich auch in einer spezifischen Einstellung zur Politik nieder. Dabei kann das, oft durch unterschiedliche Erfahrungen der Geschichte bedingte, politische Verhalten beispielsweise bei Wahlen oder in der politischen Grundorientierung nicht im einzelnen erörtert werden. Vielmehr geht es hier nur um eine programmatische Forderung, die sich seit einiger Zeit in Stichworten wie »Politischer Gottesdienst« oder »Politische Theologie« äußert. Diese Forderung richtet sich auch nicht nur an die evangelische Kirche. Sie wird in den westlichen Kirchen fast überall laut. Das Kapitel der Stellung des Christen zur Politik, des Verhältnisses von Kirche und Staat, der Aufgabe der Kirche in der Gesellschaft hat viele Aspekte und Unterteilungen. Es ist dies ein brennendes, umstrittenes und schwieriges Thema. Darin besteht freilich zweifellos unter Christen und zwischen den Kirchen Übereinstimmung, daß man Glaube und Politik nicht sauber voneinander trennen kann. Sie überschneiden sich vielfältig im Leben der einzelnen Christen wie im Leben der Kirche. Bereits im Neuen Testament findet sich die Aufforderung und Ermahnung an die Christen, für die »Obrigkeit«, für die Regierenden zu beten (1 Tim 2,2). Wer für die Regierenden betet, kann sich jedoch nicht selbst der ihm aufgetragenen und möglichen politischen Mitverantwortung entziehen – vor allem nicht in einer *Demokratie.* Aber es ist dabei doch die Frage, wie solche politische Verantwortung sachgerecht wahrzunehmen ist.

Martin Luther hat damals in der sogenannten *Zweireichelehre* eine Antwort auf diese Frage zu geben versucht. Er bezeichnet den Christen als Bürger zweier Reiche: Der Christ lebt als Glaubender im Reich Christi, in der Kirche, welche vom Evangelium begründet und erhalten wird. Zugleich lebt er als Bürger im weltlichen Reich, in welchem das Recht des Kaisers, die Ordnung politischer Vernunft gilt. Beide Reiche, das Reich Christi und das weltliche Reich, sind Gottes Reich. Daher steht auch das weltliche Reich unter Gottes Forderung, Gottes Gesetz. Dieses Gesetz ist der sittlichen Vernunft des Menschen bekannt. Antworten auf konkrete politische Fragen sind also nicht im Evangelium vorweg festgelegt. Für die Politik sind die Einsichten und Ansprüche der Vernunft und Humanität maßgeblich. Luther vollzieht in solcher Unterscheidung mit Hilfe der »Zweireiche« eine Abgrenzung: Das politische Leben, Obrigkeit und Staat unterstehen nicht der Leitung der Kirche; sie sind selbständig oder »autonom« und haben eigene Würde. Wird diese Unterscheidung freilich als Trennung verstanden, so als ob Glaube und Politik nichts miteinander zu tun hätten, dann scheint Gott nicht mehr Herr beider Reiche zu sein und der Glaube nichts mehr mit dem alltäglichen Leben zu tun zu haben. Die Politik wird zu einem Feld, in dem weder die Kirche etwas zu sagen hat noch Glaube und Evangelium etwas bewirken können. Vor allem totalitäre Regime wollen die Kirche und das Christsein ausschließlich auf den Gottesdienst beschränken und die Kirche aus dem Alltag völlig verbannen. Auch die Kirche und die Christen selbst sind von einer doppelten Gefahr bedroht. Sie können einmal eine besondere politische Zuständigkeit beanspruchen, die über die Zuständigkeiten, Rechte und Einsichten anderer Bürger hinausgeht. Man nennt dies dann »Klerikalisierung«, d. h. »Verkirchlichung« der Politik. Sie können sich aber auch vom

»schmutzigen« Geschäft der Politik zurückziehen und fernhalten. Dann freilich versagen sich Kirche und Christen dem Auftrag Jesu, »Salz der Erde« und »Licht der Welt« zu sein (Mt 5,13f).

Angesichts solchen Versagens entstand im Kirchenkampf in der Abwehr der Totalitätsansprüche des Nationalsozialismus das Schlagwort vom *Politischen Gottesdienst* der Christen. Diesem Schlagwort entspricht auf katholischer Seite der Gedanke eines »Politischen Katholizismus« oder die Forderung nach einer »Politischen Theologie«. Was unter dem viel diskutierten und mißverständlichen Begriff Zweireichelehre evangelischerseits umstritten ist, ist also eine Frage, die alle Kirchen und Christen beschäftigt.

Für die evangelische Kirche Deutschlands wurde vor allem die Erfahrung prägend, daß sie dem totalitären Staat und dem Nationalsozialismus nicht entschieden genug widersprochen und widerstanden hatte. Die Judenverfolgung, die »Euthanasie«, d. h. »Tötung lebensunwerten Lebens«, die Mißachtung der Menschenrechte sind hier nur Beispiele für versäumte oder nicht entschieden genug angefaßte Aufgaben. Christen und Kirchen tragen Verantwortung für das, was in Öffentlichkeit und Gesellschaft geschieht. Nach 1945 hat daher die evangelische Kirche durch Synoden, Kirchenleitungen und Gruppen ganz bewußt öffentliche Stellungnahmen abgegeben. Diese Appelle blieben freilich oft nur situationsbedingte Aufrufe, etwas zu tun, gaben aber nicht über den kurzfristig veranlaßten Appell hinaus wirksame und grundsätzliche Wegweisung. In Form von *»Denkschriften«* hat die Evangelische Kirche in Deutschland seit 20 Jahren Sachbeiträge zur öffentlichen Diskussion gegeben. Die »Denkschriften« werden von kirchlichen Gremien erarbeitet, in denen unterschiedliche Meinungen und unterschiedlicher Sachverstand vertreten sind. Denkschriften der Evangelischen Kirche in Deutschland befassen sich mit Fragen des Zusammenlebens in Familie (z. B. Ehe und Familie, Reform des staatlichen Ehescheidungsrechts), Wirtschaft (z. B. Eigentum, Mitbestimmung, Arbeitslosigkeit, Leistung und Wettbewerb), Politik (z. B. Friede, Menschenrechte, Gewaltanwendung in der Gesellschaft, die Frage der deutschen Ostgrenzen) und auf anderen

Lebensgebieten (z. B. Bildung, Entwicklungshilfe). Thematisch entsprechen die Denkschriften den päpstlichen Enzykliken. Die Denkschriften wollen Anleitung zur Urteilsbildung leisten. Sie sind aber nicht lehramtliche Erklärungen oder gar Verkündigung (wie etwa »Hirtenbriefe«). Deshalb werden sie auch nicht im Gottesdienst verlesen. Sie wollen Informationen vermitteln und Urteilsmaßstäbe benennen.
Hier zeigt sich freilich häufig eine Verständnisschwierigkeit. Das politische Wort der Kirche trifft nämlich in der *Neuzeit* und am deutlichsten erkennbar in totalitären Staaten auf ein verabsolutiertes Verständnis von Politik. Politik hat nach solchem Verständnis nicht nur Übel zu verringern und das relativ Beste zu verwirklichen. Politik wird zur Heilsveranstaltung, zur »Ideologie«. Gegen solche Wertung von Politik hat christlicher Glaube sich jedoch zu verwahren. Gewiß gibt es eine öffentliche Verantwortung von Kirche und Christen. Aber Politik ist kein Mittel zur Erlösung der Welt und zur Erlangung des Heils. Die Gefahr, die im Begriff »Politischer Gottesdienst« liegt, besteht deshalb darin, daß der Gottesdienst selbst mit Absicht politisch sein soll. Zwar können bereits die Feier eines Gottesdienstes, eine Fürbitte, eine Trauerfeier politisch wirken. Aber der Gottesdienst soll und darf nicht bewußt politischen Zwecken nutzbar gemacht werden – sowenig er der Ethik dienen soll. Um die Grenze zwischen notwendiger, von Kirchen und Christen geforderter politischer Verantwortung und falscher, weil Glauben und Evangelium verfälschender Politisierung von Verkündigung, Kirche und Gottesdienst geht heute der Streit. Der Gottesdienst ist zwar als solcher schon ein politisches Ereignis. Denn er unterbricht den Lebenszusammenhang des Alltags. Im liturgischen Gottesdienst tritt Gott *durch* sein Wort *in* die Welt und tritt der Mensch im Glauben, Sündenbekenntnis und Gebet mit den Nöten dieser Welt *vor* Gott.
Aber es kann zu Mißdeutungen, zur Verweltlichung (Säkularisierung) verleiten, wenn man von einem besonderen »Politischen Gottesdienst« zusätzlich zum liturgischen Gottesdienst spricht. Politik verweist nicht von sich aus auf Gott. Sie ist, mit Luther gesprochen, ein »weltliches« Geschäft, »weltliche Ordnung«. Angesichts einer Beanspruchung der Politik als des

schlechthinnigen und einzigen Raumes menschlichen Lebens gewinnen der Gottesdienst und damit der gottesdienstliche Raum eine neue, eine erneute Bedeutung. Denn der liturgische Gottesdienst trägt dadurch zu einer menschlichen Sicht der Politik bei, weil in ihm zu Gott für die Inhaber politischer Macht gebetet wird. Das Gebet stellt den Menschen mit seinen Aufgaben und Grenzen vor Gott. Vor Gott kann der Mensch aber nicht anders als offen und ehrlich sprechen. Unredliche Sprache im Gebet wäre Heuchelei, Sünde vor Gott und Frevel. Daher eignen sich Gottesdienst und Gebet auch nicht zur politischen Demonstration. Freilich: Gerade das gottesdienstliche Gebet kann genauso wie der Segen Gottes ausstrahlen in den Alltag. Am Schluß eines Gottesdienstes werden die Teilnehmer mit Gottes Segen in den Alltag entlassen. Damit ist die ganze Wirklichkeit, auch die politische, unter Gottes Segen und Heilszusage gestellt.
Blicken wir von hier aus nochmals zurück auf die Überlegungen zum protestantischen Lebensstil und zur Verweltlichung, so wird deutlich, wie wichtig die Verwurzelung im Gottesdienst und die Besinnung auf die Aufgabe der Kirche auch für den Umgang mit der Welt des Politischen ist. Die Reformation erhob – zu Recht – Einspruch gegen eine Vermischung von Politik und Glaube, gegen die Vermengung der Aufgaben des Staates und des Auftrags der Kirche. Dieser Einspruch, der trotz veränderter gesellschaftlicher Verhältnisse notwendig bleibt, bezieht seine Kraft daraus, daß Kirche auf Gottes Wort vertraut und im Gottesdienst das Evangelium empfängt und weitergibt.

10.
Ausblick: Ökumenische Zukunft?

Ein »Fremdenführer« durch die evangelische Kirche, durch den Kirchenraum wie durch Grundvorstellungen evangelischer Überzeugung ist zunächst einmal in manchem ein Rückblick auf die *Geschichte,* ein Blick auf die *Vergangenheit:* Ohne Geschichtskenntnis kann man Kirche nicht verstehen. Kirche lebt von *Überlieferung.* Evangelische Kirche verweist immer wieder zurück auf den Ursprung aller kirchlichen Überlieferung, auf die Quelle, auf das Evangelium. Kirche ist freilich kein totes Museumsstück, das man nur neugierig besichtigen kann. Darum muß von der *Gegenwart,* von deren Aufgaben, Problemen und Schwierigkeiten gesprochen werden. Hier treten gemeinchristliche Fragen, aber auch besondere evangelische Probleme zutage. Viele Kirchengebäude sind zudem bekanntlich in ihrer heutigen Gestalt durch Anbauten, Umbauten, Ergänzungen so verändert worden, daß der ursprüngliche Grundriß nahezu unerkennbar wurde. Das gilt jedoch nicht nur für Kirchenbauten, sondern auch für Kirchen als geistliche Heimat der Glaubenden, so daß immer erneut eine Rückbesinnung auf den »Grundriß« erforderlich wird. Auch dazu wollte der Fremdenführer mit Hinweisen und Wertungen beitragen und anleiten. Es bleibt zum Schluß nur noch ein Ausblick auf die *Zukunft* übrig, auf die Möglichkeiten ökumenischer Verständigung und Gemeinsamkeiten. Ein nüchterner Beobachter wird keine falschen und übertriebenen Erwartungen wecken, sondern realistisch, aber dennoch hoffnungsvoll die Zielvorstellungen benennen. Eine sichtbare Einheit der Kirchen ist für die nächste Zukunft kaum denkbar; dazu sind die Einheitsvorstellungen der jeweiligen Kirchen noch zu verschieden und gegensätzlich.

10.1 Katholische und evangelische Sicht der Einheit

Nach *katholischem* Selbstverständnis ist die römisch-katholische Kirche bereits die irdische, konkrete Erscheinungsform der einen heiligen apostolischen Kirche des Glaubensbekenntnisses. Dies erklärt das 2. Vatikanische Konzil:

»Diese Kirche, in dieser Welt als Gesellschaft verfaßt und geordnet, ist verwirklicht in der katholischen Kirche, die vom Nachfolger Petri und von den Bischöfen in Gemeinschaft mit ihm geleitet wird. Das schließt nicht aus, daß außerhalb ihres Gefüges vielfältige Elemente der Heiligung und der Wahrheit zu finden sind, die als der Kirche Christi eigene Gaben auf die katholische Einheit hindrängen.«

Die Reformation war und ist nach solchen Äußerungen *Trennung* von der vollen Gemeinschaft der katholischen Kirche, »oft nicht ohne Schuld der Menschen auf beiden Seiten«. Dem Schuldbekenntnis, auch im Blick auf die eigene Vergangenheit der katholischen Kirche, wird die Einladung an die einzelnen getrennten christlichen Brüder und an deren Gemeinschaften und Kirchen angefügt, zur Einheit des Leibes Christi in der katholischen Kirche *zurückzukehren.* Innerhalb dieser Einheit bleibe Raum für vielfältige Formen der Frömmigkeit. Eine Einheitlichkeit, Uniformität des geistlichen Lebens und des Gottesdienstes werde nicht erwartet und sei nicht erforderlich. Es bleibe hier durchaus ein großer Spielraum für »katholische« Fülle und »evangelische« Freiheit. Bestehe nur die Einheit mit dem Petrusamt, so könne die Vielfalt der Traditionen der verschiedenen Konfessionen als berechtigt anerkannt werden.
Evangelische Vorstellung von der Einheit der Kirche kann diesem Vorschlag nicht zustimmen und der Einladung in dieser Form deswegen nicht Folge leisten. Denn sie sieht die Kirche nicht notwendig als sichtbare Einheit, die durch das Papsttum, die apostolische Sukzession der Bischöfe und das Priestertum dargestellt und gewahrt wird. Auch Vorschläge zu einer »kooperativen Vereinigung« der Kirchen wird sie kaum aufnehmen können, welche eine organisatorische Einheit durch Eingliederung in die Hierarchie vorschlagen. Nach evangelischer Überzeugung besteht Einheit der Kirchen allein in der Gemeinschaft des Glaubens. Ist diese Gemeinschaft des Glaubens gegeben, dann kann Kirchengemeinschaft bestehen, die in einer wechselseitigen Anerkennung der Ämter und in der Ge-

währung von Gottesdienst- und Abendmahlsgemeinschaft geübt wird.
Ein Beispiel solcher Gewährung von Kirchengemeinschaft als Abendmahlsgemeinschaft wurde im Zusammenhang des Abendmahls erwähnt: Die *Arnoldshainer Abendmahlsthesen* und die sie aufnehmende Leuenberger Konkordie, eine nach dem Schweizer Ort Leuenberg genannte Vereinbarung (1971), aufgrund deren nach Lehrgesprächen evangelische Kirchen in Europa einander Kirchen- und Abendmahlsgemeinschaft gewähren, ohne ihre jeweilige kirchliche Selbständigkeit aufzugeben. Seit dem 2. Vatikanischen Konzil (1962-1965) gibt es darüber hinaus eine Fülle von ökumenischen Dialogen und offiziellen zwischenkirchlichen Gesprächen. Diese Bemühungen um einen Lehrkonsens werden zum Teil universal, weltweit geführt, zum Teil bilateral, also zwischen zwei Kirchen oder Kirchenbünden. Der multilaterale Dialog, das heißt Lehrgespräche, an welchen alle Kirchen teilnehmen, wird vor allem im Rahmen des Ökumenischen Rates der Kirchen (Genf) geführt. Die Kommission für Glaube und Kirchenverfassung, in der auch römisch-katholische Theologen mitarbeiten, hat 1982 als Abschluß 50jähriger Bemühungen eine Konvergenzerklärung – eine Erklärung von Annäherungen – die »Lima-Erklärung« vorgelegt, welche Gemeinsamkeiten und offene Fragen zu Taufe, Abendmahl (Eucharistie) und Amt zusammenstellt und den Stand der Übereinstimmung festhält.
Bilaterale Dialoge werden zwischen vielen Konfessionskirchen geführt, etwa im anglikanisch-römisch-katholischen Dialog, oder als Dialoge des Lutherischen Weltbundes oder Lutherischer Kirchen mit Rom, als lutherisch-reformierter Dialog usw. 1985 wurde in Deutschland durch eine Gemeinsame Ökumenische Kommission (Gök) der Evangelischen Kirche Deutschlands und der katholischen Deutschen Bischofskonferenz ein Dokument »Lehrverurteilungen – kirchentrennend?« veröffentlicht, in welchem Rechtfertigung, Amt und Sakramente erörtert wurden. Die Absicht ist dabei, durch Rücknahme der Lehrverurteilungen des 16. Jahrhunderts in den reformatorischen Bekenntnissen wie in den Dekreten des Konzils von Trient eine Annäherung in der Rechtfertigungs-, Ämter- und Sakramentenlehre zu erreichen und zu ermöglichen.

Die Zahl der Dialoge, der Konsenserklärungen (Konsens = Übereinstimmung) und Konvergenzdokumente (Konvergenz = Annäherung) ist selbst von Spezialisten kaum noch zu überblicken. Die Hoffnung und Erwartung, durch Formulierung von Lehrübereinstimmung der Einheit der Kirchen näher zu kommen, hat sich freilich bislang nicht erfüllt. Zum einen macht nämlich die Rezeption, d. h. die Aufnahme durch die beteiligten Kirchen, Gemeinden und Amtsträger größere Schwierigkeiten als erwartet wurde. Eine Rezeption lediglich durch Teile einer Konfessionskirche droht ferner nur zu weiteren Spaltungen zu führen. Die Verfahren der Rezeption, der Zustimmung zu von Experten erarbeiteten Texten, ist überdies kompliziert und zum Teil ungeklärt. So klafft zwischen theologischen Dokumenten und Umsetzung in kirchliches Leben eine Kluft. Die Kluft ist in absehbarer Zeit schwerlich zu überbrücken. Das hat seinen Hauptgrund in unterschiedlichen Einheitsvorstellungen der Kirchen. Gerade darum sollten in der Praxis gesellschaftliche Aktionen (z. B. »konziliarer Prozeß für Gerechtigkeit, Frieden und Bewahrung der Schöpfung«) im karitativen Bereich, bei interreligiösen Dialogen und in Frömmigkeits- und Glaubensvollzügen soviel als möglich gemeinsam getan werden. Unterschiede in Einheitsvorstellungen schließen Gemeinsamkeit im Leben und Handeln keineswegs aus.

10.2 Evangelische Modelle kirchlicher Einheit

Ein allgemein anerkanntes Modell kirchlicher Einheit gibt es in der evangelischen Kirche nicht. Im Gespräch sind vor allem zwei Vorschläge, die mit den Stichworten »Konziliare Gemeinschaft der Ortsgemeinden« und »Versöhnte Verschiedenheit der Konfessionen« gekennzeichnet werden.

10.2.1 Konziliare Gemeinschaft

Dieser Vorschlag wird vom Ökumenischen Rat der Kirchen in Genf vertreten. Er beruft sich auf das Beispiel des urchristlichen Apostelkonzils (Apg 15) und der altkirchlichen Konzile. »Kon-

zil« heißt lateinisch Versammlung, also dasselbe wie das griechische Wort »Synode«. Fernziel ist ein universales ökumenisches Konzil, das für alle Christen verbindlich sprechen soll und sprechen kann.
Der Vorbereitung dieses Konzils soll die »konziliare Gemeinschaft« *vor Ort* dienen: An ein und demselben Ort sollen alle Christen Gemeinschaft im Glauben, in den Sakramenten, in Diakonie und Mission und im Amt haben. Die universale kirchliche Gemeinschaft soll sich also *von unten,* von den Gemeinden her aufbauen. Dabei soll und kann die kulturelle und soziale Vielfalt der einzelnen Länder erhalten bleiben. Konfessionelle Unterschiede würden freilich keine Rolle mehr spielen.

10.2.2 Versöhnte Verschiedenheit

Gegen diese Vernachlässigung der konfessionellen Unterschiede wendet sich der Vorschlag des Lutherischen Weltbundes: »Versöhnte Verschiedenheit der Konfessionen«. Unterschiede in Bekenntnis, Gottesdienst, im Amtsverständnis, in der Kirchenverfassung sollen auch auf örtlicher, lokaler Ebene nicht einfach bedeutungslos werden. Wenn jedoch eine grundlegende Übereinstimmung in den wesentlichen Fragen des Glaubens und der Lehre festgestellt wird, dann sollen die Unterschiede nicht länger kirchentrennend wirken. Geistlich und organisatorisch kann die »Versöhnung« somit als »konziliare Gemeinschaft« vollzogen werden. Die Anregung einer »katholischen Anerkennung« des Augsburger Bekenntnisses von 1530 beruht auf dieser Vorstellung. Denn Artikel 7 dieses Bekenntnisses besagt, es genüge

»zur wahren Einheit der christlichen Kirche, daß das Evangelium einmütig im rechten Verständnis verkündet und die Sakramente dem Worte Gottes gemäß gefeiert werden«.

Beide Zielvorstellungen, das sei ausdrücklich festgehalten, rechnen mit einem längeren Zeitraum: Die »Versöhnung« und das »Konzil« machen zuvor noch Klärungen im Grundverständnis von Kirche, Lehre und Glaube notwendig. Auch die katholische Kirche mag beide Zielvorstellungen im Einklang mit ihren eigenen Prinzipien des Ökumenismus sehen. Dennoch bleibt ein wichtiger Unterschied: Eine kirchliche Institution, Einrichtung der Einheit wird nicht angestrebt. Sowohl »Konziliare Gemeinschaft« wie »Versöhnte Verschiedenheit« sind zwar als Gemeinschaft *mit* dem Papst, aber nicht als Gemeinschaft *unter* ihm denkbar. Dennoch sind solche Zielvorstellungen wichtig. Die ökumenische Bewegung hat nämlich erst im 20. Jahrhundert begonnen, und sie hat vieles Überraschende und Weiterführende an Entdeckungen des Gemeinsamen gebracht.

10.3 Was kann der einzelne Christ für die Einheit der Kirche tun?

Gerade wer nüchtern und illusionslos im Blick auf die ökumenische Zukunft ist, hat keinen Grund zur Resignation. Gegensätze sind entschärft, Gemeinsames ist entdeckt worden. Dies alles freilich wird nicht durch Gleichgültigkeit gegenüber dem christlichen Erbe, auch dem Erbe der eigenen Kirche, sondern durch ein neues Verstehen des eigenen Glaubens und des fremden Glaubensanliegens erreicht. Daher ist Voraussetzung für ökumenische Verständigung zunächst einmal das *Ernstnehmen* der eigenen Kirche und ihrer Lehre, aber auch die Bereitschaft zur *kritischen Überprüfung* des Überlieferten und manch alter Vorurteile. Sodann fordert sie die *Achtung* des Glaubens des *anderen* und die Bereitschaft, von ihm zu lernen. Zum ökumenischen Gespräch gehören weiterhin *Offenheit* und *Redlichkeit.* Gegensätze dürfen nicht verschwiegen und verschleiert werden. Daher wurden hier evangelische Einwände gegen die katholische Auffassung von kirchlicher Einheit, vom Petrusamt und in der Wertung Marias angesprochen. Alle diese Einwände stehen unter dem Vorbehalt besserer Belehrung. Wird ein ökumenisches Gespräch in Liebe und Wahrheit geführt, dann führt es zurück an den Ursprung, an die Quelle des Glaubens, zum Evangelium. Das Evangelium ist der gemeinsame Grund aller Christen und Kirchen. Es verbindet über Konfessionsgrenzen hinweg. Und so schenkt gerade das Evangelium die Hoffnung, daß uns Gottes Wort erleuchten, im Glauben stärken und zu neuen Entdeckungen führen wird. In der gemeinsamen Suche nach der Wahrheit Jesu Christi, des Herrn der Kirche, und in der Gemeinschaft der *Liebe* werden wir Schritt für Schritt, und immer wieder überraschend und unerwartet, zur ökumenischen Verständigung und zur Einheit der Christen finden.

Personen- und Sachregister